U0070934

毛澤東與万托邦

康正果 著

代序　歹托邦辯

幾年前，我在紐約參加了一個討論會，會議的議題是「走出毛澤東遺產的陰影」。與會者從各自關注的方面揭批毛澤東的罪責及其危害，大家一致認為，毛的遺產是阻撓中國社會轉型最大的障礙，只有徹底全面批毛，才有可能堵死習近平的倒退之路，民眾所期待的政治改革才有希望。會中引起爭議的問題是所謂毛澤東的理想主義。有位與會者發言中反復強調毛澤東有其真誠的理想主義的一面，他堅持認為，毛的烏托邦幻想影響深遠，特別是在官員腐敗，貧富相差懸殊的今日中國，毛的理想主義仍有其一定的現實意義。針對此君的發言，與會諸人紛紛提出不同的看法。反駁者大都認為，無論從毛的人品還是個性來看，他這個人既談不上有什麼崇高的理想，也從未設計出改良中國社會的美好藍圖。眾所周知，烏托邦是指不可能實現的美好理想，其著眼點首先是建立完美的社會制度，讓全民過上安居樂業的生活。反觀毛自從帶領紅軍上井岡山直到坐鎮中南海的革命生涯，他的所做所為不只沒造就中國人安居樂業的社會現實，反倒攪擾得全黨全民跟上他吃苦受罪，胡折騰了好幾十年。改革開放以來，執政當局為扭轉其一黨專政的危機以圖倖存，只得撇開毛澤東胡搞的那一套，開始摸著石頭過河，中國人才逐漸過上了較前改善的日子。毛澤東的暴政舉世有目共睹，罪不容赦，如何評價毛的遺產，在很大的程度上已成為鑒別每一個中國人良知之有無和人格之高低的問題。時至今日，實在不必再糾纏毛「太想幹好事」或「好心幹了壞事」之類的讕言了。

在大陸民眾從小接受的黨化教育語境中，「理想主義」是個崇高的大字眼，屬於共產黨人的信仰冠冕。另有與之對立的「唯心主義」一詞，按照馬列哲學的教條，則被定位為「剝削階級的世界觀」而備受貶斥。黨國體制下的黨民久已習慣黨云亦云的說法，長期已安於其日用而不知的處境，哪曉得這兩個一褒一貶的洋概念均譯自Idealism這一英文單詞。僅就此謬種流傳的實例來說，即可見毛共集團的理想主義之浮誇虛假和盜名欺世了。共產黨人既然如此反對唯心主義，又怎能成為真誠的理想主義者？他們的革命事業從打土豪搶浮財起步，一直暴虐到今日的無官不貪和官民對立，如此惡劣的極權體制又怎能與社會制度完美的烏托邦混為一談？其實西方另有一叫作「歹托邦」的現成用語，拿該詞來指稱中共極權所建構的社會才可謂名副其實，恰如其分。

dystopia一詞源自希臘語，本義是壞地方，與烏托邦中的美好社會完全相反，該詞也特指由極權政府及其計劃經濟和科技專制控制的惡劣社會。這種反人性的社會形態有以下這些令人恐懼的特徵：

一，表面看來是公平有序、沒有貧困和紛爭的理想社會，實際上全都是假象。

二，最高當局用宣傳對國民洗腦，對膽敢反抗此體制者，一律強硬制裁，嚴酷打擊。
三，剝奪表達的自由。禁止或沒收所謂對社會有害的出版物。
四，貧富兩極分化，在社會承認的市民階層以下，有不被當人看的窮人和賤民存在。
五，生活在社會體制內的市民階級，由體制根據血統進行管控。
六，為強制進行人口調整，市民的家族計劃、戀愛、性行為及生育等都由社會管控。
七，推行愚民政策，所有負面信息均被屏蔽，面對種種社會弊端，國民只能逆來順受。

號稱世界上第一個社會主義國家的蘇聯就是歹托邦社會形態的始作俑者。俄國作家薩米爾欽年輕時曾積極參加十月革命，不幸在布爾什維克奪取政權之後，他發現蘇聯社會的種種弊端都顯示出上述的恐怖特徵。針對蘇共掌權初期的暴政，早在二十年代初，薩米爾欽就創作了一部被奉為歹托邦文學範本的小說《我們》。該書描述的「一體國」雖為六百年後的恐怖世界，其中種種駭人聽聞的跡象都依稀投射出蘇維埃制度的陰影。因此該書完稿後只能以英譯本在西方出版，隨後作者本人也被迫逃出了蘇聯。

受到薩米爾欽《我們》一書的影響，喬治・奧威爾於一九四八年出版了他的歹托邦小說代表作《一九八四》，書中的「大洋國」統治者通過電視和竊聽監控全民的恐怖已敲響了共產極權威脅整個世界的警鐘。其時正值神州板蕩，赤焰得勢之際，民主黨派及其「進步」的知識分子對共產黨滿懷希望，一片叫好。獨有殷海光目光如炬，看穿了中共集團假共產之名以行其一黨專政之實的圖謀，在他有關「共產黨問題」的論著中向親共擁共者發出警告，歸納了中共的詭變性、獨佔性、堅執性、國際性和崇尚暴力五大特徵。殷海光雖沒提到「歹托邦」這個用語，他那些富有洞察的論述實際上已預警到歹托邦社會形態的恐怖前景。他當初對民主黨派發出的警告後來果然都一一應驗，熱心擁戴共產黨的羅隆基、章伯鈞之流，在中共奪權後僅享有了很短促一段分一杯羹的僥倖日子，沒多久都被戴上大右派的帽子，受盡了打壓。本書的首篇文章〈被忽視的先聲〉即全面重溫殷海光這方面的先見之明。

可悲的是，中國的知識分子當時多偏於思想左傾，比如像老舍這類北京小市民水平的文人，就走上了不聽警告而撲燈蛾自尋死的道路。奧威爾的小說出版之日，老舍正在美國講學，提起這部警世預言之作，他明顯表現出不屑一顧口氣，對作者描述的共產化恐怖情景，他僅視其為「驚險的幻想」，還說其中「充滿了陰森的謠言」。隨後老舍即應周恩來委託文藝界之邀返回北京，從此大寫歌頌新社會的文藝作品，積極參加反右運動，還受到毛澤東接見，榮膺了人民藝術家的稱號。黨天下乃是共產黨作威作福的天下，黨利用作家時可把他們捧紅，黨不要作家時也可把他們抹黑。老舍不管怎樣緊跟黨走，結果還是沒能逃脫D-503和文士敦的命運，他視為「謠言」的預言，一轉眼就應驗在他的身上。文革一開始，老舍即落入牛鬼蛇神之列，他受盡紅衛兵毆打侮辱，更遭到老婆兒子冷遇，走投無路之下，只好跳湖自殺。

另一個似乎也熟知奧威爾小說的學者名叫陳夢家，他本可以留在美國任教，卻出於愛國熱情，在大陸易幟之際趕回北平。這位勤奮治學的古文字學家也是個敏感的新銳詩人，早在五十年代初，他即覺察到黨國極權在逐漸吞沒個人自由的跡象。他曾就此純個人的預感，私下發出驚歎說：「這是『一九八四』來了，這麼快！」說時遲，那時快，陳夢家錯愕中尚未理清明哲保身的思路，不久即被打成右派，隨後在文革中挨打受辱，飲恨自殺。

僅在老舍、陳夢家自殺的文革初期，據統計全中國自殺者即達二十萬之多。他們均屬被迫自殺，實際上也可說是變相的他殺，他們即使沒自殺，也多會被紅衛兵凌辱毆打致死。至於以各種方式遭到殘殺的人數，按照鄧小平回答意大利記者的說法，是「永遠也統計不了」的天文數字。葉劍英在文革後的一次講話中總結說：「文革整了一億人，死了兩千萬人，浪費了八千億人民幣。」葉劍英透露的數字的確令人震驚，在中國，自古以來都沒有發生過這樣大規模的人口滅絕；在世界範圍內，恐怕也很難找出如此殘忍迫害本國本族人民的先例。總的來說，中共自一九四九武裝奪權，竊據大陸以來，所製造的諸多恐怖和罪行在很大的程度上已把歹托邦小說和電影所預言的噩夢活靈活現到現實世界，其荒誕詭異的程度甚至都超出了薩米爾欽和奧威爾等作家作為正常人的有限想像。

毛死之後，中共當局不只沒因實施改革開放政策而削弱或改變其政權的歹托邦本質，反倒藉機助長了該集團擅長寄生的詭變。中共強權乘全球化的潮頭悍然崛起，將其歹托邦的觸手急速休整，加倍增長，伸向了中國以外的世界。毛時代採用的階級鬥爭手段業已大功告成，通過消滅地主鄉紳和私營工商業主，不只奪取全民的私產，盡歸黨權把持的公產，而且瓦解了自古以來存在的民間社會，為黨天下的全面控制鋪平了道路。改革開放的經濟改革則是把現有的公產改革成由各級官員的家族裙帶及其利益集團逐步掌控的私產。從毛的共產革命到鄧的「讓一部分人先富起來」，首尾銜接，構成中共歹托邦化螺旋式上升的辯證過程。而所謂開放，則是引入跨國公司，打通各國財團，建立利益均沾的關係，施行中共慣於運用的收買、滲透、侵蝕手段。隨著GDP快速增長，外匯貯存日益雄厚，經濟實力空前提高，中共強權急劇增強了其收買整個世界的能力。從港台報紙到歐美媒體，從民運隊伍到各國政要，從獨裁政府到民主國家，中共的勢力無遠弗及，全都達成其不同程度的潛入和勾結，以圖實現全球範圍的歹托邦控制。在中共瞄準的所有目標中，首先要抓的就是台灣這塊他們絕不放棄的領土。

「一九八四」的陰影正在投向台澎金馬，曾經發生在大陸的巨變已開始向海峽以東步步推進。兇險的是，面對中共強權咄咄逼人的氣勢，台灣朝野卻還有那麼龐大的人群要與對岸統一，要承認「九二共識」，要打出五星紅旗，去搞成立共產黨組織的鬧劇，要步當年民主黨派和老舍、陳夢家等人的後塵，去圓他們的歹托邦噩夢。

康正果

二〇一七年六月十九日

目次

代序　歹托邦辯／康正果　003
被忽視的先聲——重溫殷海光的「共產黨問題」論述　011
毛像的興衰與高氏兄弟的「去毛」創作　042
毛澤東和歹托邦：亂與暴的反噬　081
破解毛共軍事神話　126
毛澤東的假面舞會　173
除誣解魅的史筆擔當　181
共情與共惡　194
國民與黨民　213
不屈的受難和奮爭——《上帝是紅色的》台灣允晨版代跋　236
靈與肉的受難　244
紅與黑的陰影　261
情慾的力量　269
活出饑餓，歷盡死亡——讀蔡楚詩文集《油油飯》　277
反事實的多重歷史想像——漫議陳冠中的解恨賦　294

文緣書命度年華——評廖志峰《書，記憶著時間》 309
一顆裹著糖衣的苦藥 315
君子上達 325
港人的自由與中共對它的利用和侵蝕 335
不是有希望才抗爭，而是抗爭中求希望 339
突破「一中」的困境 344

被忽視的先聲
——重溫殷海光的「共產黨問題」論述

如果在共產主義與絞刑之間叫我有所選擇，我寧願選擇絞刑。

——張東蓀反動言論

在一長遠的過程中，因追求經濟的繁榮而否定人的自由和尊嚴，是不會使一個國邦長久存立的。

——尼赫魯

一

殷海光一向以他在台灣威權恐怖下倡導民主自由的言論和勇氣而著稱於世，至今已被公認為自由主義思想的大師級人物。自台灣解嚴以來，他負氣含恨而歿的遭遇，他不屈服當局壓力的錚錚風骨，一直受到他那些自由主義學者門徒的廣泛宣揚。其遺作的結集出版，紀念活動的一再舉行，以及其思想學說的研究和傳頌，近年來已越過海峽，熱到了大陸。

我直到最近因台大柯慶明教授的推薦和贈書，才初次接觸到他的個別著作。為全面了解殷海光言說的研究現狀，這兩天上谷歌搜索一番，泛覽了不少相關的網上文字。令我頗感失望的是，眾論者不是文本式地泛論他批判傳統文化和發揚五四精神的言說，就是表彰他抗拒國民黨當局的勇氣和人格，至少就我讀到的材料而言，還沒看到有人突出他早在西南聯大讀書之日就旗幟鮮明的反共言行，更未見有文章聚焦他現存論著和譯著中在剖析赤潮根源和警告中共勢力的危害性等問題上所發的先聲和洞見。縱觀殷海光的人生經歷和大量論著，我們不難看出，顯然存在著一個從熱心擁護蔣介石和國民政府的反共政策轉向直言指出國民黨政權的危機之所在，進而在急切的批評後憤然抗拒當局的發展變化過程。應該肯定的是，不管他怎樣含恨而歿，不管他對國府遷台後的政局多麼失望，從他留下的文字可以看出，面對以蘇聯為首的共產主義運動和中共在大陸的倒行逆施，他自始即持強烈批判的態度，至終都在做深刻解剖的努力。這一點乃是殷海光與某些以他的弟子自居者因反蔣反國民黨威權而逆反到迷誤左傾，甚至公然諂媚中共的做法判然有別的亮點，是絕不可與此輩之偏激混為一談的。

「自由主義」這頂大帽子加冕下的人物及其言行向來都很龐雜，特別是侈談自由主義文本者，因理不清自由與民主的關係，輕信了共產黨人倡言的平等和所許諾的民主，最終走上左傾歧途的人士並不少見。因此我必須在這裡強調指出，僅僅把殷海光塑造成一個反蔣反國民黨的英雄，卻無視或迴避他的反共根底，難免有削弱和局限這位自由主義鬥士的言說鋒芒之嫌。本文的草就，即從彌補這一缺欠的目的出發，意在勾畫他思想言說前後一致的線索，點出他身上那種中國的文人學者普遍缺少的intellectual integrity素質，進而顯示這樣的素質如何有助於他拒斥左情左思的感染，使得他對赤潮的泛濫始終保持了警覺的態度。

Intellectual integrity這個概念要孤零零直譯成中文，一時還很難準確措詞，僅可勉強譯之為「知性的真誠」。用中文語境中容易理解的說法來表達，那就是一個正心誠意者所具有的一種不為妖孽所惑的判斷推理能力，一種求真的誠摯，一種性情與學養渾然交融的底氣。孔子所說的「知之為知之，不知為不知，是知也」，可算是與之相近的態度了。同樣是熱血青年，愛國志士，在抗戰勝利後那種明暗交疊，正邪錯亂的年代，其中大量的「知性真誠」品質偏低者多容易憑一時之衝動，因不滿現實而迷惑於延安土窯洞閃爍的紅色光環，遂懷抱各自靠書本餵養起來的膚淺理想，盲目投入了革命隊伍的洪流。與之形成明顯對比的則是像殷海光這樣「知性真誠」品質較高的洞察者，才不過二十五、六的年齡，竟能夠秉持清醒的理性，透過那陰差陽錯的時代迷霧，看出了形勢的詭譎和國家民族的危機。一九四五年末，國共重慶談判後不久，他便發表《光明前之黑暗》那樣縱論勝利後時局險惡的長文，緊接著又出版專著《中國共產黨之觀察》（均見《殷海光全集》5，台大出版中心，二〇〇九），深刻揭示了中共反國家反民族的本質。也許對不少厭煩國民黨戒嚴戡亂期「反共」老調的台灣人士來說，殷海光那些激越的警世明言已顯得過時而不值一提。但對於歷史意識尚在覺醒中的大陸讀者（包括筆者本人在內），我還是堅持認為，殷海光所有的早期舊作仍有溫故知新的價值，因而也有必要專文評述，作進一步的發揮。

二

十幾年前或二十年前，提起對中共集團進行歷史追究的問題，從民間到學界尚局限於批評一九四九年以來各項政策路線的錯誤及其遺禍，而對一九四九年以前那一段被描述得光榮壯烈的奪權鬥爭革命史，還很少有人明確地站出來發表否定的論斷。但最近十年來情況發生了戲劇性的變化，隨著國民政府的抗日功績被中共官方部分地公開承認，更被通過個別的影視製作再現於大陸觀眾的眼前，共產黨自封為抗日「中流砥柱」的形象已受到衝擊而有所動搖。一個從根子上清算中共集團的歷史還原工作正在從四面包抄而來，其不可阻擋之勢已使當局用以壯膽的唱紅鬧劇顯得心勞力絀，弄成了一場滑稽的自慰。需要清算的問題的確是多方面的，進行清算的方式更可以多種多樣，就筆者近來的閱讀感受而言，重溫陶希聖、胡秋原、鄭學稼等老牌反共作者久被遺忘的論著，也不失為一可獲教益的補課之舉，特別是對大陸背景的讀者，多少都會起到調整視角以消除盲點的作用。在這批反共遺產中，特別是殷海光相關的論著和譯著，在剖析共產主義病症和中共集團的本質及特徵方面，力度尤深，屬同類著述中的上乘，至今仍有振聾發聵的價值。

在六十多年後的今日重溫殷海光有關「共產黨問題」的論述，我們首先需設身處地，回溯到他所處的時代氛圍之中，對他在國家民族存亡的緊急關頭所懷的擔憂和焦慮有所體會。抗戰勝利後的中共集團已不同於當年從江西逃竄到陝北的紅軍殘部。西安事變後，他們被迫放棄了打土豪分田地的土匪作為，取消了分裂國家的蘇維埃政府建制，在國共合作，一致抗日的旗號下，紅軍和延安的邊區政府都納入了國民政府的編制。七七事變後，中共順應時勢，在其所發表的「共赴國難宣言」中提出了國人有目共睹的「四項承諾」，正式投入國民政府領導下的抗日戰爭。更由於人民陣線和救國會等中共外圍組織四處作鼓譟性的宣傳，這一支從江西打家劫舍發展起來的隊伍遂逐漸洗刷掉他們的流寇名聲，半實半虛地擔當起抗日救國的大任。斯諾等美國左派人士到延安採訪中共領導人的著作和各國訪問團的報告更在西方傳播一時，為那些對中國前途懷有民主期盼的西方輿論製造了一種新中國的生力軍似乎就在中共這一邊的淺薄幻象。特別是中共作為生存和統戰策略而建立的「三三制」——即毛澤東所謂「根據抗日民族統一戰線政權的原則，在人員分配上，應規定為共產黨員占三分之一，非黨的左派進步分子占三分之一，不左不右的中間派占三分之一」的邊區政府組合原則——尤為各界津津樂道，以致讓這種在黨權嚴格控制下按比例分配的選舉方式在一定的程度上刷新了中共的面目，更配合國統區發起的憲政運動，以邊區政府的「民主形象」對比得國民黨政權十足的專制。由此可見，經過了八年抗戰，焦頭爛額的國民政府已讓戰爭拖累得窮於應付而衰相畢露，與之相反的則是，中共集團僥倖獲得起死回生的轉機，在幾經調整之後，開始以新的面貌向國內外的民主和平期待釋放了富有魅惑的願景。

中共集團確實是一支建立民主憲政的生力軍嗎？他們後來取得的勝利果真證明了無產階級暴力革命的正義性及其終獲成功的歷史必然性嗎？殷海光從中國歷史的根源和國際國內的背景三個方面作出診斷性的分析，明確指出：「中國共產黨並不是中國社會之生理產物。恰恰相反，它是病理的產物。」是中國社會的「宿疾」在新的國際形勢激化下的產物，是在國內的民主和反民主兩種勢力消長的裂縫中壯大起來的軍事機會主義勢力，是貧困、落後和混亂的社會土壤所滋生的孽障和惡果。「貧困則利於宣傳『階級鬥爭』。混亂則利於『渾水摸魚』和暴動破壞。落後則利於宣傳煽動。……在這樣的背景之下，利用破產農民，失業工人，沒落的中產階級和游散分子，中國共產黨於是乎長成了。」（《全集》5，頁八十四－八十六）由此可見，中共自詡的新民主主義革命純粹是在國家民族的苦難中撈取了有利於他們發展的動力，是在老舊的農業社會發生病變的過程中巧奪了良機，不管他們多麼強調這個黨是無產階級的先鋒隊，實際上落後的中國既不存在馬克思所說的那種無產階級，也不具備向社會主義社會轉型的任何條件。然而，在第三國際的一手安插指揮下，受到蘇俄在金錢和人員上的大力資助，這一批從國民革命中分化出來的歪苗子竟得以日漸壯大，結果把中國搞成了蘇俄擴張其國家勢力和共產主義運動的屠場。正是根據這一不可否認的背景，殷海光確切地定義說：中國共產黨不是「中國底共產黨」，而是「第三國際駐華支部」。從它的建立及此後的一系列盲動——南昌暴動、秋收暴動、廣州暴動、蘇維埃運動，以及高喊著「保衛蘇聯」的口號而北上抗日的長征——都是為實施共產國際的路線而策劃，為謀取蘇俄在華的利益而發生的，包括與國民黨聯合抗日的決策，也是按斯大林的旨意，讓可能殃及蘇聯的戰火單方面蔓延在中日之間。

應該進一步指出，共產國際指令中共與國民黨聯合抗日，並不只是在促使八路軍和新四軍全力以赴去打日本鬼子，為避免中共集團被拖入兵員耗竭的境地，按照王明從莫斯科帶回的訓令，國際還要求中共擴大解放區，在與國民黨合作的同時，趁機建立更廣泛的人民陣線。正是遵循這一方針，毛澤東變本加厲，進而提出「七分發展，二分應付，一分抗日」的決策，確定了與國民黨長期周旋的三個階段：先與國民黨妥協，以求生存發展。再與國民黨取得力量平衡而與之相持。進而深入中華各地，建立華中根據地，向國民黨反攻，在毛所謂「蔣、日、我，三國志」的形勢下最終奪取政權。所謂實現民主，那只是他們向國民黨妥協時的自我掩護，也是向國民黨挑戰時使用的先進武器，更是煽動其他黨派跟著他們搖旗吶喊有力而動聽的口號。實際上毛澤東在一九四五年八月十三日向黨內作《抗日戰爭勝利後的時局和我們的方針》那個報告，滿口自誇中共的「解放區有一萬萬人民，一百萬軍隊，二百萬民兵」之時，他們已做好武力奪權的準備，更自信他們具備了打一場內戰的實力。

行文至此，我不由得想起網上最近哄傳的一個帖子，其中有毛澤東在一九三七年八月二十二至二十五日洛川會議上的一段講話。現把這段話照抄如下：

要冷靜，不要到前線去充當抗日英雄，要避開與日本的正面衝突，繞到日軍後方去打游擊，要想辦法擴充八路軍、建立抗日游擊根據地，要千方百計地積蓄和壯大我黨的武裝力量。對政府方面催促的開赴前線的命令，要以各種藉口予以推拖，只有在日軍大大殺傷國軍之後，我們才能坐收抗日成果，去奪取國民黨的政權。我們中國人一定要趁著國民黨與日本人拼命廝殺的天賜良機，一定要趁著日本佔領中國的大好時機全力壯大，發展自己，一定要抗日勝利後，打敗精疲力盡的國民黨，拿下整個中國。

有的人認為我們應該多抗日，才愛國，但那愛的是蔣介石的國，我們中國共產黨人的祖國是全世界共產黨人共同的祖國即蘇維埃（蘇聯）。我們共產黨人的方針是，要讓日本軍隊多佔地，形成蔣、日、我三國誌，這樣的形勢對我們才有利，最糟糕的情況不過是日本人佔領了全中國，到時候我們也還可以借助蘇聯的力量打回來嘛！

這段毫無政治倫理和國民良心的講話在網上公佈後立即引發熱議，出現了尖銳對立的真偽之辯。由於從現有的毛著出版物和黨史文獻中找不到確切的出處，很多熱心維護偉大領袖名譽的人士便奮起抨擊，矢口宣稱那是被偽造出來誣衊毛主席的讕言。但堅信其有者則責問官方為何至今不公佈洛川會議的記錄，說你們既然拿不出直接證據證明那是偽造，就難怪讀者中的某些有心人要列舉旁證，並參之以毛澤東領導中共抗日的實踐來推斷那段講話的可信性了。比如有人就拿出李銳《廬山會議實錄》上一九五九年七月三十一日毛澤東責罵彭德懷的一段話作為對照，以顯示兩者的一致性。毛訓斥彭說：「你彭德懷那不是愛國，百團大戰是在幫國民黨打日本人，愛的是蔣介石的國」，「百團大戰過早暴露了我們的力量，引起了日本軍對我們力量的注意；同時，使得蔣介石增加了對我們的警惕。」「同蔣介石抗日聯合，是暫時的……互相利用……準備條件消滅之。」這兩段時隔二十多年的講話明顯有一脈相承之處，毛那種險惡的機會主義用心在其中已表露無遺，這可是誰也無法否定的了。毛不准中共的軍頭們愛蔣介石的中國，要他們愛誰的國，愛哪個國呢？其實，殷海光早在那時候就明確點出，馬克思主義者一貫倡導「無產階級無祖國」之說，那時候蘇俄就是全世界無產階級的祖國，隸屬於共產國際的中共自然是以蘇聯為祖國了。有關此一祖國認同的表示，中共自建黨到抗戰都直言不諱，所以毛澤東才會把他那喪盡國民良心的「高論」說得那麼理直氣壯。明乎此，你大概就不會不同意殷海光最後所下的結論：「中國共產黨是中國所有政治組織中最缺乏國家觀念的」政黨。

三

正是有鑒於中共一貫的欺騙伎倆，殷海光批評了人民陣線和救國會諸君子對中共抗日姿態所作的過高期許，駁斥了斯諾表彰共產黨抗日功勳的誇大不實之詞，特別警告民主同盟的成員，勸他們不要輕信中共那些玩弄民主的言論，並預言了他們未來面臨的凶險。他說：「假若中國共產黨勝利，國民黨失敗，它不再需要民主同盟這種組織。……它既不復需要，當然『鳥盡弓藏』，在共產黨新得政權，立足未穩的時候，它是可以分一點政權給其他小黨小派的。可是，一旦其勢既成，它一定要奪回來，一點一滴也不留下的。這是『辯證的過程』，理之固然，民主同盟到那時度德量力能否與之抗衡？」（同上，頁五十三）這是殷海光在一九四五年底所說的話，像羅隆基、章伯鈞這類在那時候熱心靠攏共產黨的民盟頭面人物，只是在中共建國初期曾一度撈得一官半職，隨後反右開始，他們統統被打成右派，儲安平甚至落了死無葬身之地的下場。

殷海光的明斷來自他那種不信邪的「知性真誠」品質和受過邏輯訓練的頭腦，他用「一」、「多」、「常」、「變」四個概念概括了共產黨的特性，說他們的「目的是一，手段是多，本質是常，形態是變。」這一觀察角度被證明至今仍很準確，不管共產黨先是倡言新民主主義也好，還是後來大搞無產階級專政也好，乃至近來叫喊的「三個代表」或「和諧社會」也好，其單一的目的始終都是建立和維持他們的黨權專政。為達此目的，他們從來都不擇手段。這是他們從列寧主義那裡傳承下來的革命倫理學，他們堅信，「凡是合乎無產階級之利益的，便是道德的；反之，凡屬不合乎無產階級之利益的，便是不道德。」這一原則轉到毛澤東手中，更是發揮到極致。殷海光由此總結出共產黨富於詭變的特性，描述了他們如何在似是而非的運作中一再地倖存得勢，在好話說盡的旗號下如何做盡了壞事。殷海光在那個時代觀察到的共產黨是一個亦政黨亦匪幫的組織，而且在亦愛國亦叛國的行動中壯大了武裝力量，終於達到其竊國的目的。演變到今日，他們早已甩脫蘇俄，在與毛時代相比似乎顯得「有了進步」的層面上，一方面實施亦收買亦鎮壓的維穩策略，從而保住他們亦廉政亦腐敗的既得利益；一方面向全世界示範他們亦資本主義亦社會主義的「中國模式」，並利用新增長的財力，試圖買通整個世界。他們的辯證法總是會保證他們達到二者兼得的目的，在促使你按你的遊戲規則把自己玩得翻把之同時，他們卻在那規則之外二三其手，力求爭得名利雙收的結果。這一掛羊頭賣狗肉的生意已讓他們做了九十年之久，至今仍呈現出越做越大的走勢。

如果說，這種變化多端的手段是他們倖存的哲學，那麼此手段得以推行的後盾則是他們所崇尚的和從不放棄的暴力，再加上他們那絕對排他的專斷，不准你批評，也從不認錯的頑固。他們之所以能文過飾非，一錯再錯地詭變下去，更依靠那槍桿和筆桿雙管齊下的手段：一方面限制思想言論的自由，一方面全面推行他們黨化理論教育，在他們控制的範圍內，絕不容許任何異議言論公開發表。其實，被推崇為話語英雄的毛澤東哪有什麼英雄話語可言，哪講究論辯的規程和修辭的邏輯，只不過仗其蠻橫的權力，又有夠厚的臉皮，因而能把強詞奪理的話說到要無賴的地步罷了。如上所述，中共並沒實打實地打抗戰，但毛澤東在講話中卻硬要說桃樹是他們栽的，擔水澆樹是他們幹的，蔣介石反而被說成「蹲在山上一擔水也不挑」，所以被判定沒有摘桃子的權利。共產黨這種大講歪理，不容他人分辯的偏執，明顯與列寧、斯大林那種東正教式的布爾什維克獨斷作風一脈相承，再經過毛澤東的發展，又加入了不少湖南農運痞子的成分。正是在毛的主導下貫徹了這一土洋雜交的「革命實踐」，最終積累成中共另一個突出的國際性特徵。

關於中共以蘇俄為祖國，以共產國際在華支部自居的話，以上已說得很多，那只是殷海光生前從中共的言行中所觀察到的國際性特徵。此一國際性在後來又有了新的變化，從毛澤東支持亞非拉反帝鬥爭的革命輸出，到改革開放後在全球化形勢下呈現的向外崛起姿態，這一系列複雜的演變已超出本文範圍，需另文討論了。但不管怎麼說，殷海光所歸納的中共五大特徵——詭變性、獨佔性、堅執性、國際性和崇尚暴力——不只適用於中共在四十年代的情況，對於我們今日洞察中共的現狀，仍不失為富有啟發的視角。

四

殷海光因此被列入中共在當時宣佈要通緝的「十大文化戰犯」之一，其中列為首犯的，就是十分器重他的同鄉陶希聖。順便提及這個舊案，是要提醒大陸背景的殷海光熱者，除了讚賞他那些暢談自由主義理論的文字，還應注意到他曾寫過不少有關「共產黨問題」的論著，而且是一個具有反共骨鯁的學者。也正因他堅持這一政治立場，早在大陸淪陷前，他就到台北教書去了。此後，他剖析和鞭笞赤潮赤禍的書寫工作中從未中斷，在這一方面，他投入精力甚多，值得一提的還有幾本有關「共產黨問題」的譯著。殷海光在大學是主講邏輯學的教授，早在十七歲中學讀書時就翻譯過邏輯學方面的書籍。按說，他的譯述方向應特別專注這一領域，但他在那時候用心翻譯的卻是這三本有助於廣大讀者認清蘇俄及其共產主義運動危害性的英文著作：《共產國際概觀》（*The Rise of Modern Communism* by Massimo L. Salvadori）、《怎樣認識蘇俄》（*Problems of Analyzing and Predicting Soviet Behavior* by John S. Reshetar, Jr）和海耶克的名著《到奴役之路》（*The Road to Serfdom*）。

就一個正規翻譯家的標準來衡量，殷海光的譯筆可能會被認為不夠嚴謹。從某種程度上說，他有一種「以譯為作」的傾向。他譯這三本書，既出於個人鑽研求知的旨趣，也是想通過他自己的認知幫助中譯本讀者在中國當時的社會政治脈絡中領會書中的反共要義。因此，他在譯文中不時夾入自己的解釋、評點和議論，在有時候把話說得離題和過頭的行文中，他忍不住借題發揮，發出了與原作對唱的調門。特別是《到奴役之路》一書的中譯，他那些夾雜在正文中的隨感性發揮往往激越到打斷了海耶克沉穩而有序的論述。以下便就此書進一步討論殷海光遷台後在「共產黨問題」論述上所關注的幾個方面。

海耶克在二戰中的英國寫成此書，他言說的對象主要是當時的英國讀者。基於他的奧地利、德國經驗，他一直擔心英國在二戰後推行全面國有化的社會主義政策，因此他要在此書中從觀念上澄清自由與民主的關係，要告訴讀者，即使是通過民主手段建立起社會主義體制，最終也會導致類似於蘇聯和德國的極權主義後果。他警告英國讀者，全權計劃體制與自由勢不兩立，沒有經濟的自由也就沒有個人的自由和政治的自由。因為，「控制了財富的生產，就是控制了人的生活本身。」由西方社會發展的情況來看，民主制度的形成，對個人權利的尊重，首先都是在那些競爭性的市場發育到一定程度的社會中成長壯大起來的。所以他堅信，「只有資本主義能夠維護民主制度。」生產資料歸私人所有，並由私人運作支配，才是自由、繁榮和民主的基礎。按照海耶克的論述，自由市場經濟之所以優於全權計劃體制，不只是前者的效率高於後者，資本主義的正當性根本就在於它有利於自由，而全權計劃體制下的集體主義則是把個人當作執行計劃的工具，政府完全包辦代替了人民的選擇，這就是他向英國公眾所預示的通向奴役之路。作為一個經濟學家，海耶克在此書中更關注的是政治倫理，具體的經濟問題反倒在其次。在他看來，即使社會主義的經濟效率高於資本主義，由於是通過個人的被奴役狀況獲得的成就，那也是不可取的。

殷海光置身的中國語境當然與英倫及歐陸當時的脈絡下有關社會主義的爭論離題頗遠，差異很大，很難在此詳細辨析那麼多複雜的理論糾葛。現就他作為一個譯者的個人反應來看，他顯然想通過海耶克的聲音向中譯本讀者強調這兩個方面的問題：一是指出中國很多傾向自由主義的知識分子認識上有嚴重的誤區，批評他們把政治民主與經濟平等兩者捆綁在一起的幼稚訴求；二是不時把蘇俄的極權制度拉出來作為靶子（其實海氏此書是在集中與歐洲那些提倡全權計劃體制的各種觀念論戰，重點並非蘇聯的問題。），狠批公有制和集體主義對個人自由的扼殺。應該看到，在殷海光思考他那些「共產黨問題」的年代，很多懷抱理想的左傾青年之所以投奔中共的革命隊伍，不只是輕信了政治民主的許諾，更重要的內在原因是他們大都懷有為窮人和弱者鳴不平的義憤。他們往往從這一義憤出發，對眼前的現實做是非判斷，對某些激進的政治訴求作出個人的選擇。特別是那些「知性真誠」品質偏低的人士，滿以為跟著共產黨鬧革命，全面廢除了私有制，把富有者從高處向低處的貧弱者拉平，大快人心的社會正義就得以實現。殷海光很早就覺得這種感情用事的傾向不太對頭，但卻說不清其中的道理。只是在研讀和譯介海耶克這本名作的過程中，他才受到啟發，漸釋疑惑，才更加看清了「俄國共產黨那一套把人變成低級動物的思想和辦法。」

但從另一方面看，無論在俄國還是在中國，共產黨「那一套把人變成低級動物的思想和辦法」，也不能說完全是從外面強加給共產極權的支持者及其統治下的順民。按照《共產國際概觀》一書作者薩爾威多的觀察，他們對那一套約束和管制他們的思想似乎還別有其心理上的需求，他把此現象稱之為一種「品質的反映」。馬克思說宗教是人民的鴉片，從某種程度上說，共產黨「那一套把人變成低級動物的思想和辦法」何嘗不是貧窮落後的中國人的鴉片！殷海光在《到奴役之路》一書論「壞人為何得勢」一章中夾入的譯註評點尤多，可以明顯地看出，對海氏此章中所論的諸問題，他尤其讚賞，因而才在翻譯中大受感召，發了那麼多心有慼慼焉的議論。

海耶克指出，「在一個社會中，一個人數眾多，強而有力，並且具有統一看法的團體，並不常為社會中較好的人所組成，而常為社會中較差的人所組成。」何以如此，他舉出三條理由。其一，水平見識高者，率多各自的獨特見解，故不易形成統一看法，若要強求一致，勢必降低大家的水準。因此，在價值標準相似的最大多數人群中，其道德和品鑒水平多趨於低下。這樣的人群素質自然為壞人的得勢打下了群眾基礎。其二，普通人多不具備堅強的信念，因而容易接受現成的「思想體系」。一經權謀家蠱惑者巧加煽動，便會情緒激昂而簇擁其麾下。獨裁者就是利用這樣的動力，登上其權力的頂峰。其三，壞頭頭總是在「我們」與「他們」之間為其屬眾劃分界限，樹立敵對目標。就水平較低的庸眾來說，率其趨於正面的方向較難，而指其攻擊反面的方向則較易，正是在被煽起仇恨的怒潮中，壞人成長為弄潮的能手。

現在我們再回過頭讀一讀毛選中最前面兩篇大作——《中國社會各階級分析》和《湖南農民運動考察報告》，對照以上的分析，毛是個什麼貨色，他所領導的中共集團是個什麼群體，就鑒別得清清楚楚，纖毫畢露了。既談到這兩篇紅色經典，我還要順便指出，現在毛選中的《中國社會各階級分析》一文是經過刪節的，在當初以《階級分析》為題發表於一九二六年三月《中國青年》的原文中，被列為「大資產階級」的人員還有所謂「反動派知識階級」這一分支，但那一段在收入毛選時已完全刪除。現錄其原文如下：

> 反動派知識階級——上列四種人附屬物，如買辦性質的銀行工商業高等員司，軍閥政府之高等事務員、政客，一部分東西洋留學生，一部分大學校專門學校教授、學生，大律師等都是這一類。這一個階級與民族革命之目的完全不相容，始終站在帝國主義一邊，乃極端的反革命派。

毛澤東為革命隊伍所列的敵對名單真可謂誅求嚴密，羅織殆盡，從一開始即猙獰地暴露出他那條「壞人為何得勢」的黑厚譜系。從他低下的階級鬥爭意識出發，他自然本能地意識到，蠱惑視聽，獲得擁戴，必須盡可能將文化程度和品鑒水平較高的人清除在外，不但不可容納他們，還應進而打擊，乃至消滅。這是他終其一生在黨內外與之糾纏打鬥，且打鬥得其樂無窮的目標，因為不那樣打鬥，他就邁不出腳步，就只能受限於他這个無能者應處的分位了。直至他死去多年後的今日，他所導致的思想平庸化和人品劣質化仍在中國的人群中持續蔓延，黴菌般瘋長。尤為可悲的是，被全面打倒的知識階級雖在文革後得到平反和重新起用，但在近年來全民腐敗的形勢下，其中的相當一部分得意者也都劣質到水平趨下的群體中，甚至從其中成長為得勢壞人的一員。

五

殷海光在後來最受推崇的著作似乎是《中國文化的展望》（《全集》1-2）這部巨著，但我並不認為它是一部多麼成功的著作，許倬雲和金耀基在他們的評論中所指出的瑕疵，我看都是說得很有道理的。殷海光的確堪稱為一個富有感召力的政論和專欄作者，但他的才力和學識尚不足以駕馭一部如此宏大的文化論述和歷史縱覽。他讓太多的西文資料在他的行文中列隊跑馬，卻未能就所探討的論題建立起一個系統的和思考成熟的理論構架。儘管如此，讀這一部長卷，你還是會碰到不少突然湧起的議論噴泉，會在見識那些新奇景觀的同時捧到一掬零碎的求知快飲。只可惜那些思想的噴湧並未形成一道內在連貫的長河，沒有匯聚出奔流不息的走勢和衝力。但不管怎麼說，該書匯集的豐富引文和轉述的各種論點畢竟有其令人大開眼界之功，散佈在各章的議論隨處都閃爍出思想的火花，讀下去不時令人眼前一亮。比如在「民主與自由」一章中，根據華斯霍恩的論述，殷海光便明確指出，英國與亞非國家在追求民主的方向上有所不同。他說：「英國的政治自由並不是從人眾爭麵包而得到的，而是許多利益集團為著使他們的利益不受政府干涉而得到的。亞非地區的飢餓群眾如果干涉政治的話，他們最緊逼而又實質的驅動力，並非為保護自己的利益，因為他們沒有什麼利益可資保護。驅動他們干涉政治的力量是要求最低生活資據……英國是一些『有』的人干涉政治。亞非一般地區是一群『無』的人干涉政治。二者干涉政治時的心理狀況，注意所在，目的所在，都很不同。因此，他們對於政治的影響也很不同。英國工商資本家要求政司『少管些』，於是導出自由。亞非地區的飢餓群眾要求政司『多管些』，因此導出『統制』，並由之而集權化。他們不向政司要求他們做什麼的權利，他們只向政司要求他們所需要的東西。這類要求佔據首要地位時，自由的要求就退隱了。」（《全集》2，頁四九三－四九四）我之所以對這一段所作的區分深感興趣，並特意將其摘抄於此，是因為其中所敘述的情況一閱即令人聯想到中國的現狀。中國今日的工商利益集團幾曾作過英人那樣的抗爭？難道他們就甘心這樣無所作為地與官府維持權錢交易的關係？如果他們只滿足在官商勾結中謀取一己之利益，法治保護下的權利和自由何日才得以實現？而弱勢群體，如果他們始終指望親民的黨中央解決他們的困難和冤屈，一味仰仗官方去打擊利益集團如狼似虎的侵吞，毛左的勢力會不會重新擡頭？凡此種種，都是當前中國社會轉型過程中的難題和危機。

此書不同的章節中也時涉及「共產黨問題」的論述。金耀基在評論中便稱讚殷海光說，「他對共產性格的剖析、唯物主義的抨擊、共產黨人手法的透視……有了入木三分的批判，這一份工作，在中國知識分子心靈失落、視覺迷惘的當兒，有很高的提示和清潔功能。」因此該書在大陸新出的版本中遭到大量的刪節，比如第十三章「世界的風暴」便被全部砍掉。因為對中共的最高權力人物，殷海光在書中作出了否定的論斷，說「他們為了追求權力，動腦筋動到人類社會文化裡的中心信仰、道德價值和認知是非真假層。他們為了征服人類，先精練一套可以活用的說詞，來攪亂人類這層根子。人類這層根子攪亂了，中心信仰消失了，道德價值幻滅了，是非真假都無所適從了，於是他們再以極肯定的態度，抱著完成歷史使命的精神，介紹他們未來的『社會主義天堂』。這些人是一群心靈的洗劫者。心靈洗劫是『內戰』；奴役或毀滅人身是『外戰』。彼等的策略是先『內戰』而後『外戰』，或內外交攻……自由世界在和赤化勢力對抗時，必須從道德價值認知上的真假著手還擊。如不從這一根本層澄清起，而從半路上動手，那便是捨本逐末。」（同上，頁五四〇）

這一段話初步涉及到中共顛覆價值序列的問題，也表現出在該書前半部縱筆批判傳統文化的殷海光一旦觸及到赤潮滔天，中共亂邦的全面失序狀況，也會有悚然的醒悟，終於認識到，五四以來，把傳統與現代絕對對立起來的觀念是一個重大的失誤。殷海光這部大書，與其說是作出了對中國文化的展望（prospect），還不如說是對現代中國文化變遷的重估（Reappraisal of Cultural Change in Modern China）。由於在觀念上未釐清五四反傳統論述的局限，又受到中國／西方和傳統／現代兩極對立說的束縛，殷海光忽視了一個很少有人注視的事實，那就是面對西方的衝擊，中國社會所作出的反應中一直都潛在著一種從傳統向現代「過渡」的努力。而傳統社會重德操的價值觀乃是中國社會倫常秩序的骨幹，是民國人成長為「國民」或「新民」不可缺失的底氣。中共集團在其發起之日，大量地裹挾了中國文化失序狀態下湧起的社會沉渣，將那些既不見容於傳統社會規程，又不具備現代社會品質的成員嘯聚在無產階級革命的旗號之下，從此把「傳統」統統貶為「封建」，給「現代」則安上「資產階級」的罪名，用他們的暴力革命切斷正在形成中的良性過渡，結果把百年中國的社會轉型引上了一條既反傳統又反現代的通向奴役之路。如果說，每當殷海光在其文字自由主義的情緒激蕩下討論問題時很容易發出苛責傳統的論述，那麼一到他面對「共產黨問題」，目睹那「群眾性的革命運動……要吞食一個社會的一切才智、真誠、希望，以至於生命」時，他的「知性真誠」便喚起他作為一個知識分子的責任和道德勇氣，促使他對自己和他人發出「注重德操」和「獻身真理」的呼喚。這本書寫到了最後幾頁，殷海光才明確指出，從清末到一九四九年之前，「中國人自動起來做了許多社會改革、教育普及、學術提高、物質建設的事」，才進而肯定中國應該走「和平的、漸進的、自生自長的及自發演變的」英國式道路。（同上，頁六〇八、六一七）這一逐漸明晰起來的展望，直到該書的末尾才露出了熹微的光亮。

《中國文化的展望》一書完成出版於殷海光去世前幾年，綜上所述，我們可以明顯地看出，他對赤潮赤禍的追討，是持續不斷而至死不渝的，他從未因後來越來越厭棄國民黨的僵化政策而有絲毫的左傾逆反，他那看穿了中共本質的「知性真誠」從未對此一暴力集團抱有任何幻想。

六

諷刺的是，殷海光這樣一個堅定反共的學者，直到他臨終之日，似乎並未敏感出他身邊一個學生濃烈的赤色氣味。這個學生就是在今日台灣被捧為大師的李敖其人。談到李敖之「赤」，倒不是說他具有組織上的共產黨員身份或所謂「共諜」的嫌疑，而是說他這個人在氣質上和表達方式上那種進攻侵犯的氣勢，很容易讓人聯想到殷海光所歸納的那幾點中共特性。這正是他與他老師殷海光的「知性真誠」明顯的對立之處。在抗戰勝利後那個知識分子普遍向左轉，共產黨最吸引左傾知識分子的年月，殷海光不怕被譏笑為落後頑固，竟敢於在反共的問題上站出來替政府說話，假使他不具備「知性的真誠」，恐怕就很難做出那樣的事情。而與此同時，他還寫出《中國國民黨的危機》一書，受到張道藩的稱讚，曾被印出來供國民黨內部參考。在文中他警告國民黨說：「一九二〇年以來中國政治上出現了一個克星。這一個克星，就是在中國的這一支共產黨。……這一個集團乘著中國底貧困，混亂，戰爭，與低落而發展而壯大。他們一直受著外國底培養，操縱和指使；圖謀藉著將全民性的國民革命轉變而為階級性的社會革命的這種所謂內在發展的手段，奪取中央政權，降中國為其主人之屬地。」同時他又痛陳國民黨的弊政，把它比成一個「舊式大家庭」，把其中的派系比成「大家庭裡的各房」，指斥他們偷空大家庭以充實自己的私房，並斷言國民黨「這棵大樹，旦旦伐之，已經衰老不堪。」他明辨就明辨在並未因反共而護短國民黨，反而到後來對國民黨批評得越來越重，直到他那些言論被指責為起到了幫助共產黨的不良作用。

在殷海光看出中共險惡走勢的年代，李敖還在小學或初中讀書，在思想感情上，他多少或受到過當時青年學生「反飢餓、反內戰、反迫害」運動的影響。與五四以來的很多左傾青年有著類似的情意結構，李敖也明顯具有對抗父親的傾向。據說，後來在父親的葬禮上，他公然抗拒戴孝和叩頭之類舊式的喪禮，曾使家人和親友為之側目。由此導致了他學生時期的「師長情結」：為逃避父親的管束，遂轉而投奔值得崇拜的老師，在那個老師身上找到可置換父親權威的榜樣。這個老師就是遭受當局迫害的共產黨地下黨員嚴僑。像嚴僑這樣性格的人物，在台灣的遭遇固然令人唏噓同情，但即使他當年沒逃到台灣而留在大陸，其結局也絕不會太好，甚至會被整得更慘。如果說李敖對嚴僑的追隨和同情更多地來自一個重理想的男孩純真的情懷和一定的正義感，還讓人覺得真誠而頗有血性，那麼他後來的追隨胡適和殷海光，情況就漸漸有了變化。除了他們批評當局的言論和自由主義思想吸引李敖以外，大學時期的李敖，親近那些大名人，不能說沒有攀附其聲望，尋求提攜的企求。就陶希聖迴避他登門求見一事即可說明，他言行中流露的拉攏意圖，明眼人已有所覺察。

在李敖那「狂者進取」的行為中，從一開始即有一股挑釁的勁頭。他第一次拜見殷海光，劈頭便追問起殷海光參加「十萬青年十萬軍」和在《中央日報》任主筆的那一段經歷。他儼然在逼問老師的歷史問題，言談間讓人覺得，與現在反對國民黨的言行相對比，殷海光從前追隨國民黨反共的言行似乎就顯得不太光彩了。這又是殷海光這個「知性真誠」的人與李敖那種與共產黨具有「共性」的人另一判然有別之處：前者不會因為他反共，便對國民黨類似於中共那樣的專制熟視無睹，更不會因為他當前罵了國民黨，就不再認同國民黨一貫的反共政策。那是兩個不容混淆的問題，一個「知性真誠」者不但要避免陷於黨同伐異的偏狹，還須有明辨是非的君子氣度。相反的是，李敖從一開始就在建立小人「同而不和」的路線，就試圖採取「惡人為得勢」而劃分敵我的策略。他對殷海光的挑戰明顯帶有拉幫結派的口氣，他一開始就試圖把他老師自由主義的求真立場拉攏到共產黨那種建立話語霸權的統一戰線方向上去。不可否認，在威權時代，李敖的言論和抗爭行動對台灣的走向民主，是起到過積極的作用，是有他不可否認的貢獻。這也正如共產黨在與國民黨鬥爭的整個過程中，其中的個別人士所說的和所做的，相對地來看，也曾對民主和自由的伸張起到過局部的積極作用一樣。但李敖後來因反國民黨而成了大名，他的不少文化炒作就與他被國民黨打壓時的抗爭有了很大的不同。他明顯表現出與中共類似的那種死咬住敵人不放手的偏執：中共先是以反國民黨而「成匪」，後以打敗國民黨而「成王」，這一成就在中華人民共和國成立之日已達到其光輝的頂峰。但此後六十多年，那個黨權政府的作為卻全無足稱道，他們唯一不羞於拿出來宣揚的，就只剩下了反復講述他們如何打倒國民黨反動派的故事。時至今日，北方數百萬平方公里的失地已永遠劃歸俄國，南海的油田和島嶼多已讓他國捷足先登，釣魚島以同樣的方式懸在一邊交日本看守，北京方面只是一再口頭宣佈自己擁有主權，卻至今無足夠的實力發兵去直接佔領。只有打國民黨的影視劇六十多年來，一拍再拍，百演不厭，讓解放軍始終被定格在銀幕上大發軍威。李敖先是因反國民黨而坐牢（儘管他兩次坐牢均以其它罪名判處），隨後以反國民黨而成名，他寫了那麼多罵倒國民黨的書籍，至今還罵得不亦樂乎。

就針對國民黨這個共同的敵人而言，中共和李敖都是最得意的勝利者了。因此，兩者都活躍在自誇狀態中，都陷入了「自我中心的困境」（egocentric predicament）。他們一個勁井底之蛙般在自己的地盤上鼓譟，渾不知人世間有「羞恥」二字。中共政權是世界上最熱衷和最善於自誇的政權，不管他們誇得多麼虛假，多麼肉麻，他們都要一天也不間斷地自誇下去。除了表演打國民黨的影視劇之外，這自誇就是他們唯一維持其「偉光正」形象的有效手段。只要有一天不再用自誇來抵制人們的厭惡，他們很快就遭到普遍的唾棄。長期以來，自誇已被他們熬成安魂的雞湯，而央視和各級黨報，就是向全世界發送雞湯的窗口。李敖給自己作的廣告詞是：「五十年和五百年內，中國人寫白話文的前三名是李敖、李敖、李敖。」就是硬挺起這種「人不要臉，鬼都害怕」的厚顏和賴皮，李敖不斷出書，頻頻演講，大肆施展他要壓倒一切的優勢。

毛澤東「不須放屁」之類用粗話罵敵人的語言暴力，發展到李敖手中，已被推到極致，從性器官到性活動，凡屬這一類可用來謾罵和嘲弄對方的髒話，李敖幾乎搜羅殆盡，在他的行文中隨手拈來，在公開講演時信口亂噴。他成了惡名遠揚的說髒話大師，一個最耽於用性隱喻來意淫公眾的電視名嘴，一個把筆杆當作陽具來抖擻的暢銷書作者。就這一點與中共相比，李敖大有其青出於藍而青於藍之勢。中共的大小官員在公開場合，一般多謹小慎微，一句出原則的話都不敢亂說。唯獨李敖走到哪裡，出言不遜到哪裡，以至放肆到在北大的講堂上散佈讓官方感到有失體面的言論，甚至擺出了一副似乎會陽萎掉中共的架勢。然而北大可非同台大，那畢竟是中共的地盤。他那些性噱頭立即被在場的監聽者敏感出褻瀆的意味，演講一結束，大師就受到了被「喝茶」的關照。秦城就在北大牆外不遠的地方，大師原來並非永遠地大膽，他一挨訓便就範，隨後低調地走完了在清華和復旦的過場。由此看來，李敖的擬中共氣勢也只能在台灣這個從前是弱勢威權，現在是濫情民主和泛文自由主義的小世界範圍內囂張一時，製造些聳人聽聞的效果罷了。他那一套擁共的表演方式在共產黨的地盤上反而不受歡迎。台灣成就了李敖，也慣壞了李敖，同時作踐了自身。李敖能那樣口吐讕言，所向無阻，吆喝得台灣朝野一愣一愣，不能說不是一部分台灣人以及某些中國人「低劣品質的反映」。

接下來的問題是，殷海光果真是僅由於發表了批評當局的言論，就被剝奪了上講臺和出國的機會，就長期受到監視居住的嗎？如果他僅因發表了那些文章就被整肅，為什麼在《自由中國》事件案發後，雷震被判處，而作為雷的筆桿子，殷海光卻安然無事，還能夠繼續出書和教書多年呢？為什麼直到李敖他們的《文星》招惹了麻煩，連李敖本人都恍若無事——順便指出，李敖是因私吞《文星》老闆的錢財案而獲刑，而非因《文星》的言論罪被判——，殷海光卻受到了嚴厲的限制？殷海光畢竟是一個學者，他那些被宣揚為罵國民黨的言論，有相當一部分其實都是針對教育界保守的官僚和學術界他認為不學無術的學者而言的，他罵的多為戒嚴時期的言論不自由和思想閉塞的現象。他得罪的與其說是最高當局，不如說是在威權體制下個別得勢的庸人和小人。那時候他最迫切的願望是出國做他的學問，那只是一個現在說起來實在小得可憐的願望，不過想尋找到哈佛之類的大學去訪學一陣的機會，不過想到他嚮往的自由主義鄉土上圓一下他文本中結緣的夢想。他因那單純的學術願望一再受阻而感到十分氣悶，那情形就像今日大陸的廖亦武渴望去德國參加書展而得不到有關當局的批准一樣在外界引起了公憤，因而他身邊的學生對他當時的處境特別同情。

李敖對殷老師的確有過多次幫助，但在他不少幫助他人的行為中，有時也混雜有操控被幫助人的因素。現在已可明顯看出，誰受了李敖的恩惠，誰就欠下了他沉重的債務。但不管怎麼說，他當時幫老師作出國聯繫的熱心還是挺誠意的。那時候他正在廣泛發展社交關係，在與美國人打交道的事務上，他似乎很想在殷老師眾門徒眼前顯示一下自己會辦事的本領。但在幫老師聯繫出國訪學事務的過程中，他卻沒意識到他當時與之打交道的美國機構或個人有什麼樣的特殊背景，更想不到與他們的接觸會受到情治單位的懷疑和監視，會被懷疑與中情局有什麼瓜葛。我在此提出這個問題，並非憑空亂猜想，而是它確實涉及到美國政府對台政策經常出現的一些波折，涉及到隨著美國兩黨選情的變化，蔣介石本人對美國干涉內政的小動作會產生不滿和疑慮，從而禍及某些不幸沾上嫌疑的人物。美國的問題是，既要在冷戰格局下維持一個反共的台灣政權，有時候又受到國內自由主義左傾輿論的影響，試圖在台灣扶植起能夠樹立民主形象的政治勢力。這也是美國政府一個「自我中心的困境」。由於美國政府常對國民黨搞一些幫倒忙的事情，遂害得有關政要舉措失當，牽連得情治單位捕風捉影，以致刺激了兩蔣的過度反應，也由此而撕開了威權垮臺的裂口。這一點才是殷海光問題的要害。國民黨通常對知識分子的批評言論還比較能夠容忍，但若觸及到可能與外來干涉勢力勾結的嫌疑，問題就變得很嚴重了。很可能正是李敖的熱心，無形中給他老師招來了試圖與美國顛覆機構交往的麻煩。用今日中共當局的話語來說，那就是妄圖「勾結海外敵對勢力」。那些佈置在殷家門口的監視，那種堅決不批准殷海光出國的做法，很可能都與這一不會明說出來的疑團有關。對殷海光來說，這當然是莫須有的，但業已掉到黃河裡洗不清了。

一個堅決反對共產黨的學者，就這樣受到李敖的誤導，再加上後來的一系列偏解，逐漸被片面地誇大為反蔣反國民黨威權的英雄。而對他有關「共產黨問題」的論述，卻有意無意地忽略，似乎不想讓他的思想和著作中那截然不同的一個方面拖累了他後來被塑造成的受難人格雕像。

七

我寫這篇文章，不只是要強調上述殷海光著作中被忽視的方面，更重要的是想進一步提醒，大陸民眾和台灣社會目前都面臨著一個類似於國民政府在抗戰勝利後面臨的危機。中共在那時候的險惡是以民主的許諾贏得左情左思者的支持，更仗其已經壯大的武力奪取政權，把中國人民引向奴役之路。經過近三十年的改革開放，中共集團又一次從毛澤東留下的爛攤子中起死回生，施放了比殷海光當年看到的更加迷惑人心的魅力。那時候中共是靠犧牲「翻身」農民的生命獲得了戰爭的勝利。現在則是靠榨取廉價勞力的血汗積累了巨大的財富。財大氣粗的中共已明顯擺出崛起的姿態，正在通過紅色經濟的滲透，企圖把台灣，乃至世界牽著鼻子拖上更加險惡的奴役之路。殷海光提出的「一」、「多」、「常」、「變」四個概念至今仍適用於分析中共當前的詭變，這就是我們有必要重溫他那些「共產黨問題」論述的現實意義。

「反共」之所以令人感到過時和陳腐，以致成為一個令人迴避的刻板形象，既與威權時期國民黨自己拙劣的文宣方式有關，也是解嚴以來台灣社會把那年月的一切都說得破爛不堪的總氛圍所導致的一個後果。再加上中共的宣傳攻勢和很實惠的四處招徠，從台灣到歐美，凡是那些正在與大陸方面打交道且對其有所欲求的團體或個人，似乎都怕被戴上這一頂顯得有些晦氣的帽子。前不久我在紐約參加一個有關中國民主轉型的研討會，哥倫比亞大學的黎安友（Andrew Nathan）教授與會發言，談到了中共政權有可能崩潰的六種方式。我即席向他提問道：「就你所說的六種方式中我們最希望發生的一種而言，美國的中國問題專家學者們都能作出哪些富有引導性的論說？」黎安友簡短地回答我說：「我可以真實地告訴你，他們都害怕中共。」為什麼連自由世界的人士都不願意得罪中共呢？因為他們不得不考慮自身的名利和興趣與中國之間千絲萬縷的聯繫，中共畢竟控制著這麼大的一個國家。這就是「反共」這頂帽子很多人都不願意沾邊的原因，也是近年來兩岸的殷海光宣揚者對他那方面的言說普遍忽視的因素之一。

全世界在中共面前的自我綏靖做法在今日已成為很普遍的現象：美國政府因身負重債而對北京說話嘴軟，台灣社會因兩岸的經濟熱絡而把武力犯台的危機推卸到似乎不會發生的遙遠年代，學者們多因要到中國去從事各自的活動而變得說話都十分謹慎小心了。儘管如此，不怕戴上「反共」帽子的人士依然為數不少。至少，就黎安友敢於參加那個會議，並踴躍發言的行動來看，他本人應該是無所畏懼的。就我個人有限的了解而言，經常在《紐約書評》上發表批共文章的林培瑞教授（Perry Link）也是無所畏懼的，而普林斯頓大學榮退的余英時教授，可謂最無所畏懼的一個：多年以來，他每一週都在「自由亞洲」電臺上的時評訪談中發表他那些一定會被北京指斥為「反共」的言論。

由此可見，「反共」的刻板形象乃是中共的恐嚇和人們的怯懦共謀而成的一道咒符，只要你能努力提高自己「知性真誠」的品質，就不會為其所惑而落到膽小怕事的地步。就中國目前的狀況來看，中共的專政很可能還會維持相當長的一段時間，我們不能等到它垮了臺再去搞所謂的轉型正義。我們必須從現在起就對中共進行全面的清算，那就是不斷揭示出被掩埋的真相，逐步調整被顛倒的價值階序，全面還原歷史，從而達到預先在觀念的澄清和認識的提高上為民主轉型鋪墊好可暢行的前途。

二〇一一年八月二十八日

毛像的興衰與高氏兄弟的「去毛」創作

一

偶像崇拜並不是華夏文明的國粹，至少就傳世的文物來看，在佛教傳入中土之前，很少有供膜拜的神祇偶像或聖賢肖像被製作出來。堯舜禹到底是什麼模樣，向無遺像可供我們想像。始皇陵出土了那麼多兵馬俑，卻從未見到嬴政本人的塑像。孔子甚至強烈反對製作殉葬的陶俑；根據先秦文本的記載，連在宗廟中祭奠祖先，都是讓家中的小女孩坐到祖先的位子上「扮尸」受祭，象徵性地過一過那個儀式。所謂「祭如在，祭神如神在」，崇奉的焦點在於人心的誠敬與鬼神冥冥中交感，先民似乎更專注恍惚無形中的陰陽變化，因而無意將那難以形塑的情境凝凍在死板的土偶木雕身上。只是由佛教傳入帶來的造像運動才給非偶像崇拜的華夏傳統加入了偶像崇拜的成分，但即便如此，那也僅限於燒香求神的場合，在俗世人群中，從帝王到平民，無論是死去的或活著的，都很少有畫張肖像來紀念或造尊雕像去崇拜的現象。及至上世紀初，國共兩黨先搞聯合，後搞分裂，都分別學蘇俄、納粹的樣子，搞他們的革命黨政教儀

中共蘇區代表大會會場佈置

式，各自張貼起領袖畫像，領袖像崇拜遂愈演愈烈，在後來鬧到了荒謬狂熱的地步。

分共後的國民黨聚會中常懸掛黨旗，配之以孫中山肖像，這種會場佈置明顯在突出以蔣介石為首的國民黨繼承了孫中山的國民革命路線。而隨後在江西建立紅色政權的中共則懸掛鐮刀斧頭紅旗，配之以馬列肖像，與國民黨分庭抗禮，表明他們隸屬共產國際領導，是蘇維埃的中華分支。這種以黨旗和領袖像作為政權象徵的革命黨政教儀式已初露領袖像崇拜的苗頭。國共建立抗日統一戰線後，中共根據地開始改掛青天白日國旗以及孫中山、蔣介石像，這種應景性質的會場佈置意在向外界表明邊區政府對國民政府的擁護，從而也突出了邊區政權受到包容的合法地位。但一九四〇年之後，隨著中共的根據地日漸擴大，國共摩擦日趨激烈，毛澤東和朱德的肖像隨之與國旗及孫中山像同時出現，而蔣介石像則逐漸遭到廢棄。再往後內戰爆發，共軍越戰越佔上風，作為統一戰線符號的國旗也被撤除，毛澤東和朱德的肖像與中共的紅旗遂整套推出，作為新政權的象徵，徹底取代了先前的掩護性偽裝。

這一時期在正式場合張貼的毛像尚未突出獨尊到領袖像崇拜的地步，似乎是為了與國民黨方面樹立蔣介石的威權唱對臺戲，針對那邊大掛蔣介石像的場面，這邊的毛像懸掛才上升為黨內思想統一的象徵，逐漸被推向中心。但比較而言，國民政府方面單一突出的蔣介石像在很大的程度上是像副其實的，也就是說，頗具希特勒或斯大林軍事權威的委員長確實是中國抗日戰爭的統帥，肖像上的蔣介石和身為委員長的蔣介石若合符契，他站在他的肖像前號召將士們精誠報國，驅除日寇，像與人二者在那種場合中並不顯得分裂。那肖像不過一平板的肖像而已，並未放射出超乎他本人權力的魔力。它就單純地掛在那裡，頂多在那個人不在場時起到他似乎仍在場的作用。它不管被製作了多少，被懸掛得多麼普遍，基本上都出現在官方的正式場合或公共場所，並未侵入老百姓的私人生活。反觀毛像與毛本人的關係，情況就比較複雜，需要作一點溯源的考察。

一九三六年到一九三七年斯諾採訪毛澤東之際，毛雖在很多委員會裡擔任委員，但按照斯

斯諾1936年攝於陝北窯洞前

毛澤東像，刊登於《解放週刊》，1937年

諾的觀察，那時候還沒有任何共產黨人把毛視為他們的「偉大領袖」，也沒有任何人把他的名字「當作中國人民的同義語」。[1]那時候，紅軍將領和黨內高層多忙於各自的專職工作，相對來說較閒散的毛澤東便成為斯諾採訪的重點人物。偶然碰巧會了面，接著有意無意地靠攏起來，就這樣促成了後來那本廣為傳閱的革命佳話，記者與受訪者在他們互動的接近中贏得了互利的效果。

正是經斯諾的拍攝，毛那張窯洞前頭戴紅星八角帽的照片始登上媒體，向外界首次亮出了他作為紅軍首領的形象。該相片與《西行漫記》的出版無疑提高了毛的國際知名度，儘管他當時尚在黨內的人事摩擦中摸索著向前拼刺。那張首發的特寫照充其量只是一張照片，與領袖像的製作性

1 埃德加・斯諾，《西行漫記》（董樂山譯，北京：東方出版社，二〇一〇年），頁七十三。

質上顯然有別。據Daniel Leese的研究，只是在一九三七年六月二十三日，毛澤東木刻頭像登上了延安《解放週刊》，那一幅毛像才初步顯露出領袖像崇拜的特色。該頭像的面容姿態明顯出自斯諾的那張攝影，但背後的土窯洞不復存在，被換成了「向著東方曙光進軍的隊列，而那曙光則來自毛頭頂微薄的光環。」兩週後該刊也登出紅軍司令朱德的頭像，卻並未被描繪出像毛像那樣的英雄崇拜特徵。[2]由此可看出，與正式場合作為中共領導和朱德像同時掛出的毛像相比，此類經延安藝術家之手創作出來的毛像便顯出了微妙的差異。

在中共其他領導人都忙於帶兵打仗或從事邊區政府建設之際，毛澤東最喜歡偷閒與投奔延安的文藝界人士接觸。他那時已插手軍事決策，抓到不少操控槍桿子的權力，但要獨攬筆桿子的大權，尚需費一番周折。與希特勒或斯大林相比，毛幾乎談不上有什麼藝術修養，具有繪畫功底的希特勒常親自動手設計宣傳海報，斯大林則以特別欣賞肖斯塔科維奇交響樂的素養為世所知，大概就因有這樣的底子，在納粹和蘇俄那裡，領袖像崇拜還都算搞得比較威嚴和莊重，至少未鬧到媚俗的地步。毛澤東後來的反人類罪行絕不次於他那兩個前輩，但要論文藝鑒賞力，卻遠遠落在他們身後。對各路文化人從大城市帶到延安的洋玩意，他顯然欣賞不了，因而也就很難有興趣了解。面對高與低之間的差距，毛一貫採取往下拉平的手段，他在文藝政策上

2 Daniel Leese, "Mao the Man and Mao the Icon", see *A Critical Introduction to Mao*, edited by Timothy Cheek (Cambridge University Press, 2010), p. 222.

推行的所謂「普及」，並無向優美和典雅提高的動向，而是把一切讓他有可能產生相形見絀感的東西都踹到「普及」的腳下，以「我是粗俗我怕誰」的口氣推廣粗俗的價值。比如在延安整風運動中，他就要求受過專業美術訓練的藝術家向放羊娃學習，去搞那種從群眾來到群眾中去的宣傳藝術。他特別看中木刻、繪畫等視覺藝術的潛力，因為對不識字的大眾來說，畫出來的領袖像肯定比寫出來的領袖頌更直接，更易接受。在這一透視點上，搞毛像崇拜便與佛教弘法或教會傳教的造像運作有了不謀而合之處。就這樣，在力主拿藝術作宣傳工具的同時，毛已在有意無意間把他自己的肖像推上工具化的方向。經過整風和文藝座談會的集訓，文藝被強加了為政治服務的任務，隨之便出現了王朝文的毛澤東塑像等一系列作俑領袖像崇拜的毛像製作。

毛像的製作及其懸掛於是被推廣到正式場合之外，那幅早期木刻頭像上微薄的光環被發揚光大，翻身農民把批量印行的毛像供入了家中的神龕。據有關學者發掘的資料所顯示，從一九四四年開始，在太行、太岳根據地及後來的其他華北解放區，「毛澤東像以向英雄、模範們頒發、銷售的形式被帶到各地。這一時期，正值該根據地依靠貧雇農發動群眾運動的階段，懸掛毛澤東像開始逐漸取代民間敬神的風俗並在農村日益普及化。」這種普及是「以農民撕毀常年祈禱也沒有帶來幸福生活的神像（灶爺、財神等），換成帶來富裕生活的恩人毛主席像的方式來進行的。」共產黨幹部號召土改中翻身的農民不要再敬灶爺、財神之類的死神，而敬毛主席這位活神，甚至在土地廟內供起毛像，慶賀土改的勝利果實。有些地區，連在結婚儀式中都

「把傳統的拜天地改為向毛澤東像敬禮。」[3]共產黨在發動和利用農民的同時，也為農民所同化，山溝裡變種出來的馬克思主義從一開始即滲透了濃厚的農民意識。「東方紅」的頌歌從此四處傳播，毛澤東這個被黨宣揚為「人民大救星」的神話形象不但遮蔽了他的歷史形象，也從現實中的他這個人身上分裂出去，最終被搞成土氣十足的玩偶，充當了黨的「偉光正」代表。那還是在共軍仍被大多數中國老百姓視為「土八路」的內戰時期，要充當國家、政權的尊嚴象徵，毛像尚不夠格，它僅可在有限範圍內順著水往低處流的走勢融入農民的固有心性，在燒香求神的迷信柴草上縱其妖火。共產黨的基層幹部只圖拿毛像的聖像（icon）化為黨大造聲勢，包括毛本人在內，幾乎沒有誰覺察到，這種新造神運動對自詡持唯物史觀的共產黨人來說是多麼諷刺。

二

毛澤東一直在利用黨內派別鬥爭的動力助長他高升和奪權，但這股動力在把他作為代表往高捧的過程中也工具化了他的公共形象，使他在黨內集體領導制的掣肘下感到頗為彆扭。中共

3 參看丸田孝志、劉暉，〈國旗、領袖像：中共根據地的象徵（一九三七—一九四九）〉，見《中國社會歷史評論》第十卷（天津古籍出版社，二〇〇九年），頁三二三—三四一。

建國後，隨著黨政事務逐步規範化，毛仍沿用的那一套戰時動員做法便不再有效，他的威望看似如日中天，在黨政事務的具體處理上卻蹚到了新的挑戰。中央對毛像的製作及其懸掛均作出嚴格的明文規定：比如一九五〇年，按照「七一」紀念節黨報上刊登領袖像的指示，除毛像外尚有劉少奇、周恩來和朱德三人的相片與之並列；一九五二年，有關遊行隊列中領袖像排列的通知規定，毛像與孫中山像排在最前列，第二列則為劉、周、朱的肖像。按嚴格標準製作的毛澤東畫像每年也只是逢「五一」勞動節和「十一」國慶節才掛上天安門城樓。特別是中共八大之後，從蘇聯刮來的反斯大林之風也引起了中共內部對個人崇拜問題的檢討，毛像的中心地位並未動搖，但也僅止於形式化地擺出來撐個門面。在某些模仿蘇聯社會主義現實主義模式創作的大型革命史詩繪畫中，居於中心地位的毛像多呈現為與劉、周、朱等同僚聚集在一起的構圖。Daniel Leese認為，「只要毛的地位和政治目標沒被動搖，他就會對個人崇拜的外在形式持藐視的態度，稱它為上層建築中的『封建殘餘』。但一蹚到危機時刻，他便轉而靠他的公共威望，去發動群眾打破他的同僚們所設置的體制性限制，為此他甚至不惜毀黨。」[4]其實就當時的政治形勢來看，毛那句藐視個人崇拜的言論，與其說反映了他地位穩定的現狀，不如說是他受到黨內規範制度約束的結果，是他在八大前後反個人崇拜的大勢所趨下一種言不由衷的表

[4] 同註2，頁二三九。

態，甚至是對他那種「盛名之下，其實難副」處境的自嘲。

自打井岡山上率眾嘯聚，毛澤東一路上鬥過來，直鬥到坐上中南海的第一把交椅，他深知個人崇拜是他抵禦黨內對手的利器，是他與群眾建立非體制性聯繫的旗號，在他整個的政治生涯中，他從沒放鬆過對領袖崇拜事業的經營。一九五八年三月的成都會議上，毛澤東獨霸話語權，大講個人崇拜，藉他的威望鼓吹大躍進之風，其頤指氣使之勢震懾得與會者多屏息恭聽，隨聲附和。官定本《毛澤東傳》的編者在一一列舉他們的頌聖發言後指出：「黨中央的一些最重要的領導人如此集中地頌揚毛澤東個人，這是在新中國成立以來從未有過的。」[5]為什麼與會者會對毛如此服貼地吹捧？因為毛在十八天的會議上多次公開倡導對他本人的個人崇拜。據李銳的記錄，陳伯達談到王明的個人崇拜時，毛澤東公然插話說：「[王明]說個人崇拜就是崇拜我。不崇拜我就崇拜他。我看，崇拜我好一點。」當陳接著說「我們有權威，有代表，但不是個人崇拜」時，毛又接過話茬說：「怎麼不是個人崇拜？你沒有個人崇拜怎麼行？你又承認恩格斯，你又反對個人崇拜。我是主張個人崇拜的。」他話匣子一打開，憋了許久的悶氣便趁機來個總的發洩，在另一天的講話中他還說：「反對個人崇拜的目的也有兩種：一種是反對不正確的崇拜，一種是反對崇拜別人，崇拜自己則很舒服……打死史達林，有些人有共鳴，有個

[5] 逄先知、金沖及主編，《毛澤東傳（1949－1976）》（北京：中央文獻出版社，二〇〇三年），頁八〇二。

人目的，就是為了想讓別人崇拜自己。列寧在世時，許多人批評他獨裁。說政治局只五個委員，有時還不開會。列寧回答很乾脆：與其你獨裁，不如我獨裁好。因此，只要正確，不要推，不如我獨裁；也開點會，不全獨裁就是。不要信這個邪，你反對個人崇拜，反到天上去，無非想自己獨裁。」[6]毛如此蠻橫地給別人扣大帽子，誰還敢不服他獨裁！成都會議後，大躍進立即熱火朝天地搞了起來。不幸那「躍進」躍而未進，很快就在小丑般跳踉起來的原地上跌了個重跤。廬山會議上，毛害怕承擔罪責，反把提意見的彭德懷等人打成反黨集團。直到七千人大會後他被迫退居二線，這才感到自己真正蹚到了危機。正如Leese分析的那樣，毛再次求助個人崇拜的動力。他一面發起反擊右傾翻案風運動，一面助長由林彪在軍中率先推動的學毛著熱潮，隨著那語錄本紅寶書大肆泛濫，毛像崇拜的妖火也再度燃起，在文革期間鬧到了舉國瘋狂的地步。

四〇年代濫觴的聖像化毛像猶帶有民間年畫土氣質樸的風格，被剛翻身的農民寄寓了過上好日子的憧憬。文革中的毛像則大大地提升了規格，與當時的樣板戲、大型音樂舞蹈史詩《東方紅》等舞臺演出相表裡，極盡其「紅、光、亮」和「高、大、全」之能事。毛澤東被塑造成燈塔般的巨人，他總是紅光滿面，在紅日高照或紅旗招展的背景中擺出「欲與天公試比高」的

---

[6] 李銳，《大躍進親歷記》上冊（海口：南方出版社，一九九九年），頁二一二、二一五、一八八。

雄姿。他的頭像甚至被模擬為太陽，四圍金光萬道，幾乎要輻射出核爆的威力。這類毛像先是在中央文革示意下由群眾組織自發繪製，後來則由中央統一負責，組織專家嚴肅評議，由名畫家精心製作。每一幅新作問世，都舉國上下搞起盛大的慶典。毛澤東終於讓他的巨像從原先那種同僚們群聚的場景中解圍出來，獲得了橫空出世的獨立，走向了無法無天的紅海洋。

擺脫同僚包圍的毛像，只是毛澤東舒展拳腳，所作的初步動作，他的攻勢最終是要把那夥人一一撂倒。毛澤東寫信給江青，曾提到他有幾分猴氣。如果把他文革中搞起的毛像崇拜想像成孫猴子玩法術，則鋪天蓋地的毛像就好比孫猴子拔一把猴毛，從巴掌上吹出千萬個去搶地盤的毛猴。毛像的大量製作因而被賦予了重寫黨史，排斥對手，佔據更多黨史要津的作用。比如要打倒劉少奇，得事先對他做抹黑去紅的工作，完全否定他從前的功績，包括他在安源發動工運的經歷，全都置換到毛澤東身上。「毛澤東去安源」那張油畫，就在這一使命下被高調創作出來，一刷即印出九億張之多，遠超出當時中國的人口總數。中國大眾的一窩蜂舉動其實要比毛澤東思想的威力更巨大，更可怕，凡是大眾攪和進來的熱潮，任何事情都會被弄得粗俗不堪。毛

毛像章秀

主席的革命路線給了他們粗俗的權利，鼓舞得他們一股子「我是粗俗我怕誰」的勇氣，以致把毛像的聖像化升級導向了物件化的處理：他們動用各種材料製作毛像章，從有機玻璃到貴重金屬，從小如紐扣者做到大如護心鏡者，各式各樣的毛像章，無不護身符一樣佩戴胸前，或作為收藏品交換和贈送，一時間蔚然成風，形同服妖。國防工廠造不出先進的戰鬥機，卻拿上好的鋁合金大造毛像章，藉以壯大各自組織的聲勢。這類像章到底造了多少，耗費了多少材料，至今已無從作準確的統計。但毛像的平面印刷尚有據可查，據官方的統計數字：從一九四九到文革前夕，毛像的印數為一億六千四百五十萬張；一九六六－一九七六，十年間印數劇增至四十一億八千三百萬張；合併起來，一九四九－一九七六，正式出版的毛著和毛像總共達一百一十八億件之多。[7]數字比任何論證都有說服力，看一看這些驚人泛濫的天文數字，誰還能否認那一場偶像崇拜勞民傷財的嚴重後果！

毛像狂熱繼續高漲，逐漸失控，各群眾組織甚至把毛像的製作搞成藉以自衛和挑戰對立面的武器。一九六七年九月，清華大學的紅衛兵造反派在被拆除的二校門原址上建立起全國第一座大型的毛主席塑像。那是一座毛澤東穿軍大衣揮手的全身像，鋼筋混凝土澆築，連底座在內高達八米，底座正面鐫刻著林彪手書的「四個偉大」題詞。該塑像一揭幕，全國各地即緊追其

---

7 同註2，頁二二〇。

清華大學毛澤東塑像

後，紛紛效尤，爭相攀比。建立毛塑像成為各單位忠於毛主席革命路線的標誌，各式各樣的塑像於是石屎林一般在中國大地上矗立起來。在人均居住面積極其狹窄的六〇年代，不知可建成多少幢住宅樓的人力和原材料就這樣被肆意揮霍，均投入全部由國家花錢的紅色造像運動。從毛澤東身上拔毛吹出的毛猴從此落地生根，成了各造像單位裝點門楣的門神。對這種毛像物件化和地標化的浮誇現象，毛澤東漸生不祥之感，他恐怕他那些外在於他的公共形象泛濫成災，都轉化成替他人打鬼的「鍾馗」。有一次他看見警衛班的宿舍內貼滿了他的畫像和語錄，便以自嘲的語氣抱怨說：「你們到處掛像……有的還在大門口塑個像……你們在門口站崗，讓我陪著你們站崗。你們兩個小時一換回去了，……我站崗是沒人換的，讓風吹日曬雨淋……到處塑我的像，到底有什麼用!?」[8]

8 見《黨史縱覽》，二〇〇八年第五期。

偉大領袖既是辯證的，又是唯心的。他敏於覺察事物的變化轉向反面的趨勢，但一看那趨勢指向他自己，他就不再辯證，只想唯心地固守有利於他的正面，堅決杜絕其轉向不利於他的反面。他說給警衛的那些抱怨話與其說是在批評毛像崇拜本身，不如說是擔心它過分形式化，搞出了弄虛作假的東西。這正是毛澤東我執太深的可悲之處：他妄想把個人崇拜這種本身就很虛的東西作真作實，作到鋼筋混凝土塑像一樣腳踏實地，堅不可摧，好讓他的實際處境和影響確如他希望的或表面上所見的那樣。所謂「實事求是」，多是他嚴厲要求別人的一句口頭禪，至於他真正關注的「實事」，則是執意將假的強作成真的，把虛的硬說成實的。他的病害在了他那滿肚子名實不符的心虛上，因而面對他的「偉光正」外在形象，心裡並不踏實，總懷疑自己是否受到了蒙蔽。

毛澤東苦惱的只是其公共形象與真實自我的分裂，卻坐視此分裂催生出妖孽的力量，造成瘋狂的迫害。為維護毛澤東「偉光正」的外在形象，文革中的「公安六條」列有萬惡的「惡毒攻擊罪」。按該法令規定，包括對毛像不恭在內的種種反毛言行均屬大逆不道。犯了此罪的人小則挨批挨打，大則逮捕法辦，甚至被判處死刑。文革中過來的人大都熟知此類荒謬殘暴的事件，沒經過文革的年輕人若讀一讀焦國標《瘋狂的塑像——文革期間毛澤東塑像迷信故事集》[9]，以及散見於其他有關文革暴行的文字，即可悚然想見毛像崇拜熱在那個年代製造的恐

9 見《縱覽中國》網刊（http://www.chinainperspective.com/ArtShow.aspx?AID=18617）。

怖和罪行了。所謂的「惡毒攻擊罪」中，很少有真正通過毀毛像來洩憤或反毛的案件，幾乎全都是某個倒楣鬼無意中汙損了毛像，不幸被積極分子舉報，結果不容分辯就被拉去批鬥或關押起來。在焦國標收集的事件中，很多受害者本身即狂熱的毛像崇拜者，不幸在供奉毛像時舉措失當，結果積極反被積極誤，糊里糊塗轉化到對立面，成了反革命分子。從古至今中，把全世界其他地區曾發生過的宗教迫害和因瀆神而獲罪的全部案件加起來，都比不上「惡毒攻擊罪」在十年浩劫中肆虐的範圍之廣，荒謬的程度之深。

拜神與暴力本有其內在的聯繫，毛像在受革命群眾共同崇奉的同時也激發起他們的暴力衝動。因為，從共同崇奉一個對象轉向群起攻擊共同的敵視目標，本來就是「人心惟危」之慣常動向。反過來說，只有專斷地鎖定了大眾一致仇視的對象，才能有效地維持他們一致的崇拜。你不崇拜，你就是敵人。這正是毛澤東的階級鬥爭論一貫引導的鬥爭方向：即盡可能多地發現和懲處疏忽者、怠慢者和不隨大流者，通過此人人自危的偶像崇拜專制，造成一個大家都一致作假的強迫行動，最終把弄假成真的局面加冕到那個穿著皇帝新衣的偶像頭上，從而營造出這樣一個荒謬的現實：能夠讓毛澤東覺得他的實際處境和影響與他希望的或表面上所見的一模一樣。

然而現實情況正如毛寫給江青的信中所說：「事物總是要走向反面的，吹得越高，跌得越重，我是準備跌得粉碎的。那也沒有什麼要緊，物質不滅，不過粉粹罷了。」毛的搗鬼術搗過了頭，最終還是搗鼓到他自己頭上。一九七一年九月十三日，林彪墜毀溫都爾罕，先毛一步跌得粉身碎骨。正如焦國標的故事中那些崇毛的到楣鬼不小心落上惡毒攻擊的罪名，林這位領袖崇拜旗手一夜之間也轉化成了反毛反黨分子。但林彪非同常人，他是寫在黨章上接班主席的人物，這個硬拐彎的轉化究竟該如何去轉？實在讓毛澤東棘手難堪。比如，他與他的親密戰友那麼多並肩作戰的影像資料該怎樣分割？刻有林彪「四個偉大」題字的千萬座毛塑像應如何處理？毛澤東縱有本事分身出千萬個毛像，這一次卻碰上了不隨他主觀意志轉移的辯證法之壁，碰得他嶗山道士般鼻青面腫。越到他生命的末期，他似乎越感到鬼影憧憧，千萬個毛像都殭屍般向他擁圍而來，夢魘了他剛愎自用不信邪的強力意志。連親密戰友都被證明是假的，毛所搞的那一整套東西還會存有幾分真實？從某種程度上說，他已失身於自己的塑像。讓那些塑像繼續林立下去，每一尊身上都顯示出他被人作假的標誌。於是，經毛澤東示意後中央發出指令，一個拆除毛像的行動在嚴密的遮蔽下暗中展開。筆者至今記憶猶深，那些塑像均被蘆席或塑料布嚴封的腳手架包裹起來，派工匠在夜間小心翼翼地拆除。有一篇小說描寫那種場景，說拆除者每舉榔頭砸下塑像的一塊，或有人悚然心懷負罪的恐懼，或有人暗生肢解毛體的快意……

毛澤東在毛塑像千人砸萬人撬的毀像行動中壽終正寢，其無可奈何的結局正如兩句唐詩所說：「時來天地皆同力，運去英雄不自由。」而更為可悲的是，他最終竟落了個被他助長的聖像化運動強姦的下場。一個曾支配全黨全軍和全國人民的偉大領袖，人死後連他的家屬都無權及時埋葬他入土為安。他生前肆意折騰黨，死後就只得由黨絕對地擺弄他了。他那個「你辦事我放心」的繼承人及其一夥要繼續利用他這尊「肉身毛像」，先是掏空了該屍體的內臟，將其做成一具黨國標本，再用它作為守護紅色江山的魘勝物，陳列在紀念堂內供人觀瞻。諷刺的是，毛只是在死後才通過其屍體的偶像化完成了對立面的辯證統一，實現了其人與其像的一體化重合。但這樣的統一與合一並非他生前所希望的或曾經在表面上所見的那種統一與合一，而是偶像對人身的佔有，是外科手術對屍體的加工，偶像作了主體，人身反成為材料。毛終其一生頑強抗拒，力圖控制的黨最後還是佔了他的上風，他們徹底地物化了毛的肉身，對他為人的本質和個體的獨立性作了終極的否定。毛澤東「被死」在了他的形象之中，他為現政權的安穩而橫陳水晶棺內，攔河壩一般堵住惡貫滿盈的黨史汙水。

三

後毛時期的「毛形象」一面緩步走下神壇，進入其世俗化演變的歷程；一面則死而不僵，恍若美杜沙被砍掉的頭顱，散發著不容低估的政治餘威。比如在六四學運期間，汙損了毛畫像的湖南三君子本可在混亂中逃離現場，卻被為撇清自身的民運學生糾察隊抓住不放，扭送到公安局判了重刑。一九八九年的中國，文革氣氛尚未完全消除，學生們敢挑戰鄧小平及其政府，卻普遍缺乏明確的反毛批毛意識。對早已拋棄毛澤東路線的現政權來說，城樓上高懸那巨幅毛像，不過用來遮羞他們與毛分道揚鑣的裸奔罷了。正因為官方的偽崇毛策略阻撓了對毛時代罪行的清算，在上世紀八〇、九〇年代，物件化的毛像才會散發出暖手的殘熱，在民間擁有一定的市場。那時候「毛像物件的製作和消費已毫無表達革命信念和忠誠的用意，其中多混雜著懷舊情緒和民間的宗教情懷。道德失序和貧富差距滋長了某些人對毛時代的懷念，對他們來說，不管當時發生過什麼暴行，其平均主義的價值畢竟值得讚賞。」[10]官方用毛像遮羞擋風，市場拿毛像賺錢，消費者把玩毛像，從中尋求各自需要的撫慰。在揭批「四人幫」那幾年，對十年浩劫的控訴曾高漲一時，後來鄧小平及其倖存的老人集團坐穩了位子，有關文革的敏感話題立即成為政治禁忌，從此就被不明不白地擱置起來。隨著時間的消逝，歷史的汙跡日漸沖淡，在一部分人先富起來的後毛時代，文革中留下來的種種紅色物件忽然有了倒賣、收藏和把玩的價值。正是受到此潛在的市場價值之誘導，新興的政治波普藝術首先選中了毛像這個集體記憶的圖像。

必須指出，中國的毛像波普藝術作品與其所傚顰的沃霍爾（Andy Warhol）「毛像系列」看似相近，實際上相差很遠。對沃霍爾來說，選擇毛像來作他色彩感變化和光影處理的探索，與

[10] 同註2，頁二三九。

沃霍爾所繪毛像

王廣義所繪毛像

選擇瑪麗蓮·夢露作類似的試驗並無二致，夢露是吸引眼球的明星，毛澤東是代表中國的符號巨人，兩者都符合他專挑世界名人的肖像嘗試其純繪畫創新的需要。也就是說，他所選的人像僅為其揮灑彩毫的最佳素材，揮灑的效果才是他銳意求新的目標。可見沃霍爾「毛像系列」的旨趣和造詣屬於純藝術範疇，並無多少可探討的政治含義。他的毛像忠實臨摹了天安門城樓上標準的毛澤東肖像，既未醜化，也無所謂美化，但卻把原來那佛爺般平板的面容畫得化入了他所探求的畫境。他的探求贏得了讚許，同時也賣出了好價。他是畫翁之意不在毛像，在乎畫藝與畫價之間也。他得到魚也就忘掉筌了。可笑的乃是中方的反應，評論家過分解讀其顛覆性，官方也就神經過敏地拒絕他來華參展了。

中國的波普藝術家則情況複雜，需另當別

論。他們多少是受到沃霍爾作俑的一些啟示，但由於改革開放的政策始終半開半放，政治與藝術、文化與市場一直理不順關係，被拖住後腿的藝術家從起步即走上彎路。他們從當時政治脈絡中流行的圖像——包括毛像在內的文革遺留物件——選擇原版元件，運用複製與挪用的技巧，拼貼到媚俗的商業圖像——如美女、汽車、可樂——中，試圖創作出可稱之為前衛新潮的作品。沃霍爾是在西方市場機制健全的藝術品消費文化中搞花樣翻新的試驗，他懂得如何拿他的毛像製作迎合公眾的東方主義趣味。他並無意顛覆和揭示什麼，天安門毛像經他那麼一處理，反而被畫得更悅目和適於室內裝飾。但像王廣義那樣把毛像原樣搬過來，打上網絡般的紅方格子，或像余友涵用玫瑰色和民俗圖案對毛像作艷俗化處理，都顯得手法粗率，創意膚淺，不但談不上什麼藝術創新，而且令人刺目地看到，當代中國藝術家可繼承的文化資源是多么貧瘠，其中大多數人的批判精神竟如此衰弱。在中國社會未能成功地轉入現代的今日，玩後現代花槍花棒的藝術操作也許可出風頭於一時，但風頭一過，即陷入無聊、空虛和疲軟。他們製作的毛像並未觸及毛像與毛本人一直脫節和分裂的這個本質問題，在毛澤東走下神壇的過程中，如果要說毛像波普藝術起到了什麼推動作用，充其量也只是把毛像從原來的聖像位格降低到可調侃、可擺弄、可商品化的平臺上。但其中的毛像則意指模糊，幾乎形同空洞的能指。在毛屍仍橫陳紀念堂，毛像仍懸掛天安門城樓的今日，要對一黨專制文化作嚴肅的美學批判，波普藝術的毛像製作顯然既無能又乏力，它充其量只可謂毛像走向終結過程中一小段回光返照的波瀾。有論者甚至認為，中國的政治波普藝術群體患有「後感性的『被強暴快感症』，」批評他們的遊戲彩繪「使文革和專制文化以一種消費化的方式重返人們的精神生活。這種方式使人們對文革意識形態特徵的工農兵形象、政治崇拜及造神性質的毛澤東像重新產生視覺愉悅和時尚感，它過慮掉了文革和領袖崇拜曾經帶來的圖像背後的惡，而重新對這些專制符號和意識形態的文化形式產生認同感。」[11]由此可見，在共產黨及其黨文化無處不在的今日中國，為迴避政治而玩先鋒搞新潮的藝術最終還是跳不出政治的陰影，只要它還在那個陰影下苟且圖存，就只能分櫱出黴菌青苔般晦暗滑膩的東西。

四

在今日中國的前衛藝術家中，真正把毛像推向終結的人物是號稱高氏兄弟的高甡（shēn）和高強。二〇一〇年九月十七日至二〇一一年一月二日，題為「宏放與宣洩」的高氏兄弟藝術展在美國堪薩斯的Kemper當代藝術博物館展出。Arthur Hwang 為這次展出專門編錄了一本收有高氏兄弟主要作品和相關評論的展品專集，在該書的引言中，Hwang對他們的藝術創作活動作

11 見朱其〈波普使政治膚淺化〉，見「藝術檔案」網站（http://www.artda.cn/www/1/2011-09/5688.html）。

出了全面的評述。他說：

> 自一九八五年以來，高氏兄弟一直聯手創作，他們所完成的一系列作品涉及到各種藝術媒介，從雕塑、繪畫、攝影直到數字圖像、裝置、行為和觀想（「occurrences」）藝術。他們的作品在國際上廣獲賞識，在大型博物館和私人畫廊中均有展出和收藏。……
>
> 與那種為藝術而藝術的唯美追求截然相反，他們的作品大都意趣幽默，往往對貧困、不公、暴行、虛偽和政治壓迫表現出挺胸而上的反抗。

Hwang接著特別援引高氏兄弟的言論，強調他們對現實生活的關注和社會責任的擔當：「對他人的悲慘遭遇、困難和不幸應有所關懷，因為我們自己沒有遭遇的事情並非與我們無關，身為藝術家，就應把這一切表現在自己的作品中。」[12]在與趙國君的談話中，高氏兄弟正是從這種社會現實關懷出發，更加明確地談到為什麼他們在近年來的一系列作品中特別強化了對毛像的處理：

12 *The Gao Brothers: Grandeur & Catharsis*, edited by Arthur Hwang (Kansas City: Kemper Museum of Contemporary, 2010). p.11, 12.

這是因為毛對於我們自身以及我們民族來說都是一個揮之不去的夢魘。而我們希望不斷通過以置換、戲謔、批判的方法，徹底清洗毛作為一個有史以來最大的暴君獨裁者塗抹在歷史帷幕上的精神汙垢，清算其所犯下的深重罪孽，以驅魔的方式把毛從他的黨羽和後代打造起的神位上驅趕下來，還原其妖魔真面，並讓他接受一次缺席的審判。反復表達的就是一個不斷祛魅顛覆解構的過程。

之所以如此，是因為儘管毛已死了三十多年了，但社會體制只是在經濟方面有所改變，政治上依然還是建立在毛奠定的極權專制的基礎之上，並沒有任何根本性的變化。毛時代的紅歌依然有人在唱，毛的旗幟依然被執政者高舉著，毛的思想與極權方式依然是毛左之徒們企圖宣導恢復的舊夢，我們生活其中的社會空間依然到處殘留著毛文化深刻的烙印。這說明，毛時代並沒有真正過去。近年來重慶唱紅以及「烏有之鄉」等毛左的叫囂就是證明。作為當代藝術家和知識人，我們有責任通過我們的作品揭示這樣一種真實的存在狀態，讓人們正視它，並共同對它予以批判，促使中國社會從根本上否定毛及其極權政治制度，讓中國人恢復做人的尊嚴。

毛的反人類思想與行徑不但讓中國人蒙受了巨大恥辱和災難，也嚴重踐踏了人類的尊嚴。當我們試圖探討我們生活其中的這個政治體制的罪惡的時候，就不能不回到始作俑者毛這個根來。我們始終相信，毛是制度的起點，毛罪不算，惡制難除。這是中國社會轉型必須面對的一個根本問題。只有否定毛，中國才可能發生根本性的變化。這就是我們為什麼要用這多年，耗費那麼大精力通過藝術與言說批毛的根本原因。[13]

這是一段高屋建瓴，正本清源的論述，高氏兄弟明確指出，國人熟知的毛像——從天安門巨幅像和紀念堂肉身像直到音像和文字所灌輸的「偉光正」毛形象——與歷史現實中的毛本人存在著脫節和分裂，他們創作的「毛系列」作品就是要消解舊毛像，除掉這個長在毛臉上的面具，把歷史現實中的毛澤東其人裸裎出來。耐人尋味的是，針對「去毛」的問題，他們提到了「祛魅」和「驅魔」，這用語很自然地讓人聯想到《西遊記》中觀音菩薩等神靈降服妖怪的方式和過程：那些妖怪大都是動物成精後顯形為人的面目，從而興風作浪，為害於人的。觀音降服他們的方式是口中念念有詞，咒他們現出原形。他們一旦原形畢露，回歸其動物狀態，魔力便隨之消除。從不少照片上可以看出，高氏兄弟神容冷峭，低壓的長檐帽下常露出欠梳理的亂髮，那雙手交叉把臂膀的姿勢一副滿不在乎的神氣，再加上常穿的一身黑衣，恍惚頗讓人覺得，他們是有些降魔道士的風貌。人的情懷與風貌應存在一定的聯繫，正因這哥兒倆滿懷「祛魅」的使命，他們才大膽擔當起當今藝壇薩滿的責任，在一件件重構毛像的作品中發揮其「驅魔」的

13 趙國君〈有爭議的作品就是好作品：對話高氏兄弟〉，見趙的「新浪博客」（http://blog.sina.com.cn/s/blog_550675030101 8w53.html）。

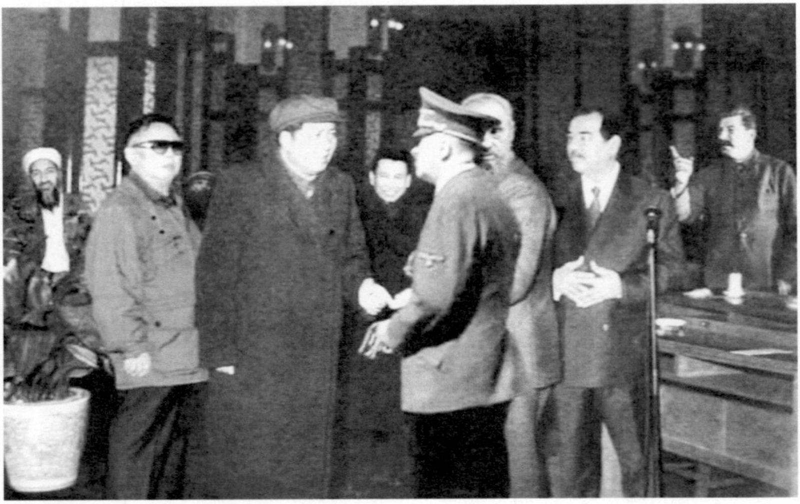

〈會見〉，高氏兄弟，2007

創意，每一次都咒出了毛的原形。

這一重構毛像的過程，按照李心沫的分析，具體的操作是「用去符號化的方式運用符號」，即「抽掉了符號本身的符號性，把它還原到具體的語境，讓它言說。當符號的符號性被抽掉，當還原到歷史的現場，還原的過程就成為製作的整個過程，是觀念化的過程，也是觀念尋找到恰當的形式的過程。製作的過程就是創造者的立場和判斷在起作用，而作品品質的標誌恰恰是創作者沉思的維度。」[14]這裡所說的「符號」即指我們常見的毛像，它的「符號性」即那一類毛像所昭示的「偉光正」毛形象。在一幅題為《會見》的數字圖像攝影作品中，我們看到，高氏兄弟從官方的新聞照片中

14 同註12，頁一三三。此處引文乃引自李心沫未發表的中文原文（〈用藝術塑造空間：高氏兄弟〉）。

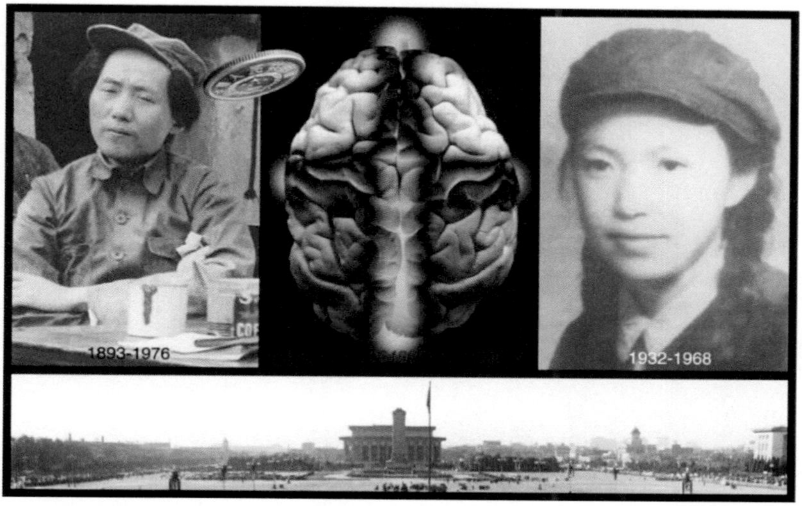

〈五分錢子彈費備忘錄〉，高氏兄弟，2003

挪用過來一幅毛澤東全身像，將其置於畫面中心。那毛像一副會見群僚的和悅神情，但站在他對面的卻不是劉少奇，而是希特勒；跟在他身後的也不是周恩來，而是金正日。遠處伸手作指點狀的是斯大林，此外還有迎著毛走上前來的薩達姆，在一邊露出笑臉的波爾布特和本拉登。物以類聚，人以群分，觀者只要對比一下這些臭名昭著，舉世側目的獨裁者、殺人魔，毛的原形就不言而喻地呈現出來，封神榜一樣被定位在他應處的那個序列。這幅重構的畫面就是歷史現場的還原，毛符號的符號性完全抽離，毛本人及其原形的合一就這樣不容否認地建構起來。另一幅攝影製作題為《五分錢子彈費的備忘錄》，也是在運用同一手法。該圖像左邊挪用了毛澤東在陝北所拍的一張照片，他歪戴著帽子，一臉痞相，心懷叵測地在動腦子。我初次看到這張照片是在網路作家老樂的博客中，老樂將這張照片題為「一個混混的謀算」。在他「謀算」的頭頂，高氏兄弟拼貼了一個五分錢的硬幣。圖像右邊是林昭像，下面是天安門廣場上的人民英雄紀念碑和毛主席紀念堂全景。如果你看過胡傑的紀錄片《尋找林昭的靈魂》或聽說過這位自由女戰士的故事，那個五分錢硬幣自然會在你的觀感中發生「觀念化」的反應：眾所周知，不只是林昭，包括遇羅克等很多被以反革命罪判處死刑的人在槍斃後，公安局都有過派專人向死者家屬收取子彈費的做法。政府槍斃了死刑犯，還要讓家屬支付子彈費，世界上任何國家的政府恐怕都謀算不出如此流氓的規矩！不管毛是否親手殺過人，可以肯定的是，自從他參與打AB團直到他死去，經他批示或暗示，以及由他發起的整人運動殺害或逼死的人何止千萬，甚至上億！林昭的死刑據說就與毛澤東的親自過問有關。

正是基於此類罪惡的事實，高氏兄弟創作了真人大小的青銅雕塑群像《槍決基督》。據他們所說，最初的構想就打算把林昭像安放在被槍決的位置上。高氏兄弟的父親在文革中曾被揪鬥，死於不明不白的自殺。有人針對他們製作大量的批毛作品，認為他們在藉機報家族私仇。高氏兄弟就此質疑作解釋說：「事實上並非只有我們一家遭遇家破人亡的悲劇，毛文革所殘害的生命與家庭何止千千萬萬，這場災難屬於整個中華民族，毛的反人類思想與行徑不但讓中國人蒙受了巨大恥辱和災難，也嚴重踐踏了人類的尊嚴。當我們試圖探討我們生活其中的這個政治體制的罪惡的時候，就不能不回到始作俑者毛這個根來。我們始終相信，毛是制度的起點，

〈槍決基督〉，高氏兄弟，2009

毛罪不算，惡制難除。這是中國社會轉型必須面對的一個根本問題。只有否定毛，中國才可能發生根本性的變化。這就是我們為什麼要用這多年，耗費那麼大精力通過藝術與言說批毛的根本原因。」[15]誠哉斯言！誦讀再三，於我心有戚戚焉。

高氏兄弟曾告訴趙國君，他們的《槍決基督》塑像群模擬了法國畫家馬奈的名畫《槍決國王馬克西米連》的圖式。該畫取材當時的史實，馬奈創作此畫，多少是有些諷喻拿破侖三世派兵入侵墨西哥錯誤決策的用意。畫中的行刑隊明明是墨西哥軍隊，馬奈卻讓他們一律穿上法軍的軍裝。這樣有意的錯置，豈不在暗示哈布斯堡的大公馬克西米連是法國錯誤決策的

15 同註13。

犧牲品。因此，在被槍決的那一刻，這位入侵者的被殺似乎有了受難的性質。高氏兄弟把受刑者置換成基督，也許與原畫中那種受難的情景不無關聯。但把七個行刑隊人員一律換成真人大小的毛澤東，則是高氏兄弟令人拍案叫絕的創舉，自有毛像以來，毛像的製作成千上萬，這一群毛塑像才是我所見到的唯一與毛本人合一的真實毛像。它把寫實性的真實和超現實的真實水乳交融在一起，讓作為觀眾的我們在虛擬的空間中目睹了一個凝聚著千萬個屠殺事實的瞬間，讓這個恐怖的包孕性瞬間在不同觀者的眼簾中投射出各自獨特的場景。七個持槍的毛像並不算多，他們代表了千萬個身穿軍大衣揮手屹立的偉大領袖塑像，也代擬了毛澤東生前和死後毛猴般遍佈中國大地的小毛澤東們。受難的基督不只象徵了中共對基督教的迫害，按照夏可君的解釋，那也是偽神屠殺真神的隱喻。廣義地來說，眾毛像舉槍射擊的動作也具現了像毛這樣的平庸者對一切神聖、崇高、純真等讓他忌恨的品質所作的扼殺，概括了中共的暴政對所有無辜者的殘害。因而將這一幕恐怖的景象活生生凝聚在觀眾面前，不但具現了毛共欠下高家的血債，也同時讓千萬個受害者目擊到「冤有頭債有主」的現場宣示。通過這一追究罪責的視覺確認，塑像群的製作者和觀眾都在一定的程度上釋放了鬱積心中的悲情。這種創作和觀賞的過程於是有了緩解重壓和治愈創傷的效果。正是基於此藝術效果，Arthur Hwang用「宣洩」（catharsis）一詞概括高氏兄弟的藝術創作所達到的境界。至於另一用語「宏放」（grandeur），則泛指他們的創作氣度及其作品的氣勢和規模留給人的突出印象。

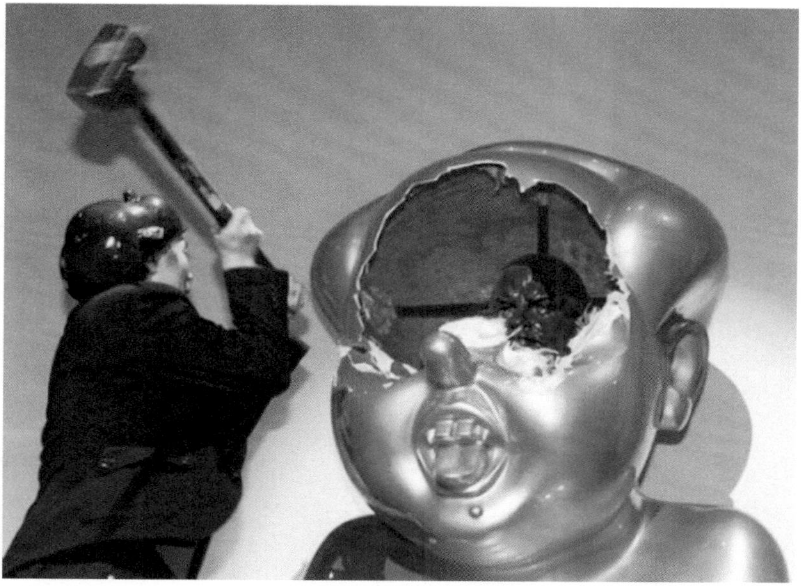

〈剩下的是骷髏〉，高氏兄弟，2008

比如在莫斯科展出的那一幕行為藝術《剩下的是骷髏》，高氏兄弟的幾榔頭猛砸便令人十分震撼，他們既砸得痛快淋漓，又揮動得運斤成風，一下子擊中了中共與蘇共的要害。那是一組俄羅斯套娃（матрёшка）式的「毛小姐」雕塑裝置，砸破了「毛小姐」的大額頭，頭腦內現出列寧頭像，再砸破列寧頭，最後現出一具黑色骷髏。這行為藝術讓他們作成了一幕戲劇性強烈的驅魔表演，活脫脫演出了孫悟空棒打白骨精現原形的劇情。正是通過這一鬧劇演示，高氏兄弟對中共的淵源作出尋根究底的追探，對照本文開篇所言中共與蘇共的隸屬關係，毛像崇拜學步列寧像、斯大林像崇拜的進程，中共的引狼入室之罪

〈標準髮型〉，高氏兄弟，2009

就赫然暴露在觀眾眼前了。這一罪行的惡果尚在進一步演變之中，那黑骷髏到底預示著什麼險惡的前景，的確是一個令人深懷憂慮的問題。

對毛像原形的追蹤，高氏兄弟不只上溯其歷史淵源，而且進一步展示它在後毛時代一脈相承的流變。油畫《標準髮型》四幅點彩畫依次並列出毛澤東、鄧小平、江澤民和胡錦濤的肖像。鄧、江、胡三人雖各保留本人的面容，但他們的額上部位卻一律換成毛澤東典型的髮式。毛原形在高氏兄弟的作品中已不僅僅是毛本人獨自的本質，它也被描繪為毛的繼承者均有的共性。就這個意義而言，那七個槍決基督的毛像也應該包括鄧、江、胡在內。鄧小平是「六四」屠城的元兇，江澤民因參與鎮壓學生而得到鄧的提拔。他即位後大興冤獄，對法輪功實行「獵巫」（Witch-hunt）性的迫害，血案累累，已遭到國際範圍內的起訴。胡錦濤任職西藏時曾持衝鋒槍上陣，親自率眾鎮壓藏人，因「平暴」有功而被老人集團選為江的接班人。他主政十年來鐵腕維穩，花在對內控制上的費用遠超過國防開支。可嘆的是，從國內到國外，從中國老百姓到西方各國政要及其中國問題專家，每一次更換黨的總書記，大都對新領導及其班子寄予「去毛」化的革新希望，每一次失望後，新老總上臺，復又懷抱舊的希望。至少到今日為止，《標準髮型》為我們的辨認真相勾畫出分明的譜系：那是接力棒一樣傳下來的四個禿額髮型，他們面孔各異，但變化中有一個不變的本質，就是那一致向公眾擺出的他們那鉛塊般死硬的額頭。

〈毛小姐試圖穩立列寧頭頂〉高氏兄弟，2009

因此在大型不銹鋼雕塑《毛小姐試圖穩立列寧頭頂》中，那個在巨惡元兇頭頂玩平衡的小怪物就不只向我們演示著毛曾經有過的作為，也轉喻了今日以「中國模式」或「中國特色的社會主義」自詡的小毛澤東們逞能恃強的表現。列寧頭支撐起的平臺不管多麼高，畢竟已是割下來街頭示眾的首級，不足以支撐專制的基礎，在此營盤上專政的蘇聯及東歐諸國的黨頭早都放下身段，被迫退出歷史舞臺。如今只剩下小毛澤東們還賴在臺上，依舊玩他們危險的遊戲。然而靠平衡杆維持的穩定畢竟難以持久，那好比在懸崖上擺其俏皮的姿勢，弄不好摔下去，恐怕連累得中國人「球籍」都保不住了！

因為要平穩站下去，只靠毛式的專政機器已難以為繼，在全球化的今日，鄧、江、胡都不得不對外

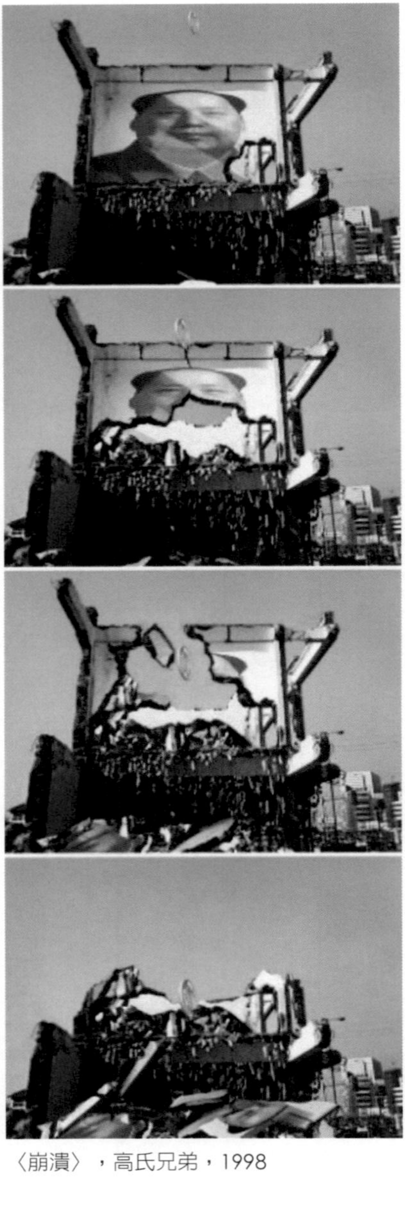
〈崩潰〉，高氏兄弟，1998

開放，走市場經濟的道路以求倖存。這是一場吊詭的平衡操作，想要在世界舞臺上遊走下去，他們必須放棄毛澤東平均主義窮過渡的蠻幹：鄧小平用「貓論」平衡，江澤民用「三個代表」平衡，胡錦濤用「科學發展觀」平衡，三位玩家其實都在用「向錢看」平衡。在題為《崩潰》的數字圖像攝影中，高氏兄弟用一枚下墜的硬幣具現了中共內部的腐蝕力量暗中解構毛像的過程。在高樓四起的現代化城市中，過時的毛像已褪盡昔日的豔紅，它頹敗荒廢，捱到了不堪一擊的地步。僅僅是一枚下墜的硬幣，竟在它的水泥框架上砸出了缺口。那硬幣進而勢如破竹地往下切割，最終將此廢物毀為碎塊。

〈毛小姐〉，高氏兄弟，2006

原教旨的毛像在今日實際上已命如游絲，它充其量只能附著在變異的「毛貝貝」身上陰魂不散。彩色纖維玻璃的《毛小姐》塑像就是這樣一個將老毛和小毛以及可能演變出的千百萬小小毛混雜在一起的陰陽人（androgyny）怪物。毛式的標準髮型依然標誌著該像的身份認同（identity），但她的娃娃臉上翹起的長鼻子一眼就讓人看出，高氏兄弟挪用了迪斯尼那個木偶人匹諾曹的鼻子（Pinocchio's nose）。他是個說謊話的孩子，越說謊話，鼻子越長。對比地看，毛像本身即中共用「毛形象」製作的圖像謊言，它存在愈久，它的變種產品繁衍愈多，它的謊言就愈益膨脹。毛小姐的長鼻子即這種弄虛作假現象的明喻。這個「毛貝貝」具有比老毛更怪異的個性，她那惡謔的露齒笑看得人頭皮發麻，薄熙來的唱紅打黑，毛左毛粉們這些年來的拙劣表演就是這種惡俗透頂的笑容。誠如馬克思那句名言所說，老毛那場戲已以悲劇收場，「毛貝貝」們若試圖再演下去，就只能是拙劣的鬧劇中演丑角了。

關於毛小姐胸口上那一對豐乳，評論家各有不同的解釋。就我個人的觀想反應來說，首先應把臉上的長鼻子置諸合適的語境，然後結合下面的豐乳，在兩者相互作用的語境中才可作出言之成理的闡釋。就傳統的相面術來看，男人的鼻子常被視為一個人自我的表徵，同時也是其陽具在面部的對應物。這就是說，翹起的長鼻子代表了老毛或小毛們所處的父權陽位，然而它那過於翹然的勃起難免走向「亢龍有悔」的窘境，而且吊詭的是，這個佔據著菲勒斯（phallus）中心位置的填充物卻在下面受到母乳的沉重拖累。此陰性表徵的突出聳起意味著「牝雞司晨」的傾向，與上面的「亢龍有悔」相映成趣地暴露出執政者陰盛陽衰，不稱其位的醜態。郭沫若曾援引太史公對張良面貌的讚譽，無恥地奉承毛澤東「狀貌如婦人好女」。郭沫若的諛詞乃皮相之論，他誇大和美化了毛澤東面容上依稀呈現的女相。其實毛身上真正的女人氣不在其形體，而在其氣質和品性，在他與黨組織和同僚的衝突中，他常表現出胡攪蠻纏的怨婦作風。從井岡山直到中南海，只要我們仔細觀察他對同僚的態度和臺上臺下的言談，一個總是抱怨自己被壓制或受蒙蔽的怨婦型男人便會依稀浮現在眼前。他說的話常常話中有話，且喜歡以旁敲側擊的方式向別人發難，他一向被稱為綿裡藏針的老手，動不動就在黨內作甩石頭、摻沙子、挖牆腳等給人使絆子的小動作。從《金瓶梅》和《紅樓夢》這兩本集女性鬥爭經驗之大成的書中，他的確學到過不少手段。他的陰性淫威極大地影響到中共的整個組織，你看那周恩來長期奉行的「妾婦之道」，林彪講起話來那種尖聲尖氣，還有高層領導中幾乎每個人都把花白頭髮染得烏黑的劃一裝扮相，全都表現出黨性在扭曲黨員人性的過程中所發生的變性人症狀。真正陽剛的共產黨人，從王實味到彭德懷，直到趙紫陽，都在歷次運動中一個個被清洗掉了。俱往矣，數毛系人物，就拿高氏兄弟的「毛小姐」這個樣板形象作對照吧。

五

真人大小的青銅雕像《毛澤東悔罪》是高氏兄弟「毛系列」的壓卷之作，也是他們「去毛」製作的封筆之作。依然是典型的毛式髮型，謝頂的面積顯得更大，顯示出他那世故的衰老。他端跪在地，右手撫胸，合目皺眉，作悔罪狀。Arthur Hwang認為，「該雕塑深切的感人之處在於它所表現的普遍需求，本世紀中廣大的人群都需要通過此類解脫的行動，好最終將過去置諸腦後。這是一個終結，一聲平和的音調，一件有關個人和家庭記憶的作品。沒有誇張或戲劇化，也無彫鑿的斧痕，只有溫婉的哀感。它包含著對悔悟與和解的期望，凡是存在衝突和

〈毛澤東悔罪〉，高氏兄弟，2009

暴行的地方，普遍都有這種對互相認可的渴求。正因如此，該作品便越出時間和地域的局限而成為人性和寬恕的一個普泛的象徵。在普遍搜求壓迫者的罪證和受害者要求進行清算的今日世界上，它的意義就很深遠了。」[16]

Hwang的理解和期望當然是良好的，在一定的程度上也與高氏兄弟不斷組織的「擁抱」行為藝術有契合之處。需要補充的是，Hwang可能未必懂得毛的下跪模式在中國文化脈絡中的原型來源。看到塑像《毛澤東悔罪》，我立即聯想到小時候在西安蓮湖公園所見的汪精衛夫婦下跪像和後來在西湖岳墳所見的秦檜夫婦下跪像。這是傳統文化對大罪人昭示懲罰，藉以警誡世人的雕塑處置，它與藝術完全無關，只是為了讓罪人的塑像永遠代替罪人受辱，從而激起世人對罪惡的仇視和鄙棄。從現代文明的角度來看，這種用罪人下跪塑像來示眾的方式是傳統文化中極其野蠻的成分，因為它向公眾提

16 同註12，頁十五。

供了一具可任意施加凌辱的仿真人實體，明顯起到縱容暴力遊戲的不良作用。我清楚地記得，在汪精衛夫婦或秦檜夫婦的塑像上常有有人吐唾沫，擤鼻涕，甚至作某些下流猥褻的動作。文革中批鬥牛鬼蛇神的革命群眾，在一定的程度上就採取了這種侮辱人格的做法。高氏兄弟這件作品的可貴之處在於它雖出於此原型，卻在造型上有所改變。高氏兄弟儘管是從受害者懲處惡人的憤慨出發來塑造毛的下跪，卻沒有對跪像作羞辱性的處理，進而在姿態和面容的塑造上賦予讓惡人認罪的期望。這一期望已遠非針對毛一人，而是在呼喚中共集團承認以往的罪責，作自新的努力。須知悔罪的前提是認罪，悔罪後方可獲得寬恕。這是犯罪者失去權力或處於弱勢的情況下才可能出現的變化。當受壓受害者仍在受壓受害的情況下，他們對壓迫者迫害者的寬恕根本無從談起，他們對後者所抱的和解之期望也只能是可憐的奢望。

塑像《毛澤東悔罪》所暗示的是召喚中共當局對毛澤東作徹底的清算，這呼聲從茅于軾發表討毛檄文到鐵流老人豁出老命批毛，從黨內的李銳、辛子陵出批毛專著到鄭州四青年公開的撕毛像行動，在在都反映出批毛高潮的勢不可擋。《毛澤東悔罪》預演了批毛工程完成後，中國社會經過轉型正義才有可能出現的和諧前景。就當前的情況來看，這一前景仍遠在萬丈紅塵之外，其間的問題和障礙遠非高氏兄弟的幾件作品和筆者這篇評論所能理清。我們不乏和解的期望，我們也渴求相互的認可，但在我們根本不被認可的當前，我們又能憑什麼求得和解！所以，搜求壓迫者的罪證和不斷進行清算的工作就不得不頑強而疲憊地冒險進行下去，「去毛」

鄭州四青年撕毛像。
圖片來源：http://www.newsdh.com/bbs/home.php?mod=space&uid=1&do=blog&quickforward=1&id=1563

的課題尤為關鍵。祝願高氏兄弟以及其他志同道合者在這一方向上窮追不捨，各盡其能，筆者本人也願投身其中，與之共勉。

二〇一二年十二月三十一日

毛澤東和歹托邦：亂與暴的反噬

一

歹托邦（dystopia）是烏托邦的反義詞，希臘語的字面意思是「不好的地方」。與理想中那種完美的境域完全相反，歹托邦乃指極端惡劣的社會形態。西方作家創作了很多有關歹托邦的虛構作品，多是描繪反人性的極權政府和高科技畸形發展所導致的生態災難。此類作品的故事背景多設定在未來，旨在警示世人關注現實世界中有關社會制度、環境保護、道德倫理和科學技術方面的問題。一八六八年，約翰・密爾（John S. Mill）在英國下議院發表演講時首次使用了「歹托邦」一詞，他指責政府的愛爾蘭土地政策說，「把它稱作烏托邦也許過於褒獎，我看稱其為歹托邦才恰如其分。我們常用烏托邦指稱某些太美好而難以實現的事情，但這個現行的政策實在不好，它根本是行不通的。」[1]

[1] See https://en.wikipedia.org/wiki/Dystopia

我在本文開始即援引密爾這個正名性的措詞，首先是要糾正某些反思文革言論中的人云亦云之談。毛澤東發動文革至今已五十年之久，他本人的劣跡舉世有目共睹，所推行的暴政為害至今，但還是有不少人習慣用「烏托邦」或「理想」這類字眼強調毛澤東發動文革的動機。他們常說，毛強調走社會主義道路，是為了打擊官僚，消除特權，實現社會公平。還說毛建立制度的出發點是「善」，只因推行強制性的政策來實現虛幻的「善」，最終釀成了空前的「惡」。[2]因此仍堅持認為，毛是好心辦了壞事，包括他那些美好的動機，仍可作為正面的文革遺產予以繼承和發揚。

毛發動文革的動機是否美好，他的理想是否可嘉，容我緩後詳析。他發動文革，製造了一系列鬧劇兼慘劇，把國民經濟破壞到崩潰的邊緣，則是不容否認的事實。實證法告訴我們，目的即使正義，也難以證明手段正當，只有手段正當，才有可能保證目的正義。從毛澤東當年閱讀泡爾生《倫理學原理》所寫的上萬字批語即可看出，他年輕時便無視這個實證法的道理。比如他那句「我是極高之人，又是極卑之人」的牛話，便給他一生的意向和作為作了精確的自我定位。他的卑首先卑在早年備受父親壓抑，耽誤了學業，直到十七歲才入讀新式高小。隨後到長沙換了很多學校，才落腳到省立師範。無論是舊學還是新學，他的基礎知識都不夠充實。若

2 楊繼繩的〈天地翻覆——中國文化大革命歷史〉一文即持此論點。

論他早年的知識結構，大體上可歸結為通過泛覽報刊，吸收了當時在某些讀書人圈子內傳播的雜亂思潮。做「極高之人」的志向滋長了他好高騖遠的心態，比如在寫給黎錦熙的一封長信中，毛即以「大氣量人」自詡，大發他改造國民思想的空疏高論。他把當時社會改良過程中出現的議會、憲法、內閣、軍事、實業、教育等新生事物統統貶低為「細枝末節」，而對育嬰、修橋、補路等傳統習俗所奉行的公德，以及孝友睦鄰的規範，一律視為愚人的盲目行動。他期待找到某種終極真理，滿以為掌握了此萬能鑰匙，即可重組社會，改造人心，打造出他所理想的世界。[3]由此可見，毛當時對傳統向現代轉型過程中可繼承和可拿來的東西均持輕率的否定態度。

毛澤東不屑在細枝末節的具體事務上下功夫，他除了作文出類拔萃，其他各門功課都學得很差。因此他既很自負，又缺乏自信，常對當時的學校、教師和教育體制發洩不滿的言論。如在寫給友人的信中抱怨說：「我一生恨極了學校，所以我決定不再進學校。自由研究，只要有規律，有方法，未必全不可能。」「我希望至今存在的一班造孽的教育家死盡」，「希望學生自決」。[4]這兩個當初未能實現的希望後來居然噩夢成真，文革中由著他縱容紅衛兵從校內鬧到校外，打死逼死了無數的教師和學者。

3 參看《毛澤東早期文稿》（一九一二・六—一九二〇・十一），湖南出版社，一九九〇年，頁八十四—九十。

4 同上，頁四七八、五五五。

走出他痛恨的學校，毛澤東在夜校打起義工。他批評當時的學校與社會相分隔，在為《夜校日誌》所寫的卷首語中，倡議打通學校與社會之間的壁壘，以期造就「社會之人皆學校畢業之人，學校之局部為一時之小學校，社會之全體為永久之大學校。」[5]毛此類反知識精英的精英姿態（anti-elitist elitism）直欲取消學校這一教育機構相對的獨立性和專門性，造成教育的無政府狀態。由此不難看出，早在發表荒謬的「五七指示」之前，年輕的毛澤東已對西潮東漸中初步發展起來的現代教育持抵制和取消的態度。他不喜歡正規學校文理兼重的教學內容，常把更多的興趣轉向校外的各類社會活動。他先是組織工讀學會，後來又創辦湖南自修大學，向外界掛出「大學」的空牌子，實際上只是為活躍黨團活動而舉辦了幾期補習班。

毛澤東此類反知識精英的實驗活動均以半途而廢告終，幾番折騰後，他最終發覺教書和做學問並非己之所長。在致羅學瓚的通信中，他即抱怨「專用口用腦的生活是苦極了的生活」。[6]毛開始認真考慮更為現實的生活出路，在生財之道上動起腦筋。為把他「極卑」的「小我」擴張成「民眾大聯合」的「大我」，毛熱心投入湖南自治運動。按照陳小雅書中的破案偵探，毛澤東積極參與驅逐張敬堯運動，因支持譚延闓主政「革命政府」有功，譚經章士釗之手，把頗有「政治賄賂」嫌疑的兩萬大洋捐贈給毛澤東及其同夥。毛僅從那筆巨款中拿出少

5 同上，頁九十七。
6 同上，頁五六二。

部分資助留法學生，留在他手中的餘款此後就再無明確交代。正是在此時，唯一知曉捐款內情的彭璜突患神經失常，毛澤東頭一天送彭住進醫院，次日彭即突然失蹤。彭從此活不見人，死不見屍，給那筆捐款事件劃下了十分可疑的句號。[7]

毛澤東這一「向惡轉」的行為並非一時糊塗，就他的《倫理學原理》批語和他在彭璜失蹤前寫給彭的信件來看，他顯然自信，只要目的純正，即使做了惡，也有做惡的理由，甚至將惡手段完全目的化也未嘗不可。這就是毛澤東「以事實論惡」之談要伸張的道理。至於對「惡人」應持什麼態度，他勸導因捲入捐款是非而煩惱不堪的彭璜說，最好還是放寬評判惡人的尺度，不必攻其一點而不及其餘，因為做惡者並不自認為惡，更何況「惡在究竟，仍不為惡」。[8]往事如煙，彭璜已矣。毛澤東幾經調整，總算為他「向惡轉」之後再「向左轉」的飛躍鋪墊起富有彈性的跳板。

二

留法的蔡和森等人既學不好法語，也不安心在工廠打工，落魄的勤工儉學生活把他們一個

7 陳小雅：《中國「廢片」——毛澤東的命案》，明鏡出版社，二〇〇六年，頁一二八—一三七，一三九—一四八。

8 《毛澤東書信選集》，人民出版社，一九八三年，頁十七—十八。

個都煎熬成憎惡資本主義的憤青。其中憤青得最激烈的就是蔡和森其人。後來經周恩來牽線，他們與俄共在法的特派員接上頭，從中領取活動經費，建立起中國旅歐留學生的共產黨組織。蔡在寫給毛澤東的信中大發職業革命家的酷論，他鼓勵毛要拿出「與雞鶩爭食，與豬狗同槽」的勇氣，去「說惡話，行惡事，打惡戰，爭惡權，奪惡位，加入惡界，」投身「公然為惡」的事業。[9]經蔡和森頻頻從法國傳回有關馬列主義綱要的文字，毛澤東才拖著無政府主義情緒的尾巴，初步投入階級鬥爭的活動。一九二一年七月，毛以湖南代表的身份出席了維京斯基一手操辦的中共「一大」會議。會後，他與諸位代表都獲取每月三十元大洋的「生活費」補助，成為吃上了布爾什維克飯的職業革命家。

在國共合作的年代，尚有一與之鼎足三立的政黨，名曰中國青年黨。青年黨並不認同國共兩黨「打倒帝國主義和軍閥」的口號。在他們看來，國共的做法實際上是「聯此軍閥以倒彼軍閥」，「聯赤帝國主義以倒白帝國主義」。這個「赤帝」所指的就是蘇俄。青年黨提倡聯合農工商學各界實行民主革命，造成「全民福利」的國家，不偏向任何階級。他們在外交上持獨立自主的政策，對歐美蘇俄諸國，既不依賴任何一國，也不採取一律敵視的態度，而是以中國的國家利益為中心。青年黨特別警惕蘇俄，他們已明顯看出，莫斯科對華推行革命輸出，旨在利

9 《新民學會文獻彙編》，湖南人民出版社，一九八〇年，頁十六—十七。

用中國的民族主義運動來反對歐美的帝國主義勢力，進而推翻當政的北洋政府，最終「建立一個有工農社會基礎的、將發展成布爾什維克意義上的社會主義國家的親蘇政權。」[10]

受共產國際強行差遣，中共始跨黨與國民黨合作。按照莫斯科的安排，跨黨成員寄生在國民黨內，一面從事分化國民黨的活動，一面趁勢壯大他們自身的力量，促使國民黨積極執行莫斯科指定的反帝路線。受中共策動，國民黨急劇左傾，兩黨成員中義和團式的排外暴力傾向惡性膨脹，暴徒們在不少城市製造燒殺搶掠的事件，最後導致在華列強採取野蠻的軍事報復。短暫的國共合作從此破裂，一變而為兩黨的互相殘殺，本來主要是在城市策動罷工和暴動的中共成員再也難以容身城市。他們遵從共產國際的指令，急速撤退到窮鄉僻壤搞軍事割據，開始執行其分裂國家，武裝奪權的革命路線。

早在毛澤東鼓動的湖南農運「勢如暴風驟雨」之時，梁啟超已警覺到這一股「莠民社會之亂暴的勢力」對「改良政治」的威脅。在寫給他女兒的信中，梁指出了兩點險惡的趨勢：一是中共在鄉間糾集無業遊民和地痞流氓做農運先鋒，把士紳階層一律打翻在地，汙名為「土豪劣紳」，整個地顛覆了傳統的價值階級序，為殺人劫財的亂暴勢力加冕上革命的旗號。二是這股勢力全由共產國際掌控，所做的都是有利於蘇俄而有害於國家民族的事情。梁在信中預言，這

10 張玲：《變奏——共產國際對中國革命的影響》，上海交通大學出版社，二〇〇七年，頁十五。

股勢力如若得勢，將來會把中國搞到土地沙漠化，餓殍遍野的地步。[11]梁的擔憂果然在中共奪權後成為事實，面對「革命復革命」的亂局，他孤立的呼籲已無力挽狂瀾於既倒。

列寧關注農民問題，並非出於改善農民的生活，而是看中了農民對布爾什維克革命的利用價值。毛澤東早就領悟到這一列寧主義的革命道理，從他在湖南鄉間掀起農民運動，直到在蘇區大搞暴力分田，真正的目的就是要從農民手中索取充足的補給，同時徵集大量的農民子弟壯大紅軍的兵員。農運從頭到尾都是一場對農民的生命和財產肆意剝奪的運動，它不但從未樹立改善農村經濟和造福全體農戶的建設性目標，反而把蘇區所在地變成了紅色恐怖與白色恐怖反復廝殺的屠場。毛澤東帶兵一到井岡山就把「打土豪籌款子」列為重要的革命任務，其打家劫舍的暴行在蘇區造成了「匪來如梳」的災難。稱他們為「共匪」，可謂名副其實，絕非外界的誣衊之詞。毛那篇著名的《湖南農民運動考察報告》就是他為發展「匪運」撰寫的經典讀物，在把梁啟超所謂「莠民社會之亂暴的勢力」打造成「革命行動」的運作上，毛所起的作用惡力昭著，危害至深。

說什麼文革中的暴力史無前例，史無前例的暴力早在紅軍肆虐蘇區時已初具形態。諸如在湖南農運中搞過的抄家、遊街、批鬥、私刑和階級滅絕性的屠殺等種種搶劫私人財產和殘害無

---

11 參看梁啟超：〈與令嫻女士等書〉，見《梁啟超文集》，燕山出版社，一九九七年。

辜良民的施暴方式，即為後來土改中迫害地富，文革中橫掃一切牛鬼蛇神提供了可資效仿的樣板。這類有組織、有計劃的革命暴力此後逐步升級，不斷擴大打擊面，貫穿接二連三的政治運動，惡化到文革年代，所累積的迫害能量遂至惡貫滿盈。唯一不同的只是，文革之前，歷次運動總是由各級當權派發號司令，文革中的整人形勢在毛的操控下突生逆轉，歷來整人的老革命紛紛挨整，一時間讓造反派打成落水狗。他們吃盡了請君入甕之苦，事過境遷後餘悸在懷，始以「史無前例」的怨詛定性那一場浩劫。

針對官方文革話語的偏解誤導，余英時在為宋勇毅主編《中國文化大革命文庫光碟》所寫的序言中強調說：「我們決不能把文革孤立起來，看作是中共『革命』進程中一個偶然的『意外』或『偏差』」，更不能把文革輕描淡寫成毛澤東的「晚年錯誤」。余因此特別指出，研究文革，一是要追討毛澤東這個絕對獨裁者都從列寧、斯大林和希特勒那裡師法了哪些害人的手段。二是要超出僅在文革十年內就事論事的局限，窮究文革暴力的歷史根源。余明確告訴我們，「它的近源是一九四九年的巨劫奇變，遠源則是一九一七年的俄國革命。」[12]

毛澤東曾盛讚十月革命給中國送來了馬列主義，而對送來的馬列主義，他說他從中只取「階級鬥爭」四個大字。[13]毛一向缺乏鑽研理論的興趣，他覺得「經典著作讀起來沒味

12 見《北京之春》，二〇〇二年二月號。
13 毛在延安時說過：「記得我在一九二〇年，第一次看了考茨基著的《階級鬥爭》，陳望道翻譯的《共產黨宣

道」，更認為「馬克思可用的東西不多」。[14] 他所謂把馬列主義理論與中國革命實踐相結合的創舉，做起來其實很簡單，那就是把有權勢、有財產、有知識的人群全部劃入打擊對象，同時組織和鼓動一切可用以打擊敵人的「莠民社會之亂暴的勢力」，構成敵我對立的兩大陣營。在這兩者之間的人群，則屬於可敵可友的對象，他們可拉攏時即為友，拉攏不成便是敵。

階級鬥爭的觀念更被毛引入歷史論述，按照他在〈中國革命和中國共產黨〉一文中的說法，整個的前現代中國社會被定性為封建社會，地主、皇族和皇帝屬於封建的統治階級，廣大農民則為受剝削壓迫的被統治階級。農民階級和地主階級的矛盾構成封建社會的主要矛盾。統治階級的剝削壓迫引起農民起義，貫串歷代王朝的農民戰爭正是中國歷史發展的動力。毛澤東如此界定歷代統治階級與被統治階級之間的敵對關係，就是為了把當前的地主、官僚資本家和資產階級知識分子與歷代的統治階級劃上等號，把中共的武裝奪權解釋成領導勞苦大眾推翻統治階級的革命，把他們抗戰勝利後為了搶先「摘桃子」而挑起的內戰美其名曰「解放戰爭」。這個偷梁換柱的歷史論述極具蠱惑視聽的效果，讓剛打進城的解放軍廣受簞食壺漿的歡迎，一

14 見李銳：《毛澤東秘書手記》，南方出版社，一九九九年，頁五。

集》，人民出版社，一九八二年，頁二十一－二十二。

秀。我只取了它四個字：『階級鬥爭』，老老實實地來開始研究實際的階級鬥爭。」見《毛澤東農村調查文

動力，初步地得到認識問題的方法論。可是這些書上，並沒有中國的湖南、湖北，也沒有中國的蔣介石和陳獨

言》，和一個英國人作的《社會主義史》，我才知識人類自有史以來就有階級鬥爭，階級鬥爭是社會發展的原

下子刷新了他們在民眾心目中原有的共匪形象。儘管那時候共產黨還沒做出多少讓民眾看好的事情，只因腐敗的國民黨政府太不被看好，老百姓——特別是那些「進步的」知識分子——便都把盼好的眼光轉向了內戰獲勝的共產黨。共產黨說他們解放了全國人民，老百姓也就滿以為獲得了解放。

三

老百姓哪裡會料到，暴力奪取的政權勢必靠暴力維持。早在中華人民共和成立之初，毛澤東即發出警告說，「人民民主專政」就是「人民民主獨裁」；說這個專政「對於反動派和反動階級的反動行為，決不施仁政」；說「拿槍的敵人消滅以後，不拿槍的敵人依然存在」；還說對所有這些敵人，「能消滅者一定消滅之，暫時不能消滅者將來消滅之。」為儘快完成毛澤東「一定消滅」的既定數額，整人殺人的運動勢如滾滾洪波，從共軍打進城湧起，一直持續不斷。土改殺地主富農二百萬，鎮反殺反革命二百萬，「三反」、「五反」及伴隨著的工商業改造，造成非正常死亡人數近十四萬，再加上反右運動把五十五萬人打成右派，估計其中至少有五、六萬人死於非命。這一連串運動與殺人數字無疑為文革的恐怖局勢鋪墊起做惡有理的前奏，造成威懾的聲勢，其慘絕人寰的實況絕非近年來網絡上某些「五毛」文字所懷念的五十年代那麼美好。

通讀《資治通鑒》多達十七遍的毛澤東並沒讀通中國歷史，也談不上有探求歷史真實的學術興趣。他劃分出絕對對立的統治階級與被統治階級，完全是為中共的武裝奪權製造理論根據。毛的階級劃分過分簡化了前現代中國社會中不同的階層和利益群體之間複雜交錯的關係，其間有朝廷與民間的對立，官府與地方豪紳的對立，更有全體農戶與流寇盜賊的對立。在無論貧富都靠土地出產來養家活口和納稅官府的農業社會中，貧富之間的對立遠小於官與民、本分農戶與無業遊民之間的對立。在此對立的關係中，地方豪紳及其宗族勢力一直都起到緩衝官府暴力和抗擊盜寇的積極作用。就備荒救災和守望相助以求全體農戶互濟共存所擔當的大任而言，士紳階層階一直都是維護公共安全體系的中堅力量。即使其中存在著個別的為富不仁之徒和稱霸一方之輩，從整體上看，也絕非毛澤東所說的「有土皆豪，無紳不劣。」毛之所以必欲消滅被汙名的「土豪劣紳」，就是為了奪取他們的財產，分給貧窮農戶，把農村地區佔人口多數的農民糾集到中共的紅旗之下。他們的子弟先是被徵集入伍，為中共賣命打天下，等到奪權成功，這支農民軍中的成員便都論資排輩，按功行賞，被安排到各級政府和大小單位中當了領導。所謂打天下，坐江山，就是這麼一回事情。經過土改鎮反中階級滅絕的屠殺，自古以來行之有效的鄉村自治被徹底摧毀，華夏族群中血性剛烈的人口成分遭到毀滅性的清洗，鄉土中國悠久的民德保障體系從此被連根剷除。由黨團員和積極分子充實的基層組織吸納大批投機取巧之徒，他們在新的權力體系中呼風喚雨，形成了至今仍是小人得志，無賴逞兇的政治氣候。

土改完成後，毛澤東早年在〈中國社會各階級的分析〉一文中所作的階級劃分，終得以從紙上論述落實到全中國每一個家庭及其成員的身上。地主和富農被劃歸階級敵人，貧下中農則悉數納入黨所依靠的對象。這種對立的階級成分最初本是按各自的經濟狀況劃分的，土改後家庭成分一經固化，便形成新中國特有的「政治種姓」制度。地富已失去土地和財產，他們的子女仍得揹上地富成分的黑鍋。貧農已分得地富的土地和財產，他們的子女依舊承襲貧下中農的榮名。唯成分政策進一步擴大到城市人口，革幹革軍以及產業工人的成分處於優等級別，資本家、小業主、曾在國民政府供職的人員及其家屬均處於受歧視遭踐踏的地位。紅衛兵橫掃一切牛鬼蛇神的暴行之所以無法無天到殺人不眨眼的地步，其邪惡的根源即這一「政治種姓」制度。家庭成份早已把一部分人界定為非人，文革中種種群體暴力都是以毛共的語言暴力為依據的。

這一「政治種性」制度與摩爾（Thomas More）《烏托邦》一書中全體公民在經濟、政治權力上一律平等的理想社會根本對不上號，也絲毫看不出張博樹教授一再嘉許給毛澤東的這理想那理想。[15]它反倒令人聯想到歹托邦系列的代表作《美麗的新世界》一書的極權社會。該歹

15 中國研究院編：《紅色帝國》，二〇一四年，頁三〇八—三一〇、三七八—三八五。

托邦中的人口由統治階層到被統治階層共分五種，各階層成員的身份與生俱來，全由生物工程預製而成。這個社會表面上似乎公平有序，實際上受到全方位的管控。國民沒有表達自由，政府控制的宣傳機器把他們的體制美化為理想社會，而對反抗者則一律嚴厲制裁。兩相對照，中共統治下的新中國無疑與歹托邦同宗同類。用安居樂業的烏托邦理想國形容這樣的社會，正是密爾所說的「過分褒獎」。

四

中共之所以歷經圍剿而得以倖存，且能在國難時期投機發展，壯大實力，最終打勝內戰，成功的軍事動員體制起到了決定性的作用。古人用兵，連「殺敵一萬，自損三千」的事都不願貿然去做，毛澤東卻一反傳統的武德，在與國民黨爭天下的內戰中，他總是下令指戰員，不惜重大傷亡，也要更多地殲滅敵人。這就是他著名的人海戰術：把千百萬解放區分得土地的農民子弟送上戰場衝鋒陷陣，以不惜大量減員的戰術運作磨損疲軟的國軍；再加上依靠地方黨組織全面發動群眾，有效地調動戰爭所需要的物資和人力，使前方得到及時的補給，最終才贏得了勝利。為贏得戰爭勝利而對農村資源和農民的生命進行非人化的榨取，這就是中共軍事動員體制的實質。

這樣看來，中共的獲勝，實質上是前現代農村的反現代化逆流對發展中的現代都市文明造成了全面破壞。通俗地講，就是流寇打進城，變成了政府。正如費正清所說，「若不是日本傾全力侵略，南京政府本來可以逐步引導中國走向現代化。事實卻不然，抗日戰爭給了毛澤東和共產黨機會，他們在鄉村奠定了新的獨裁勢力，卻排除了國府統治下剛開始發展的都市文明社會（civil society）。」[16]軍事動員體制儘管打勝了內戰，但進城後能否繼續靠它治理國家，還是個有待實踐檢驗的問題。因此在中央機關從西柏坡遷往北京的路上，毛澤東與周恩來才有了「進京趕考」和「希望考個好成績」那一段戲劇性的對話。[17]毛那句不太自信的戲言——「退回來就失敗了」——不幸而言中，他和他領導的中共集團後來並沒考到好成績，黨國體制下的中國社會全面大倒退，退到了前所未有的野蠻、失常和變態。

自從紅軍隨毛澤東在蘇區「打土豪籌款子」鬧起暴力革命，中共所搞的一系列階級鬥爭無不以他們的掠奪經濟為終極目標。消滅私有制，說是為了實現社會公平，其實只是為了把民眾的私產盡可能多地沒收為黨所控制的「公產」。毛澤東急著「進京趕考」，是急於把他們的掠奪經濟推行到城市。毛進城不久與黃克誠曾有一次談話，在談到今後城市工作的重要任務時，黃認為「當然是發展生產」，毛卻嚴詞糾正黃說：「是階級鬥爭，要解決資產階級的問

16 費正清：《中國新史》，薛絢譯，正中書局，二〇〇一年，頁三五六。
17 見中共中央文獻研究室編：《毛澤東傳》（一八九三－一九四九），中央文獻出版社，一九九六年，頁九一七。

題。」[18]果然土改一結束，中共的打擊對象立即轉向城鎮私營工商業者，提前終止了新民主主義施政綱領中保護私營工商業的承諾。截至一九五六年，包括個體小商販在內，全都在公私合營的大潮衝擊下納入黨國體系。與此同時，剛分得土地不久的農戶旋即在合作化運動中失去土地，無論貧下中農還是地主富農，都被納入紅朝編戶，當上了為黨國生產農作物的社員。官方推行合作化的說辭是，放任農民單幹下去，勢必出現貧富兩極分化，為防止貧下中農再吃二遍苦，必須組織農民走共同致富的社會主義道路。實際的情況是，國家為維持物價平穩，保證城市工薪階層低收入的生活水平，更為了大量出口農產品，向蘇聯及東歐各國換取工業設備，開始推行統購統銷政策，強行以低於市價的統一價格徵購農民本可用以自給或以優惠價格出售的餘糧。這項再次剝奪農民的政策遭到強烈抵制，在不少地方引起騷亂。毛澤東力促合作化運動，緊接著掀起公社化高潮，全是為一勞永逸地解決徵收公購糧的麻煩。貧下中農土改時跟著共產黨鬥地主，分財產，也曾得意一時，得意的結果卻是讓中共牽住鼻子，走上了通往奴役之路。

跟隨毛「進京趕考」的各級幹部及其家屬，進城後都得到妥善安排，他們不只充斥政府機關和國營企業，也被派往各公私合營的單位佔據領導地位，從城市的街道辦事處到農村的人民

18 黃克誠：《黃克誠自述》，人民出版社，一九九四年，頁二一七

公社，每一個管理人的位置上都配備了大小不等的幹部，以黨政軍利益集團為核心的公有制大鍋飯從此不斷擴大，黨國的行政權力覆蓋了整個社會。毛澤東是這一官僚制度的締造者，也是官僚群的大統領。在五十年代的一次內部講話中，他曾直言不諱，向他的群臣宣告這個政權的權力及其功能。他說：「一千一百萬幹部組成一個統治集團，統治六億人民。幹部就是官，官者，管也。我就是紅色皇帝。領導就是干預，要對一切進行干預。」[19]原來政府強行改變生產關係，並不是為了促進生產力的發展，而是要極大化地實現權力的分配，好把軍事動員體制中的有功之臣全都擺平到應有的位置上。毛澤東急於實現公有制，實現的結果就是把全民的私產沒收為黨產，讓他的各級幹部把持有效的干預權力，並通過他們實現他這個紅色皇帝的意志。

五

毛澤東平生參加中共黨代會，每逢雙數，多少都有些挫折的經歷。在一九四五年「七大」預備會議的講話中，他就曾自嘲地說：「我是『一三五不論，二四六分明』，逢雙數的大會，我都沒有參加。」截至那時，中共已開過六次黨代表大會，毛澤東只出席過其中的第一、第三

19 參看康正果：《出中國記——我的反動自述》，允晨文化，二〇〇五年，頁二七三。

和第五次代表大會。在中共「三大」會議上，毛因緊跟主持會議的國際代表馬林而獲選中央局五成員之一，除此以外，他一直都處於中共核心領導圈之外。

朱毛井岡山會師後，毛澤東擔任紅四軍前敵委員會書記。毛是個一朝權在手，便把令來行的人物，他仗著「黨指揮槍」的既定原則，好在職業軍人面前發威逞能，常插手軍隊本身的管理和指揮。毛這種「家長制」作風在紅四軍內部激起強烈的批評。後經過多次較量，毛在古田會議上最終佔得上風。從此確立了黨對紅軍絕對領導的原則，紅軍這支「農民軍」始被正式建制為中共的黨軍。後來以博古為首的黨中央從上海遷至蘇區，毛所蔑視的「洋房子先生」掌握黨權，讓毛受盡了被排斥在核心領導圈外的悶氣。直到紅軍西竄至遵義，毛利用突圍轉移過程中軍隊領導的不滿情緒，在中央政治局擴大會議上挑起與會者圍攻以博古為首的「三人團」，始得入圍政治局。毛從此逐步攀升，到達陝北後，遂掌握了整個紅軍的軍黨大權。

蘇德戰爭中，共產國際解散，莫斯科放鬆了對延安的控制。毛澤東消極抗日，延安邊區與日軍相安無事，毛趁此良機大搞起整風運動。對毛這類山溝裡出身的土共來說，國際派讓他感到壓抑的不只是他們從莫斯科方面獲得的權勢和信任，另外還有他們在蘇聯所受的教養，特別是他們較高的馬列理論水平，常弄得毛相形見絀，心裡很不好受。來自上海等大城市的文化人和青年學生在文化品位上更是後來居上，他們在延安造成的自由民主風氣活躍了邊區的工作學習及日常生活，同時也反襯出毛澤東及其農民軍的粗陋和貧乏，因而也全被劃入審查和「搶救」的對象。毛曾蠻橫地揚言，「只要為我所用，哪怕烏龜王八蛋。」[20]他放手任用康生之類的惡人做打手，對國際派實施無情打擊，對黨內外的幹部進行全面清洗，在延安製造了長達兩年多的整風恐怖。

整風運動整倒了國際派，削平了各路人馬組成的黨內山頭，同時也整得投奔延安的知識分子一個個低頭馴服，最終為中共第七次黨代會的召開鋪平了道路。經過二十多年的鬥爭，毛澤東克服諸多險阻，直到第七次黨代會，他才當選為中央委員會、中央政治局主席。黨棍與黨奴的雙重人格從此遍及全黨，通過塑造中共的卑劣黨性，毛澤東樹立了他在黨內不可挑戰的權力。按照韋伯的定義，權力就是「社會關係中某個成員在其他成員的抗拒下，仍能遂行其意旨」的影響力。毛澤東自入夥中共以來，使盡各種權術操縱，至此才將他渴求的影響力追求到手。

中共奪權後迅速建立起黨天下的官僚機構，各司其職的重量級人物越來越專守他們各自權限內的業務，插不上手的毛澤東日漸覺察到自己被閒置起來的狀態。特別是受到蘇聯批判斯大林個人崇拜的影響，中共第八次黨代表大會上修改了黨章，主事者順勢刪去「七大」黨章內「毛澤東思想」的提法。在大會修改黨章的報告中，鄧小平「強調黨的集體領導原則，反對個人崇拜，反對突出個人，反對對個人歌功頌德」，並明確表示，全黨同志都「厭棄對個人的神

20 見高華：《紅太陽是怎樣升起的：延安整風運動的來龍去脈》，中文大學出版社，二〇〇〇年，頁四五四。

化」。[21]大會決議提出「保護和發展社會生產力」的重要任務，明顯有扼制「冒進」和淡化「政治掛帥」的用意。面對這些有所針對和限制的新規則，毛澤東大勢所趨下只好勉強接受。他無可奈何地看到，自己從「七大」以來組建的毛共山頭已明顯出現分化，而眼前的這批官僚要比延安時期王明那一夥教條主義者更難對付。

毛澤東的私人醫生李志綏會中會後都在毛身邊，他說他當時即從毛的表情和言談明顯地看出，「『八大』是毛與劉、鄧兩人關係的轉捩點。毛覺得中央領導是有意排擠他，並且想削減他的權力。」[22]像以往多次在路線鬥爭中遭遇挫折後的反應，毛回到他那張大床上臥病不起。他嚥不下這口氣，開始賴在病榻上摒絕內外，謀劃如何將失去的權力重新奪回。毛的病倒是他發動政治攻勢前暗中磨刀的備戰姿態，據李醫生的觀察，「毛往後所有的政治行動——共產黨整風、大躍進和社會主義教育運動、文化大革命——全是為了推翻『八大』所制定的總路線而做出的出擊。直到一九六九年第九次全國大會時毛的思想成為全國指導綱領，毛的報復才算落幕。」[23]

21 中共中央文獻研究室編：《毛澤東傳》（1949—1976），上卷，中央文獻出版社，二〇〇二年，頁五三四。
22 李志綏：《毛澤東私人醫生回憶錄》，時報文化，一九九四年，頁一七五。
23 《毛澤東私人醫生回憶錄》，頁一七三—一七四。

六

「八大」是毛政治生涯的一條分界線。此前，他的權謀操作呈一路上升的趨勢，但「八大」之後，他所作的反撲卻連續受挫，他愈是反撲，受挫愈重，直到最後鬧得眾叛親離，一敗塗地。他針對他的敵人常說的那兩句詛咒，實際上也是給他自己寫下的判詞。一是「搗亂，失敗，再搗亂，再失敗，直至滅亡。」二是「搬起石頭砸自己的腳。」毛在病榻上思來想去，最後決定來一個「體制外運作」的搗亂。他借助民主人士幫共產黨政風，意在對劉、鄧諸人施以打擊。為啟發民主人士給共產黨提意見，把批評的矛頭引向黨內的官僚主義，毛多次召集他們議論共產黨的執政得失。五十年代的知識分子尚存民國遺韻，且熟知中共的底細，針對中共奪權後一黨專政的現實，他們強烈批評共產黨背棄了先前的民主承諾。來勢兇猛的批評一時間逾越毛的設限，直戳痛毛共的七寸。毛事前的確沒想到，他搬起的石頭沒砸到他預定的目標，反砸到他自己身上。毛只得掉過頭與他本想打擊的黨內同僚聯手行動，向黨外人士發起惡毒的反噬。

反噬，就是反咬一口。自己做了壞事，反過來血口噴人；本與他人合謀，一旦發覺於己不利，立即翻臉背叛。這是毛澤東自上井岡山以來搞權鬥慣用的伎倆。反噬也指人把事情做過頭而受到的反挫。任何事物的發展都有其兩面性，通常多強調反噬有害的一面，告誡人不要把事情做過頭，以免造成適得其反的結果。但毛的哲學只看重對自己有利的一面，出於他極卑的本性，毛並無自己的正面價值，他只會從反向思維出發去處理面臨的問題，通過否定對立面來達成自我肯定。這種思維論辯方式，說白了，就是強詞奪理，地地道道的耍無賴和粗口誣陷。所謂「破字當頭，立在其中」，即逾越常規，破壞秩序，不講任何原則，用暴力破除任何阻撓他奪取權力的障礙。古人所謂「物極必反」的教訓，意在避免把事物的發展推向極端。毛澤東早在年輕時已認定「惡在究竟，仍不為惡」，所以他總是把「物極必反」的道理偏解到壞事變好事的方面。他不只在一貫做惡的事業上以此自勉，還善於拿這個歪理開脫和辯解他所做的壞事。所以他總是揚言：「共產黨人不要怕犯錯誤。……錯誤犯得太多了，一定要反過來。」他堅信「這是馬克思主義。『物極必反』，錯誤成了堆，光明就會來到。」[24]這個好事變壞事的邏輯再進一步推理下去，就是惡因可生善果，只要宣佈目的正義，就可做事不擇手段。

鄧小平反個人崇拜的報告儘管在會上全體通過，但一開完會即成一紙空文。黨內沒有任何有效的力量可制約毛的肆意妄為。鄧似乎要向毛將功贖罪，他接下來領銜反右運動，一口氣就整出了五十五萬右派。左派與右派這組用語及其間的劃分本出自西方，在西方的政治語境中向

24 《我們黨的一些歷時經驗》，見《毛澤東選集》（第五卷），人民出版社，一九七七，頁三三八。

來都涇渭分明，名實相符。但一經蘇共沿用，再引入中共的語境，多少年口水仗鬥下來，已攪渾得左右含混，似是而非。中共學舌蘇共，以左派為正宗，通常是逢右必反，唯對左過頭的所謂「左傾」，有時會做出必要的糾正。但對高高在上的毛澤東來說，左與右的運作只是他手中隨意擺弄的砝碼，偏左還是偏右，反右還是反左，都由他掂量著具體的針對性和實利性靈活調控。需要左傾的時候，毛比誰都冒進主義；而該右傾的時候，毛又比誰都更機會主義。但反過來對付他要挑剔或打擊的對手，左傾或右傾就都成為他順手扣在他人身上的罪名。

反右運動的勝利激發了毛澤東乘勝追擊的興致。在成都會議上，毛嚴批「反冒進」的政策，按捺不住地講起個人崇拜的必要。為了與「八大」決議的右傾路線對著幹，促使各地方領導把共產風、浮誇風刮到了舉國瘋狂的程度。毛搞此類破壞秩序的搗亂，並無多少新招，比如大煉鋼鐵、放衛星田之類的「大躍進」運動，仍是以軍事動員的方式加速工農業生產，他浮想聯翩，滿以為多搞些超級人海大會戰，在經濟建設戰線上就能創造出超英趕美的奇跡。毛在臥榻上形成的想法多屬於妄想和臆想，實在談不上有什麼經得起論證的社會理想。廬山會議本來是要糾左，只因彭德懷追究了毛澤東左傾冒進的責任，會議的風向一經毛操控，立刻在與會黨棍黨奴們的配合下狠批起右傾，把極少數敢說真話的人打成了反黨集團。「八大」決議實際上已讓毛澤東搗亂得形存實亡，全黨全民跟上毛胡鬧了兩三年，結果鬧出了餓殍遍野的人禍。成堆的錯誤並未迎來光明，事實恰恰相反，正因毛一意孤行，把事情做過了頭，才招致了禍國殃民的反挫。

毛澤東的問題是，明明自己不懂經濟，不懂工業和商業，也不懂文藝和教育，卻偏要伸手亂抓，強行干預別人的專職工作。單少傑對毛這種「搶戲」的作風揭批得十分到位，他說：「作為一個總愛搶別人『戲』的政治家，毛澤東不希望別人向專業化方面發展，而要求他們向政治化方面發展，即向自己易於伸手的方面發展。」單少傑將此界定為「政治家搶專門家的戲，政治領導搶行業領導的戲。」[25]毛這種好「搶戲」的作風正是他一再強調「政治掛帥」，狠批「白專」道路的根源，因為他只有這一齣拿手好戲可登臺上演。「八大」之後，毛之所以乘反右運動勝利的有利形勢跳出來帶頭搞大躍進，就是要強不懂以為懂，硬去插手工農業生產的事務，妄想搞出個讓劉、鄧們瞠乎其後的成績，向全黨證實他「政治掛帥」的功效。可惜他病榻上妄想出來的做法經不起實踐的檢驗，結果大躍進搞成了大倒退，大而空的公社化編制也被迫退回以生產隊為核算單位。實踐已證明，盲目改變生產關係，不但起不到發展生產力的積極作用，反倒破壞了生產。毛不得不在「七千人大會」上承認自己不懂經濟，作了些言不由衷的檢討。[26]但毛是不會甘心失敗的，他事後又上下其翻雲覆雨之手，多次出爾反爾，先是反擊

25 單少傑：《毛澤東執政春秋（一九四九—一九七六）》，明鏡出版社，二〇〇〇年，頁二八四、二八二。

26 毛在「七千人大會上」承認自己不懂經濟，他說：「拿我來說，經濟建設工作中間的許多問題，還不懂得。工業、商業，我就不大懂。別人比我懂，少奇同志比我懂，恩來同志比我懂，小平同志比我懂。陳雲同志，特

右傾翻案風，後來又大搞四清運動，直鬧騰到發動文化大革命，從高層批到基層，從黨內反到黨外，整個國家都讓他一介獨夫的偏執與反噬鬧得徹底失序，全黨全民陷入由他挑起的大混戰。

七

毛澤東發動文化大革命並非出於任何美好的理想，他的一切言論和行動都從「破」字入手，並非如某些論者所說，是為了建立一個讓所有的被壓迫者都在政治、經濟、文化上獲得平等權利的全新社會。[27]毛所謂「反修防修」，目的十分明確，就是「生前防篡權，死後防清算」（張顯揚語），為保持他現有的權力和死後的影響，徹底打倒「走資本主義道路的當權派」。這個「走資派」就是以劉、鄧為首的高層領導。走資派其實談不上走什麼資本主義道路，他們與毛的分歧只是黨天下集體領導制度與毛天下個人獨裁的衝突，是在官僚集團控制下推行現代化建設的治國方針與毛澤東一味搞階級鬥爭胡搗亂的對立。但在壓制民主自由和打擊

別是他，懂得較多。……對於農業，我懂得一點。但是也只是比較地懂得，還懂得不多。……我注意得較多的是制度方面的問題，生產關係方面的問題，至於生產方面，我的知識很少。」見《毛澤東傳》（1949-1976），下卷，頁一二〇三。

27 參看楊繼繩的〈天地翻覆——中國文化大革命歷史〉一文。

一切黨外異己力量方面，他們向來都行動一致，狼狽為奸，每當給毛充當起打手，劉、鄧們從不比毛澤東手軟。

「七千人大會」之後，毛澤東把「調整、鞏固、提高」這類給「大躍進」災難擦屁股的事務都丟給劉、周諸人去處理，他自己則帶上隨行人員乘坐毛專列四處巡遊，籌劃如何運用反右運動的遺產，對走資派來一次全面打擊。這個遺產就是毛稱之為「四大」——大鳴、大放、大辯論、大字報——的群眾運動形式。必須指出，這個「四大」形式的大民主不但不屬於民主意義上的言論自由，反而是鉗制言論自由的產物，是對言論自由的敗壞和濫用。在民主社會，政策得失有議會自由討論，媒體公開評議，上下級之間涉及到政治正確性的問題，則可上法庭評判。若隨意給他人貼大字報，進行人身攻擊，恐會有犯誹謗罪的危險。毛式「四大」是中共專制體制下由毛這樣的強權掌控者定向引導的語言暴力大會戰，是毛唆使一大幫打手去攻擊一小撮對手的運動群眾，是他採取軍事動員方式的權鬥擺牌。反右時運用此方式，毛險些失手。現在他之所以敢於在更大的範圍內冒險去重施故技，是因為他迷信壞事變好事的邏輯，且滿懷做惡的雄心壯志。

毛的這一次搗亂，靶子已事先確定，細讀「五・一六通知」中毛特意添加的那兩段文字，毛決意要打倒劉、鄧們的暗示已躍然紙上。可悲的是，這一群從中央到地方的黨棍兼黨奴居然默認毛對他們的判決，為轉移鬥爭目標，他們還照舊以反右思維辦事，派出工作組操控運動，對批評黨委的群眾採取「引蛇出洞」的打擊。結果紛紛陷入毛的圈套，揹上了執行「資產階級反動路線」的罪名，被排擠到靠邊站的位置上。

為橫掃一切牛鬼蛇神，毛不惜拿全國人民的身家性命做一次實驗，他把這次反撲行動歸結為「天下大亂，達到天下大治。」運動的過程是搞「一場全國性的演習」，讓「左派、右派和動搖不定的中間派，都會得到各自的教訓。」[28]所謂「天下大亂，達到天下大治」，就是充分利用反噬的動力作用，發起全國範圍的群眾運動，縱容所有的參與者在大混戰中為所欲為，互相鬥爭，在起到毛所導引的搗亂破壞作用之後，攪擾得所有的參戰者兩敗俱傷，最終都失足落入毛所劃定的左、中、右框框。毛深知反右運動積怨知識分子，大躍進的人禍引起全民不滿，他現在放縱群眾造反各級黨委，不只可達到打倒劉少奇黑線上一系列人物的目的，同時也順勢把他應負的罪責都分散轉移到走資派身上，還可讓長期以來倍受壓制的群眾發洩怨憤，趁機報復了他們所憎恨的領導。

除了利用大字報造成大批判大揭發的聲勢，毛還支持青少年學生建立紅衛兵組織，鼓勵他們衝出學校「破四舊」，把革命造反擴向全社會。語言暴力進而升級為行動暴力，以高幹子弟為核心的紅衛兵組織迅速從北京傳至各地，他們破壞文物古跡，抄家行兇，造成了全國範圍

[28] 該信節錄見《毛澤東傳》（1949–1976），下卷，頁一四二〇。

的紅色恐怖。對紅衛兵打砸搶的暴行，毛澤東不但不發令限制，還多次流露出縱容鼓勵的言論。他曾說：「越兇越好，你信不信？越殺人就越要革命。」運動初起，毛嫌「北京亂得不厲害」，公然宣揚「好人打壞人活該」，不許公安部門干涉紅衛兵的暴行。公安部部長謝富治迎合主席的旨意，公開對北京的警察說：「紅衛兵打了壞人不能說不對，在氣憤之下打死他就算了。如果說不對，就給壞人撐了腰，壞人嘛，打死了就算了嘛！」聽說紅衛兵的暴行導致很多人受辱後含冤自殺，毛澤東的反應也很冷血，他說：「凡是自殺的人，都不要去救……中國人這麼多，也不缺這麼幾個人……」[29]毛澤東為什麼不准救自殺者？因為這類「自殺」都是被迫自殺的，實際上就是被毛澤東及其幫兇所謀殺的。這種古今中外最卑劣的殺戮暴行早在延安整風中已開始實施，並被沿用於其後的一系列運動。陳毅任上海市長時開展「五反」運動，受到勒索批鬥的資本家接二連三跳樓自殺。對大量市民「被自殺」的慘狀，陳市長聽之任之，那時候他坐視自殺潮，每晚都以取笑的口吻詢問部下：「今天又有多少空降兵？」[30]陳毅的冷血與毛澤東並無本質的區別，中共的當權派大都是這個德性。

[29] 轉引自麥克法誇爾、沈邁克：《毛澤東最後的革命》，關心譯，香港星克爾出版，二〇〇九年，頁一〇五、一一三、一二八。

[30] 大紀元系列，《九評共產黨》，頁六十四。

「文革暴力」是反文化反人性的暴力，它不只發生在文革期間，自毛澤東帶領農民軍嘯聚井岡山，這種「亂暴勢力」即開始肆虐中國，它至今仍沒結束，且呈變本加厲的勢頭。就拿紅衛兵破壞古跡，焚毀書畫的暴行來說，不就是他們和他們的老子及其偉大領袖面對傳統文化、民國風範和西方文明，不由得暴露出他們難言的窩火和缺乏底氣的歇斯底里發作嗎！這是卑劣者對他們未能擁有的東西所採取的野蠻行動，是剝奪了他人擁有的東西，卻因自己消受不了而加以破壞的瘋狂，是粗俗者面對美好高雅的事物因自慚形穢而發生的變態惡行。因此他們才把那一切粗暴地誣衊為「四舊」。提到這類性質的文革暴力，齊澤克論斷說：「破壞古跡的行動未能證明真正否定了過去，其無能而失常的發洩反而更加證明，過去是擺脫不掉的。」[31]

隨著劉少奇及其他大小當權派被正式揪鬥出來，抄家風暴中出現的過火行為都算在了「資產階級反動路線」的賬上。以高幹子弟為主的第一波紅衛兵運動急劇沒落，不少「聯動」分子都在他們的「當權派」父母垮臺後被打成反革命而遭到短期關押。進入一九六七年，以造反派為主的第二波紅衛兵運動從高校擴展到工廠，暴力逐漸升級為幫派之間的武鬥。一九六六年十二月二十六日，毛澤東在他的七十三歲生日宴會上向在座的中央文革成員舉杯祝酒，狂呼「祝全國全面內戰」。文化革命從此演變成奉旨武鬥的武化革命，幫派分歧引發大大小小的槍戰，

[31] Slavoj Žižek, *Violence*, Picador, 2008, p. 209.

有些地方甚至動用了坦克和大炮。被稱為的「二月逆流」的事件發生後，毛所激發的反噬動力導致了軍民之間的混戰。造反派大揪「軍內一小撮」，致使各個軍區的將領及相關機構受到嚴重衝擊，從安徽到青海，個別地方的解放軍對造反的群眾開槍鎮壓，打死打傷者數以百計。派性武鬥最終在武漢鬧出了後果嚴重的「五・一六」事件。中央文革支左的過激行動受到軍方強烈反彈，毛澤東不得不對他放縱的「大演習」稍作收斂。毛澤東這一回才真正感受到亂與暴的猛烈反噬，連他在東湖的住所都險些遭到武鬥群的衝擊，危急中毛只好按周恩來的安排行事，倉皇乘飛機逃離武漢。

毛搞這場運動，一靠林彪及其軍方穩住陣腳，二靠他老婆領軍的中央文革四處點火，煽動造反派衝鋒陷陣。現在造反派把火燒到了為毛充當「長城」的解放軍身上，毛只有維護軍方，問罪造反派了。隨著三結合的革命委員會在各地正式成立，紅衛兵運動也就走到了鳥盡弓藏的結局。革命小將轉眼間衰變成耗盡熱能的廢渣，在一九六八年底的上山下鄉運動中，他們全都被趕到農村接受貧下中農的再教育去了。「清理階級隊伍」的運動緊接著在全國展開，打擊的對象轉向造反派和革委會內部。階級鬥爭的絞肉機轟隆開動，不管你是什麼派，只要捲入其中，都被絞成肉泥。

八

紅衛兵是保衛紅色政權的衛兵，是高等「政治種姓」成員參加的組織，只接納「紅五類」，不准「黑五類」沾邊。其中的成員雖然派別各異，在運動的不同時期扮演的角色有所不同，但全都是高舉毛澤東思想的紅旗，以毛主席和黨中央為政治靠山。第一波紅衛兵通常被稱為老紅衛，其成員以高幹子女為核心，中學生為主體。第二波紅衛兵運動以造反派為主體，其構成比較複雜，在何蜀的《論造反派》一文中，其主要成員被分為九種類型。[32] 至於被稱為保皇派的紅衛兵，他們恪守政治紅線，絕不容忍任何人反黨，自始至終都堅守其黨棍兼黨奴的立場，基本上毫髮無損地穿越了整個運動。

第一波紅衛兵是毛澤東與當權派共同駕馭的紅恐隊，他們實為文革首惡，是一批為害最烈的搶劫犯、殺人犯。除了納粹的黨衛軍和衝鋒隊可資類比，中國歷史上找不到如此兇殘的歹徒。除了戈爾丁《蠅王》一書荒島上野獸化了的未成年人，現實世界中從未有過如此乖劣的少男少女。他們的打砸搶行為有中央支持和各地政府指導，有居委會報信，派出所帶路，其有目

[32] 見見宋永毅主編的《文化大革命：歷史真相和集體記憶》上冊，田園書屋，二〇〇七年，頁五一二—五一九。

標有組織的暴行再次暴露了中共一貫實行掠奪經濟的慣匪本性。毛澤東帶領解放軍進城初期，因礙於他們「進京趕考」的任務而沒能放縱軍隊去幹他們本來要幹的慣匪營生，紅衛兵隨後的抄家暴行正好補償了他們父輩的缺憾，以其繼承革命傳統的暴行完成了「老子共匪兒暴徒」的接班事業。這群「聯動」、「西糾」分子只是在他們的父母受到衝擊時才開始把矛頭指向中央文革，群起衝擊公安部的。毛澤東煽起的「天下大亂」一時間小小受挫。毛一發現他的毛氏紅衛兵亮出劉氏旗號，立即翻臉不認人，反咬了這群失控的暴徒一口。不過毛心裡還是很明白，他們是毛與當權派權鬥中雜交出來的打手，在維護毛與當權派黨天下一體的利益上，他們一直是腳踩兩隻船的。歸根結底，他們還是自家子女。經過幾個月關押的教訓，毛下令釋放了全部暴徒。

老紅衛兵本質上可劃歸保皇派，不同的只是，他們的保守以保爹保媽為主，而各單位政工幹部、黨團員、積極分子等紅五類人員組成的保皇派，所保的則是他們本單位、本地區的領導。正是這兩類保皇派仗著他們根紅苗正，在黨委或軍區支持下參與了大量的血腥屠殺。包括參與軍管的解放軍在內，文革中千百萬無辜的受害者基本上都遇害於此類成分各異的保皇派之手。這群文革的絕對受害者就是「公安六條」上明令規定，不許參與運動的「二十一種人」。[33]這

[33] 《公安六條》第四條規定：「地、富、反、壞、右分子，勞動教養人員和刑滿留場（廠）就業人員，反動黨團骨幹分子，反動道會門的中小道首和職業辦道人員，敵偽的軍（連長以上）、政（保長以上）、警（警長以

一大批有「歷史問題」或「家庭出身」問題的人群是歷次運動倖存下來的政治賤民，他們躲過了初一，沒躲過十五，在各派紅衛兵輪番圍殲下陷入了滅頂之災。

林達把他們在中共暴政下受難的慘狀與納粹大屠殺的猶太人相比，稱他們為中國的「猶太人群體」。[34]據林的統計，這一群體多達兩千萬人，其人數遠超過一千二百萬歐洲猶太人的總和。林在其文章中悲憤地指出，猶太民族的遭遇現已被提升到人類悲劇的高度，納粹的暴行也被追溯到反人類罪的層面。但中國的「猶太人群體」在官方的歷史敘述中卻整個地缺席，文革爆發五十年來，在嚴控媒體的大陸境內，連有關他們受迫害遭屠殺的記載和論述至今仍遭到封殺。他們飲恨吞聲，慘遭殺害，黨國從未給予公開昭雪；他們的財產被白白搶走，至今未得到應有的賠償。而犯有搶劫、殺人罪的保皇派紅衛兵不但始終逍遙法外，其中有不少人還升官發財，享盡榮華富貴。這批人就是今天的某些太子黨、紅二代以及各類既得利益集團中恣意貪腐的人物。就這個意義而言，我們今天實在沒有必要反思利益集團所擔憂的「文革會不會再來」之類的黨天下憂患問題，而是應明確地告知公眾，「文革暴力」一直都在延續，只要中共的專

上）、憲（憲兵）、特（特務）分子，刑滿釋放、解除勞動教養但改造得不好的分子，投機倒把分子，和被殺、被關、被管制、外逃的反革命分子的堅持反動立場的家屬，一律不准外出串連，不許改換姓名，偽造歷史，混入革命群眾組織，不准背後操縱煽動，更不准他們自己建立組織。這些分子，如有破壞行為，要依法嚴辦。」

[34] 林達：《已消失的中國「猶太人群體」》，見鳳凰網站。

制體制存在下去，文革噩夢不但不會結束，其遺毒甚至還會發生更加恐怖的變異，在毒害中國的同時，毒害到世界各地。據港媒披露，葉劍英次子葉選寧早在二十多年前即實施其「潛伏計畫」，輸送三千太子黨成員到海外留學深造，為今後太子黨執政儲備人材，更為中共的全球化戰略在國外埋下伏兵。[35]

造反派基本上都是奉旨造反，他們的造反行動受到嚴格的設限，並被導向預定的靶子。即使有個別人利用毛的恩准趁機造了反，也只能是作為受害者把他們曾經受害的怨憤轉化為對所謂「資產階級反動路線」的譴責，把他們針對某個具體的當權派所施加的報復行為上升到捍衛毛主席革命路線的高度而已。他們的造反是使用同一性質的暴力去反噬原發的施暴者，他們的群體殘忍與原始圍獵行動不只強化了毛共集團的暴力，而且毒化了捲入其中的群氓，演出了新一輪「引蛇出洞」的鬧劇。毛澤東那時候其實是把他們當作再次放縱的小毒蛇去利用的，目標就是以軍事動員的方式圍剿那批自稱為「老革命」的大毒蛇，把大毒蛇該咬傷的咬傷，該咬死的咬死。毛坐山觀蛇鬥，樂見新蛇群的圍剿造成水漫金山的亂象，亂得連蝦兵蟹將之類的趁火打劫者都張牙舞爪，加入混戰。但不管他們鬥得多亂，穩定的大局始終有林的軍方和周的安全系統鐵定維持。毛早已劃定造反的界限，「造反有理」的衝擊很快就被迫退潮。毛

35 「中國禁聞網」（http://www.bannedbook.org/bnews/zh-tw/cnnews/kzgnews/20150922/452493.html）。

隨即派出「清隊」的工作組合圍而來，他們更加兇惡地反噬小蛇群，將他們一網打盡，碎屍萬段。

這就是「打著紅旗反紅旗」的下場。該罪名本來是毛澤東加給當權派的，後來當權派又加給了造反派。毛澤東把他們從「反紅旗」的罪名下解放出來，放縱他們去反當權派的紅旗。可悲的現實是，只要他們還打著紅旗，就不可能真正起到反紅旗的作用。只要他們企圖利用打著紅旗的機會去反紅旗，最終就逃不脫被毛利用後遭唾棄受懲罰的下場。而所謂的「反」，到頭來不只打了很大的折扣，而且還被毛納入「壞事變好事」的因素，拿這一群不幸被劃入框框的犧牲品做了他信手拈來的「反面教員」。司馬遷早就悲嘆過：「夫戴盆何以望天？」不管你反了誰和怎樣反，只要你是在打著紅旗反，你就難擺脫「戴盆」的處境。

讓我們再進一步現實地回顧造反派扮演的滑稽角色。獨裁者毛澤東要做的事情只是罷掉一大批當權派的官，他不可能分身千萬，逐個去罷。各地區各單位的造反派充其量被毛授權分別去罷他們本地區本單位當權派的官罷了。但罷來罷去，官僚體制所維繫的政經文化系統並無絲毫變動，鐵打的紅色衙門照舊存在，運動一直在毛的操控下翻雲覆雨，亂暴的一群最終都流水而過，被運動排泄到廢品坑內。隨著罷官任務全部完成，工宣隊、軍管組陸續進駐，革委會接著成立，無反可造的造反派只得乖乖地哪裡來便回哪裡去了。他們黃粱一夢後醒目注視，才發現自己只是被毛澤東從各自的教室、車間、辦公室勾魂出去，做了一回另類的工作組而已。造反派中的普通成員解散回來，能平安無事，保住各自的群眾名分，已屬萬幸。然而像聶元梓、蒯大富之類的造反大腕以及其他中小頭目，等到後來當權派陸續復辟，他們都遭到了嚴酷的報復。此類曾張狂一時的小毒蛇或被判刑入獄，乃至殺頭，或被內定為名列另冊的「三種人」，不予重用，日後再也難翻過身來。

即使是造反派中被認為有異端思想者，也未能異端出所打著的紅旗對他們思維言說的限制。以「中國向何處去」那張大字報著稱的楊小凱本人就患有他自己所說的「革命歡快症」，他的「異端」僅僅異在對毛話語作了不同的解釋，遠未達到解構毛話語，提出新思路的程度，更談不到像五七年的右派那樣本來就持有與共產黨對立的價值。造反派所有的「異端」都未能超過遇羅克試圖解構「政治種姓」的異端，可惜遇依舊苦於他「打著紅旗反紅旗」的艱辛操作，為力求表述上邏輯嚴謹，仍得在承認「有成分」的前提下反復強調「重在表現」。我不得不在此沉痛地指出，遇羅克屬於被釘上十字架的殉難者，他的「異端」的分量是他在試圖突破「唯成分」這一限制的行動中付出了犧牲的代價，而非他的文章真正突破了中共專制的鐵門檻。他的殉難讓我們認識到，想要在措辭上完全突破官方話語的限制，在當時有多麼艱難。

真正的個人異端者多在造反派之外。他們是「一打三反」運動中作為反革命分子遭到殺害的很多先烈。他們是楊小凱《牛鬼蛇神錄》中組織地下黨的劉鳳祥和辦地下工廠的張九龍；在家鄉組織勞動黨，制定《懲治官僚主義腐敗分子臨時條例》的暴力反抗者黃立眾；還有公開發表演講，指責「毛澤東是偽馬列主義者、共產黨是三大主義武裝的最巧妙最殘酷的剝削集團」的馮元春……

九

毛澤東經過十年不甚如意的搗亂，再經過三年的「天下大亂」，直至一九六九年四月，才在北京秘密召開了中共「九大」。「八大」中刪除的「毛澤東思想」再次寫入新黨章，毛澤東個人崇拜的氣氛籠罩了整個會場。十三年來，毛澤東費盡心機，萬般折騰，至此才算出了一口推翻「八大」決議的惡氣。就為了毛能得意地出這一口惡氣，國家和人民付出的沉重代價竟是：五十五萬人被打成右派，三千多萬人活活餓死，還有無從落實統計數字的批鬥會、抄家，毆打、刑罰、屠殺和被迫自殺……對毛來說，這一切犧牲和損失都不足掛齒，他的個人罪過和中共集團的錯誤路線都不准提說。因為他始終深信，「錯誤成了堆，光明就會到來。」只要最終能做成他孤家寡人的好事，即使對人民做了千萬件壞事，全無所謂。「九大」的勝利召開，就是他堆積如山的錯誤——罪惡——贏得的光明，那僅僅撫慰了他老眼昏花的一線光明。

大會正式公佈了劉少奇「叛徒、內奸、工賊」的罪名，並將劉永遠開除出黨。在充當了大會的活靶子之後不久，劉即被丟棄到病床上凌遲死去。這種黨內同志間的「殘酷迫害，無情打擊」由來已久，一直都在不同的運動中反復發作，不同的只是，進入文革的「大演習」運動，毛澤東突破舊例，改變了迫害方式。從前蘇區肅反和延安整風不管鬥得多厲害，全都嚴格限制在黨內，都由保衛局的專職人員審訊處罰。這一次毛卻把整黨內同僚的大權交給群眾專政，所謂的「黑幫」或「走資派」，全都由紅衛兵造反派任意揪鬥。這一突破性的暴力形式是毛的獨創，斯大林和希特勒挖空心思都想不出如此卑劣的殘暴。後者所採取的槍斃和毒氣室均以工業化的方式來消滅肉體，遇害者儘管遇害，他們作為人的內在東西並未受損。毛式暴力的卑劣在於他樂見他的敵人備受凌辱，特別是樂見他那些老戰友當眾受辱，讓大批「老革命」落到小將們手中遭遇新問題，好盡興地宣洩他幾十年來在各次路線鬥爭中積壓的宿怨。因此他就一任他們由群眾去兇狠地揪鬥，胸前掛牌子，頭上戴高帽，遊街，站噴氣式，往臉上吐唾沫，怎樣把他們糟蹋得兇狠，就由著群眾怎樣去糟蹋。糟蹋完了還不算，進而逼迫受了糟蹋的人自己糟蹋自己，當眾檢討，沒完沒了……毛則在一邊看笑話，說俏皮話，火上加油。關於群眾的暴力，毛澤東如是說：「群眾要麼不搞，一搞起來就很厲害，就不那麼文明了，也搞武鬥，打人了，戴高帽子，搞噴氣式。說我們中國人那麼文明，我是不太相信的。群眾勁來了，就不那麼文明了。」[36]

[36] 「同阿爾巴尼亞黨政代表團談話記錄」（一九六八年十月五日）。

林彪現在上升為二號人物，被確定為毛的接班人。很多「八大」當選的中央委員和候補委員還在審查監禁中，以林彪為首的軍方代表和以中央文革為主的「文革派」大批補入中央委員會和政治局。費了這麼大的周折，毛澤東總算初步達成其毛天下取代黨天下的目標。只可惜他從大亂中攫取的這個「大治」很快就露出裂縫。江青率領的文痞班底與以林彪為首的軍方勢力不斷出現摩擦，周恩來繼續操勞其擦屁股的冗務，在兩者的多次碰撞中起一些微薄的潤滑作用，勞累得自己不久即被診斷出晚期癌症。

隨著軍方人員從中央到地方明顯得勢，一貫把持軍黨大權的毛澤東逐漸敏感到槍指揮黨的危機。林引起毛反感的事情主要有兩件。其一是「九大」後林彪與周恩來一致主張發展經濟，發展國防，儘快結束文革。但毛澤東沉湎亂局，內鬥得欲罷不休，還想把「鬥批改」繼續延長下去。誰倡言發展經濟，誰就忤逆了毛的旨意。即使是被打倒的劉、鄧司令部，當初也談不上有意架空主席，他們的犯忌，不過是抓緊了毛抓不到手的經濟工作。其二是有關設立國家主席的提議。對毛來說，此事的要害並非究竟讓誰當這個主席的問題，而是在廢掉劉少奇之後，毛不打算再設國家主席。因此設國家主席的提議本身就犯了毛的大忌。所謂「毛天下」，就是集黨政軍大權於他毛主席一人手中的天下。在毛的心目中，中華人民共和國從成立的那一天起就只被作為共產黨權力的一個外部表現，連國家本身都是黨權的影子，還有什麼必要再設置國家主席！

林彪的機毀人亡也是「被自殺」的。他本是毛澤東搬起來砸向當權派的大當量石頭，諷刺的是，砸來砸去，現在砸到了毛自己的腳上。這一砸差點要了毛的老命，他從此一蹶不振，急劇衰老，大大折損了殘存無幾的陽壽。林彪集團的覆亡固然削弱了槍凌駕黨的勢力，但毛自己也為此付出了賠上老本的代價。毛現在才真正承受了「物極必反」的教訓。那並不是他信口胡謅的錯誤成堆，迎來光明，而是一個人把事情做過了頭應得的報應：無休止地反噬別人，最後招來了致命的反噬。

轟轟烈烈的文化大革命從此聲譽掃地，從黨內到黨外，越來越多的人對毛所主導的革命方向開始產生懷疑。至於從林彪家中抄出的林彪黑話，不管那些隻言片語對毛批判揭發到何種程度，充其量也只是一個助紂為虐者在暗中對紂的詛咒。因為林從頭到尾都參與和助長了毛的陰謀和暴行，他寫下這些文字，只能說明他逢君之惡，明知故犯。他的先見之明只會讓人覺得，他似乎在通過此類留言把罪責全推到毛身上，妄圖給公論留下他明辨是非，認識高明的印象。

毛天下的佈局已經撕裂，林石頭砸得毛澤東一顛一跛，他不得不回過頭修補破綻，著手籠絡眾老帥，開始復查倖存的幹部，重新啟用一批靠邊站的當權派，把他們所受的冤屈一股腦都歸罪林彪反革命集團。「九大」中軍上幹下的人事安排一反而為軍下幹上，毛折騰了十三年爭得的「九大」決議和黨章又得面臨徹底修改。殘缺的無產階級司令部經過兩年修復，一九七三年八月，中共「十大」提前在北京召開。黨章再次修改，凡是與林彪有關的章節全都刪除乾淨。新一屆中央委員會的成員大幅削減了軍方代表，重新啟用的老幹部大量補充進來。雙數黨代會的確是毛的敗興之會，現在他好比當眾反掌自摑，不得不否定不久前才肯定的人和事，同時輔之以重新肯定此前徹底否定的人和事。「時來天地皆同力，運去英雄不自由」，毛已把他「極高之人」的勢能揮霍殆盡，最終暴露出他「極卑之人」猥瑣的原形。愈是到後來，壞事變好事的機率愈是稀薄，愈是一連串的壞事反噬得毛澤東窮於應付。在這個又是逢雙數的黨代會上，毛澤東身體既欠佳，人也有幾分羞於露面，因而很少出席坐鎮。周恩來、王洪文和張春橋諸人出臺做傀儡，主持了大會的議程。儘管在與會者眼中，紅太陽仍在天上，但已到了西風殘照，漢家陵闕的光景。

十

毛澤東為什麼要把發動文化大革命視為他平生所幹的第二件大事呢？因為林彪事件弄得他所擺的陣勢大煞風景，使「九大」宣告的文革勝利打了很大的折扣。越到後來，他越看出自己的失道寡助。因此在他臨終前才有了關於兩件大事的談話。提起文革，他明知「擁護的人不多，反對的人不少。」更清楚他自己來日無多，看不到這第二件大事的最終結果，因而擔心他苦心經營的文化大革命在他死後遭到全盤否定，於是叫來暫定的接班人華國鋒，強調發動文革是他執政二十七年來最大的政績。

我不同意某些論者有關毛澤東「家天下」的說法，我也不相信網傳有關毛後領導班子安排的那個「毛皇遺詔」。本文所說的「毛天下」只是強調毛本人的獨裁與黨天下集體領導制度的對立。毛澤東即使不屬於那種「我死後哪怕洪水滔天」的昏君，也談不上對妻子兒女的未來命運有多麼關心。作為父親或丈夫，他在親情上一向比較淡薄，越是到生命的末期，越是疏離家人，越是退入貼身女侍的溫柔鄉頹然自溺。文革中捧出江青，是讓她充當所向披靡的闖將。把侄子毛遠新召到身邊參與政務，做他的聯絡員，是因為覺得身邊再無可信賴的人供他驅使。所有的人都是毛澤東政治棋局上由他操縱的棋子。一個家庭觀念如此貧瘠的人恐怕是不會有心思作世襲安排的籌劃，圖謀金家王朝那種運作的。毛是個百分之百的自我中心主義者，他的毛天下構想並非帝王意識性質的傳位取向。他癡心妄想要傳世的東西，只是他的路線、業績和影響力。就他的預想來說，那怕讓兩派鬥爭得一塌糊塗，只要階級鬥爭的氛圍能持久維持，確保他陰魂不散，盡可能久遠地憑附到矛盾的對立與統一之鏈條中，繼續發揮其魅惑天下人心的作用，他就有可能繼續「偉光正」下去，就不會有赫魯曉夫式的人物敢出來作他的秘密報告。因此他不太自信地對華國鋒說：「這筆『遺產』得交給下一代。怎麼交？和平交不成就動蕩中交，搞不好就得『血雨腥風』了。你們怎麼辦？只有天知道。」[37]

---

[37]《毛澤東傳》（1949－1976），下卷，頁一七八二。

毛與華國鋒這次談話是在天安門「四五事件」發生之後。他雖然欣賞江青一夥所向披靡的闖勁，但他也深知，這夥人能亂天下，卻治不了天下，在他死後，他們難以獨當一面。召回鄧小平這位「柔中寓剛」的人物，就是為了讓鄧與文革派形成對立中的統一之勢，牽制住軍方，好維持可能取得的平衡。因為鄧在流放中一再通過汪東興向毛寫信檢討自己的錯誤，表示他肯定文革的成就，並保證「永不翻案」，毛才有所放心，再次起用鄧主管政務。但鄧小平主政後卻拒不作肯定文革的決議，江青和毛遠新又把天安門事件的主謀推到鄧的頭上，弄得毛眼中的鄧小平一時間成了納吉式的人物。毛澤東再次廢黜鄧小平，但仍給鄧留有出路，保留了鄧的黨籍。在沒有最佳選擇的情況下，毛只有讓他認為「老實忠厚，辦事公道」的華國鋒代理總理，主持中央工作，勉強接了他的班。

文革中真正談得上「反紅旗」的群體行動是天安門「四五事件」，儘管集會者還半打著哀悼周總理的「紅旗」，而且所哀悼的總理乃是文革中另一個助紂為虐的佞臣。在毛無法無天的淫威下，此人為維護黨天下和他個人的晚節而鞠躬盡瘁，一直犬儒到生命的最後一刻，竟以其勤勞的偽善贏得了死後的哀榮。藉著哀悼某一黨國亡靈來發洩對黨國的不滿，這是中共暴政下民眾表達不滿和營造集會唯一可選擇的方式。大家已受夠了毛澤東及其文革的折騰，周恩來在黨國領導中畢竟分量很重，他的病逝正好給民眾帶來了「用死人壓活人」的良機。圍繞著廣場上的追悼活動，悲憤的群眾對江青一夥的罪行進行公開的預審，這一敲山震虎的行動明顯敲響了毛澤東的喪鐘。毛當時已奄奄一息，在那個曾經山呼他萬歲的廣場上，民眾正在以詩句中的「妖魔」、「豺狼」、「秦始皇」等字眼暗指毛及其幫兇的罪行，向中南海發去了清明時節的四面楚歌。他們哀悼周總理，實際上也是給毛主席提前送葬。毛如今死到臨頭，他已無法親手解決他所製造的眾多問題了。而李醫生及其搶救小組也回天無力，只能乾瞪眼送主席上路，讓他去找他常提說要謁見的馬克思。

毛澤東留給華國鋒的遺囑實為天大的諷刺，人死了還沒過「五七」，「你辦事我放心」的接班人就幹出了一舉粉碎「四人幫」的好事。主席生前反修防修，整整鬧騰了十年，主要目標是揪出「睡在身邊的赫魯曉夫」，鬧來鬧去，所投擲出去的飛去來刀不差分毫，恰好命中到他老婆身上。華國鋒並無意背叛毛主席，他抓捕「四人幫」，應該說是江青一夥奪權心切，硬把他逼到了那一地步。好在有軍方全力協作，並沒「血雨腥風」動干戈，就乾淨俐落地交代了毛的「遺產」及其遺孀。這一切真應了聶紺弩曾給毛下的蓋棺論定：「身敗名裂，家破人亡，眾叛親離，等到一切真相被揭開，他還要遺臭萬年。」[38]

更為可悲的是，他人死後不能入土為安，喪事不由家屬做主，而是由他折騰了一輩子的黨組織反過來擺弄他的靈柩，把那具殭屍做成「人肉毛像」，橫陳在紀念堂裡充當鎮守紅色江山

---

[38] 余世存編：《非常道——一八四〇－一九九九的中國話語》，二〇〇六年，天地圖書，頁二四八。

的魔勝物。毛澤東生前一直擔憂自己的形象被人利用，早在寫給江青的信中，他即提及他那個親密戰友「為了打鬼，借助鍾馗」，唯恐自己「當了共產黨的鍾馗」。然而，身後是非誰管得……只要共產黨還在臺上，他們就不會放過這尊可當神敬的毛像。但誰又能說這種人造的不朽不是暴屍性質的反噬，不是把供人瞻仰的該屍密封水晶棺內，任其在未來的歲月中遺臭下去呢？

二〇一六年六月初稿，七月一日定稿

破解毛共軍事神話

一

「毛主席用兵真如神」這句讚語是《長征組歌》中的一句歌詞，該組歌的演唱於一九六五年隆重推出，後攝製成影片在全國放映，曾傳唱一時，直到不久前毛左們大搞唱紅鬧劇，仍將其奉為紅色經典。一九四九年後，紅軍長征的故事一直都是革命傳統教育中最激動人心的教材，我們課本上學，節目中看，如今回憶起那些印象較深的情景，總隱隱覺得，毛澤東的功績和分量並不像後來在《長征組歌》中被歌頌得那麼光輝和突出。這情形不由得讓人在心裡發問：毛澤東在長征中的處境和作為及其在紅軍將領心目中的形象到底實情如何？據說，有一回聽到毛澤東把紅軍長征謳歌為「宣傳隊」和「播種機」，後來成為偉大領袖親密戰友的林彪當下即輕蔑地說了個「屌」。在他看來，那一連串長途跋涉的轉戰只是「一場敗仗之後的潰逃」。[1] 琢

[1] 見陳小雅《中國「牛仔」——毛澤東的「公案」及行為、心理分析》（香港：明鏡出版社，二〇〇五年），頁五四七。

磨一下林彪那不經意流露的聲音，我們多少可以想見，若論起偉大領袖的軍事指揮能力，中共高層中某些過來人和見證者恐怕也會有各自不以為然的看法。

一九六三年，羅榮桓元帥去世，毛寫了一首弔羅的七律，其頷聯曰：「長征不是難堪日，戰錦方為大問題。」該詩實在夠不上一首合格的七律，這兩句寫得尤其生硬，幾不可卒讀，致使各家注釋多牽強附會，把「戰錦」理解為遼沈戰役中攻打錦州之事，說是毛藉弔羅而暗批林彪此役中不聽指令。從句子的對仗來講，如此解釋，「戰錦」成為動賓結構，與上句中「長征」兩字便對不到一起，更不要說在舊體詩中以「錦」字特指錦州，並無出處或互文可資讀者聯想，毛澤東再差勁，其措詞也不該生拼硬湊到這一地步。「戰錦」應理解為有關戰功的評定和獎賞，唐詩所謂「越王勾踐破吳歸，戰士還家盡錦衣」之謂也。為什麼勝利後論功行賞的事會成為一個「大問題」呢？因為從井岡山起事到天安門上五星紅旗升起，大小戰爭中功過是非的問題一直都存在著爭論。毛澤東雖為黨的領袖和軍委主席，但可以明顯看出，他在共軍中從未像史達林或蔣介石那樣擁有實實在在的大元帥資歷和威望。據說在評定十大元帥之初，也曾有人提議授給毛大元帥軍銜，最終卻議而未決，被劉少奇虛晃了一下推諉過去。身處這一頗感心虛的境況，毛難免有些不是滋味的感覺。這種酸不溜溜的心情發而為詩，在接下來頸聯——「斥鷃每聞欺大鳥，昆雞長笑老鷹非」——那太淺露的合掌對中，便明顯表現出他對類似於林彪那種說「屌」的看法暗懷的不滿和輕蔑。字面上「大鳥」和「老鷹」儘管可理解為稱讚羅榮桓境界不凡，高據群小之上，但同時也很容易讓人聯想到一向都固執己見的毛澤東那拒斥他人異議的強硬姿態。幾年之後，正是為擺平那類「大問題」而出一口他的酸氣，毛發動文化大革命，黨內和軍內眾多的高層人物被一一打倒。只是蠻橫耍賴，狠鬥到那個時候，毛才得以身著軍裝，登上天安門城樓檢閱紅衛兵，向全黨全軍和全國人民展現出「毛主席用兵真如神」的威風。

由此可見，要談論紅太陽升起的問題，應該說直到文革中，那個「升起」才得以最終完成。然而諷刺的竟是，正當那氣球太陽升至不勝其寒的高處，轉瞬即自行破裂而黯然隕落。被毛攪亂的黨政軍秩序在毛死後漸趨恢復，黨內的檔案陸續解密公佈，一批倖存的當權派紛紛撰寫自述，還有不少老將，人死後由眾作家為他們的戎馬生涯樹碑立傳，極力突出這些實戰者及其部屬的戰績，甚至像張國燾和王明等公開批毛的回憶錄，也都以內部發行的方式擴大了傳播。這些過來人和見證者或為澄清是非，或要表彰被埋沒的功績，都在敘述中有意或無意地洩露出蛛絲馬跡，讓讀者從史料的斷裂和破綻處窺到被掩蓋的真相。毛所擔憂的那些「大問題」之來龍去脈，近年來隨著網上文字更廣泛的傳播，連不少普通讀者都開始有所認識，看穿了中共的底細。可以說，在中共高層內部，對毛澤東及中共的軍事神話之自我破解，在一定的程度上已開了學界和民間歷史意識覺醒的先河，儘管他們重述中共的光輝戰史，本意在增補各自的功勞，好為他們已剝落的法統牌匾重刷油漆。因為土改、大躍進和文革那些毛時代的「偉光正」臭事早已破爛不堪，無從粉刷，如今若再守不住「打天下坐天下」這最後一道防線，中共的黨權合法性便有坍塌之憂。

然而中國的俗眾和體制內外的大量學者們至今仍拔不出「成王敗寇」的成見泥坑，基於共產黨打敗了國民黨的事實，即使是反共人士和批毛選手，不少人談起被長期宣傳的共軍戰績，在鄙棄國軍敗將的無能之餘，都會對毛澤東的「雄才大略」表示不由自主的嘆服。最顯著的例子就是大談其「歷史三峽」論說的唐德剛教授在〈毛澤東簡傳要義評述〉一文[2]中所發的似是而非之論。按照唐教授的說法，因為這一百多年來屬於中國歷史的轉型期，民主共和的大業不可能一蹴而就，在此一無法按理出牌的亂世，越流氓越霸氣就越有抓勝算的機會，佔優勢的把握。前者被唐教授確定為歷史的「客觀實在」，後者被聚焦為毛澤東的「主觀條件」。縱觀國共兩黨的殊死搏鬥以及中共內部的一系列惡鬥，獨有毛澤東這個梟雄的主觀條件與亂世的客觀實在配合得恰到好處，正應了「時勢造英雄」那句古話。唐教授於是得出結論說，這「就是毛主席開國有功、正確領導的源泉」。唐教授的文章一口中立持平的語調，按照他的推論，毛澤東及其中共集團的罪行不管多麼罄竹難書，就因為他們最終打了勝仗，你不但無法否認他們順應歷史必然性——這個傳統「天命」論的現代表述——奪取政權的事實，更不得不承認毛是一

[2] 見唐德剛《毛澤東專政始末》（臺北：遠流，二〇〇五年），頁二九九—三五六。

位「集政治家、軍事家、思想家、詩人於一身，才華橫溢，文武雙全……」的偉人。

唐教授的犬儒史觀是很有代表性的，環顧我們周圍慣於人云亦云的同胞，很多人都在不同的程度上懷有類似的奴從心態。即使他們都親眼看到毛澤東「建國有過，文革有罪」的事實，你也難以通過三言兩語的辯駁，從他們頭腦裡剔除那「開國有功」的崇毛頑念。直到毛澤東的威望已一落千丈的今天，從學界到民間，像唐德剛那樣把毛的生平作「虎頭與蛇尾」兩階段劃分的看法還是相當普遍的。因此，以富有說服力的論述破解毛澤東軍事神話，至今乃是一亟待明眼人去做的艱巨工程。

網路作家蘆笛《毛澤東用兵真如神？》[3]一書的出版可謂開了個一炮打響的好頭。蘆著以不容否認的史實將毛澤東「開國有功」的謬說一筆勾銷，褫奪其華袞，讓我們看出了他那從頭到尾光溜溜一條草蛇，卻別添了幾隻蹩腳的粗鄙原形：「毛是個陰謀家而不是軍事家，是厚黑學大師而非合格的戰爭統帥，是『狹隘經驗主義者』而不是理論家，遑論思想家。」[4]至於唐德剛教授，其實他並非毫無眼光，他也點出了毛那厚黑痞頑的一面，他的誤區和短視在於，過多揮灑了「以成敗論英雄」的筆墨，卻喪失了史家應有的「春秋」意識，未能確立嚴正的褒貶價值。於是他只顧以他那漁樵閒話的調子訴說「轉型期」的亂世笑談，竟不自覺地迎合了，也

3 蘆笛《毛澤東用兵真如神？》（香港：明鏡，二〇一一年）。

4 同上，頁五五三。

進而慫恿了國人的勢利眼所趨同的主流思潮。正如蘆笛所說：「今日中國最大的悲劇，恰在於毛的成功引起了無數人真誠的欽服與讚佩，從而百倍強化了這種顛倒的價值觀，在大多數人（不是說全民吧）心目中確立了光榮＝成功規模×死亡人數×手段的無恥程度。誰越不拿中國人的生命當回事兒，誰越會受到尊重，誰就是毛澤東思想學得最好、用得最活。」在該書的結尾，他接著沉痛地告訴讀者：「這，或許就是毛澤東留給中華民族最沉重的文化遺產。要清除這深重的精神汙染，不知道還需要多少代人持之以恆的自覺努力。」[5]蘆笛為破解毛澤東軍事神話而耗數年之功寫成這本大書，就是此努力傑出的伸張，筆者在此撰寫讀後的感言，也是為他那「雖千萬人吾往矣」的勇氣所感染，有意要為他的繼續努力加一把油。以下便從我個人有限的理解出發，對該書的要旨和精義作些必要的發揮，順便也加入我讀蘆著受到啟發的補充性議論。

二

蘆著的難能可貴之處首先是作者採銅於山的取材方向。他棄大量反共批毛的二手資料於不

[5] 同上，頁五五四。

顧，千辛萬苦，專門從官方出版物中蒐集到數千萬字黨史的原始資料，細心從中梳理出黨內高層那些我稱之為「自我破解的敘述」，條分縷析，按編年紀事的順序排列下去，逐處作針對性的舉例徵引，對照著毛在一系列軍事行動中的具體言行，以令人信服的實證揭示出毛澤東軍事神話的破綻、漏洞和偏頗。因此，與海外大量情緒性的批毛急就章相比，蘆著明顯做到了學院學術的基本要求，書中那令人歎為觀止的詳盡註腳不只符合現有的學術規範，更進而為這一領域的研究者提供了豐富的參考書目。至少就其令讀者開闊眼界的效果而言，蘆笛算是達到了在「學界留下足夠影響」，且「有持久影響」的目的。

蘆著的另一特徵是作者起步於網路寫作的先天優勢。他那放縱的筆鋒彷彿一雙赤裸的天足，其豪邁的彈跳力實為黨史專業訓練出來的纏足型文案寫手望塵莫及。他語言通俗活潑，行文中常帶出適當的幽默風趣，論及嚴肅的問題，尤善於以反諷與戲仿筆法顛覆新華體黨八股濫調。因此，這本六百多頁的大書儘管徵引頗為繁複，不如讀唐德剛的漁樵閒話那樣輕鬆，但仍不失其雅俗共賞的效果。此外，就方法論和史識及史觀而言，蘆著更顯示出民間學人和邊緣寫作群特有的獨立思考和原創性追求。與拿了國家課題經費搞研究的很多體制內學者相比，同樣都佔有了豐富的資料，也同樣都重視資料的可靠來源，但蘆著的透視卻顯得更富有洞察，對諸多敏感的「大問題」揭示得更為尖銳。這一相形見絀的對比不能不讓人為國內學院學者那「戴盆何以望天」的處境感到悲哀。讀他們的書，你眼看著辛苦發掘的史料和嚴密考證的史實都已平攤在那裡，但就在那需要進一步點破的關鍵之處，他們卻裹足不前，口將言而囁嚅，結果總是用安全的陳言將大問題搪塞過去，拿一灘因襲的稀泥抹出了諱莫如深的光牆。但讀蘆笛的書，你會別有跨越障礙，踏入了禁區的快感，會在學院學者自閉的盲點處看到他縱筆刷新的一個個亮點。

蘆著也開宗明義，從中共最終獲勝的主客觀條件切入了話題。但與唐德剛強調歷史必然性的思路不同，唐更偏於就已經形成的局面追認其存在的合理性，因而難免重彈「成王敗寇」的老調，無形中對勝利者書寫的歷史作了隨聲附和的反應。蘆則著重分析那個特殊歷史時期的諸多偶然因素，他認為，「中共奪權戰爭的勝利，是一系列特殊的歷史條件湊在一起造成的偶然事件，其成功經驗基本上無複製可能。」[6]這些特殊的歷史條件首先是辛亥革命後軍閥割據的混戰亂局，蔣介石未能騰出手全力打擊草創中的紅軍，致使其滋蔓難圖，以至星火燎原，最後造成了玉石俱焚的災難。其次是抗戰爆發，中共趁勢壯大，國軍卻在抗戰中耗損兵力，窮竭國庫，埋下了導致內戰失敗的劣勢。蘇聯的物質援助和戰略指導更加壯大了中共的勢力，美國雖熱心插手國府事務，無形中卻起了成事不足而敗事有餘的作用，反給蔣介石幫了倒忙。兩方面外來勢力就這樣陰差陽錯，戲劇性地交錯在一起，讓中共集團鑽盡了特殊歷史條件的空子。再

6 同上，頁十四。

加上國內外左傾勢力惑於中共宣傳的「民主」假象，更形成配合中共武裝奪權的洶洶聲勢。若無這一歷史捉弄中國人的詭譎時勢，毛澤東無論多麼「雄才大略」，中華民族也絕不至遭遇一九四九年以來的這一場紅色浩劫。至於主觀條件，蘆笛更做出縱觀全域的綜合評估，他讓我們看到，中共從蘇共那裡學來的一整套「革命工藝學」及其組織動員群眾的效力，還有地下工作者對國民黨的全面滲透，諜報戰取得的成就，全都是中共集團群策群力的結果。毛澤東不過倖存有術，善於拿犧牲者的鮮血染他自己的紅頂子，只是在經過黨內鬥爭的多次較量之後，才被有意或無意地推向了領袖的位置，充當了全黨智慧的代表。

剝除以上非個人的主客觀因素，蘆笛居高臨下，從俯視角度抓住了被剝光的毛澤東人格貧瘠的層面：蘆一再指出，毛有「智力缺陷」，因為他「從未受過系統現代教育，徹底缺乏理論思辯能力。因此，在軍事學上，他並未提出過什麼合格的軍事理論。所謂『毛澤東軍事思想』並非理論，不過是共軍因為缺乏實力，出於求生本能，集體摸索出來的一套經驗規則。它既不是毛澤東一個人的作品，也沒有太多智力含量，其基本原則應該是三條：第一，戰略上防禦，戰術上進攻；第二，戰略上以少勝多，戰術上以多勝少；第三，戰略上持久戰，戰術上速決戰。」[7]「縱觀國內外論壇，眾多的論者都因面對中共的勝利姿態看花了眼，高抬了毛。迄今為

---

[7] 同上，頁二十二。

止，唯獨蘆笛有膽識搜羅證據，窮形盡態，將毛澤東的低能與胡來一件件披露到讀者眼前。

要從民族國家的大局來談論國共武裝鬥爭的問題，我一直認為，必須確立一個可行的論述出發點。那就是回顧二、三十年代的國民革命形勢，首先確定一個有利於社會轉型，走出所謂「歷史三峽」的正確方向，把歷史的重述拉回當時的社會狀況，勾勒出一條有可能走向民主共和的歷史虛線。就當時的國民革命而言，正確的方向應該是消除四面八方的軍事割據，建立全中國對抗列強的統一陣線。毛澤東這棵歪苗子自上井岡山組建紅軍，就偏離了這一中國之命運的大方向，將國民革命拖入內戰的深淵，致使那條稀薄的歷史虛線在武裝奪權鬥爭中被踐踏得蹤跡一無。他所倡導的土地革命不只激化了農村地區自發的暴力衝突，而且從中分化出包括流氓無產者在內的大量農村過剩人口，將其嘯聚成打天下的兵力，進而利用軍閥混戰中偏遠地帶留出的活動空間，趁機建立起中共的軍事割據，最終加劇了軍閥混戰的亂局。正是在那一潭被攪渾的水中，中共的武裝力量在其巧遇的特殊歷史條件下得以倖存和發展壯大。這支打著打倒軍閥旗號的武裝力量實質上也是軍閥，是比舊式軍閥更具有破壞力的新式軍閥，是蘇聯一手操縱下增生的蘇維埃軍閥，一群莫斯科盧布的雇傭兵而已。歷史的重述若能在這一位格上判決毛澤東及其紅軍割據，我們論戰事議軍功，就不至於單純地就事論事，僅局限在中共打了勝仗的圈圈內去比較毛與其他人的軍事才能，而可把問題的探討提升到通過毛澤東軍事神話的破解，進一步破解中共武裝奪權神話的高度。

此外，毛的智力缺陷也不只是一個學識淺陋和智商不高的問題，歸根結底，乃是他人格低下，拙於是非判斷的一種惡劣表現。眾所周知，與中共高層中不少黨政軍領導人相比，毛澤東的知識學養在起點上就有很大的差距：他既無出國留學的資歷，也未在軍校受過專門訓練。由於缺乏那兩方面的經驗，毛澤東很早——從蕭瑜的敘述已可看出[8]——就形成一種逆反的偏執心理。在通常的情況下，後進者多有興趣積極向先進者學習，但毛澤東卻與之相反。他的性格從小就突顯出一種執拗不通的勁頭，在與他人交鋒時，他那不服輸的脾氣更傾向於強詞奪理，結果總是固守其淺陋的根基，發表一些模糊不清的意見。比如在用兵打仗的事務上，按照蘆笛的敘述，他最初便好從他津津樂道的劣質舊小說故事中汲取打游擊和耍權謀的靈感。正是基於這一逆反的偏執心理，毛澤東不但沒有因自己缺乏近代的軍事知識而努力學習，反而「鄙薄當時軍事典籍所載的一切，認為都是陳詞濫調，他要不受約束的發揮他的游擊天才。」[9]毛澤東後來一系列的反現代性思維以及他與職業軍人的衝突，即源於他自己的知識淺陋和對其淺陋根基的固守。

他早年曾參加新軍，但不久即扔下槍桿子，轉而去報考各種他很快就沒興趣再讀下去的學校。處於這種他自以為英雄無用武之地的畸零人狀態，梁山泊聚義的模式便成為他那種對抗性

8 可參看蕭瑜《我和毛澤東一起行乞》（香港：明窗出版社，一九八八年）。
9 見張國燾《我的回憶》（北京：東方出版社，一九九八年），第三冊，頁二五三。

欲望可資模仿的對象。直到後來幾經挫折，終於帶上秋收暴動的殘部逃到井岡山，他才緊抓住革命的武裝鬥爭這個中介，實現了他嘯聚草莽，占山為王的宿願。毛澤東與其他紅軍將領的個人衝突，實質上乃是他的山大王心態與職業軍人及其現代軍事操作的衝突。張國燾早就看出毛澤東這種破壞黨內集體領導的專斷作風，在他的回憶錄中，張多次提到毛一意孤行的拙劣表現。正是在這一系列衝突的過程中，毛澤東完成了蘆笛所謂從傳統山大王到紅色山大王的轉變。既然山大王還是山大王，他那個原發性的山大王心態就不可能因披掛上紅色的虛榮外衣而隨之發生世界觀的根本轉變。他反而強化了他那不變的一面，改變了紅軍，把「黨指揮槍」的金箍圈加諸軍隊，執意按他那一套「土共」方式建軍和打仗，在與他所鄙薄的「洋房子先生」們爭奪指揮權的過程中，他在黨內的地位一步步上升。

蘆笛詳述了毛澤東如何領教老土匪朱聾子「打圈圈」的故技，如何在與朱德、彭德懷等人既合作又衝突的作戰中吸收了諸如「誘敵深入」、十六字訣等為初建立的武裝力量求倖存的戰略和戰術。他還讓我們看到，通行的毛澤東軍事神話如何迴避了毛在戰爭中學習戰爭的成長過程，如何誇大毛的軍事才能，進而抹煞了集體的，特別是職業軍人在壯大共軍武裝力量上的貢獻。針對毛澤東在其紅色山大王生涯中養成的「狹隘經驗論」頑念，蘆笛更列舉大量戰例，將毛的很多瞎指揮如何使紅軍屢遭慘敗的史實一一揭露，同時也令人信服地說明，毛如何一次次歪打正著，在某些偶然因素的影響下僥倖取得了「反敗為勝」的後果。

三

「毛主席用兵真如神」不只是蕭華的《長征組歌》吹起來的，毛本人早就發出過自我吹噓的言論。一九六〇年，他會見來訪的蒙哥馬利元帥，聽到那位英國名將讚譽他指揮解放軍打勝了三大戰役，毛竟王婆賣瓜，自誇說四渡赤水才是他平生的得意之筆。然而事實到底如何呢？讓我們回過頭對照蘆著中發掘出來的史實。原來毛澤東在遵義會議後首次指揮土城戰鬥，即以慘敗告終，紅軍傷亡四千，比第五次反圍剿的損失還重。戰敗後的紅軍逃往赤水西岸，是為「一渡赤水」。在彭德懷的建議下，紅軍撤退到雲南威信縣扎西鎮整編。但到達扎西不久，毛堅持要攻打兵力薄弱的黔軍，於是部隊又回師東渡赤水，是為二渡。紅軍進攻防守空虛的婁山關，算是打了個小小的勝仗，進而再次佔據遵義。但即使這場僥倖得利的遭遇戰也非出於毛的指揮，而是一、三軍團自動配合，殊死相拼贏得的。即便如此，按照彭德懷的批評，這一仗仍打得有攻堅亂碰之嫌。可笑的是，就這麼個小有斬獲的勝仗，一時間竟沖昏了毛的頭腦，他立即大發革命樂觀的指令，聲稱要帶領紅軍赤化整個貴州。結果害得紅軍在魯班場陳屍七百多具，吃了他瞎指揮的第二次敗仗。貴州站不穩腳跟，毛置彭德懷、林彪的反對於不顧，又要帶紅軍入川建立根據地，於是西渡赤水，是為三渡。但紅軍剛到對岸，即遭到敵軍三面合圍，危急中不得不退回赤水以東，向雲南方向逃去，是為四渡。所謂「四渡赤水」，僅此而已。連這樣無頭蒼蠅般東竄西躲的領軍行動都好意思自誇為平生的得意之筆，對於這位「偉大統帥」的帥才，你還能有什麼過高的要求！因此蘆笛作結論說：「四渡赤水應是紅一方面軍長征中受到的最沉重的打擊，而它完全是毛瞎指揮造成的。」[10]

由於對毛「只打圈圈不打仗」那老一套走弓背的路線強烈反感，林彪甚至上書中央，要求彭德懷出任前敵指揮。毛不但不接受失敗的教訓，還自作聰明，利用他掌握的無線電情報玩高招，炫耀他如何神機妙算。讀一下博古講給潘漢年的這段話，我們即可看出，早在長征途中，毛澤東本人及其追隨者已在巧耍手段，存心飾偽，編造起他「用兵如神」的謊言了。博古如是說：

> 一渡赤水後，在扎西休整時軍委二局一科科長曹祥仁告訴我，他破譯了敵人的密電碼，掌握了敵人的行軍路線，出發時間等，於是毛澤東指揮行軍，甩掉尾追的敵人，猶如神助，順利地二渡赤水並進行了遵義戰役。
>
> ……毛澤東任政委後，親自主管一科，直接掌管電臺的電訊往來，以此指揮戰鬥行動，用兜圈子的辦法巧妙躲過敵人的追堵。

---

10 《毛澤東用兵真如神？》，頁一七五。

……三渡赤水後……一些中、高層部隊領導也有意見，反對毛澤東兜圈子……林彪還為此給張聞天寫了信，要求更換軍事領導人，把毛澤東換下來，讓彭德懷上。面對這種情況，是我和周恩來兩個人以中央政治局常委身份，出面做工作，和大家解釋，總算把此事平息下去。從此周恩來開始宣傳毛澤東如何神機妙算，牽著敵人的鼻子跑，把敵人拖跨，使紅軍掌握了戰場主動權。另一方面則嚴格控制一科，封鎖曹祥仁破譯密碼之事，使部隊感到毛澤東用兵神奇，毛澤東的威信也逐漸在紅軍中樹立起來。[11]

毛澤東人格的低下於此可見：他不但貪他人之功據以為己有，進而連現代軍事運作中最起碼的技術功效都竊據在手，秘而不宣，藉以神化他個人的能耐。

讓我們再回到林彪對毛所渲染的長征輕蔑說「屌」的問題上。在那「一場敗仗之後的潰逃」中，對當時的中央領導——特別是毛澤東——來說，尚有一走投無路中可抓的救命稻草，一個海市蜃樓般鼓舞他們前進的目標，那就是北上「打通蘇聯」的計畫。據張國燾的回憶，一、四方面軍會師後，中央在毛澤東住所開過一個軍事會議。會上張聞天告訴與會者，紅軍撤

[11] 秦福銓《博古和毛澤東——及中華蘇維埃的領袖們》（香港：大風出版社，二〇〇九年），頁一五一——一五二。

離瑞金前曾接到共產國際的電報指示，讓紅軍在走投無路時向外蒙古靠近，以便取得蘇聯的接應。但紅軍撤離蘇區後便失去與國際的聯繫，張聞天在會上提說此事時，紅軍的去向尚待確定，高層中正在爭論到底應該在西南一帶找機會建立根據地，還是繼續北上，向他們無產階級的祖國求援。如今經張聞天這麼一說，毛澤東立即浮想聯翩，向其他人樂觀地大講起他「打通蘇聯」的主意。他說他提出這主意有兩個理由：其一，他認為，紅軍打敗仗是吃了蔣介石飛機大炮的虧，部隊若能跋涉到蒙古邊界，獲得蘇聯運來的飛機大炮，就可以打敗蔣介石了。其二，即使將來在寧夏一帶站不住腳，毛認為，「至少中共中央和一部分幹部，也可以坐汽車通過沙漠到外蒙古去」。[12] 毛澤東原話是否如張國燾所述，讀者盡可以懷疑，但就後來毛與中央其他人在長征途中一直對打通蘇聯所抱的希望和安排來看，毛的地理知識之淺陋實在令人跌破眼鏡。他那時若真能意識到從寧夏到外蒙以至到與蘇聯接壤的距離有多麼遙遠，進而考慮到其間必經的沙漠和荒原根本無路可走，他大概就不會津津樂道冒險的武器運送計劃，更不會作那個坐汽車逃到外蒙的荒謬設想了。

可悲的是，打通蘇聯的願望同樣也鼓舞著中共的不少高層人物，後來西路軍因被派往新疆方向接應想像中的蘇援而全軍覆沒，以及紅軍到達陝北不久即貿然東征，欲北上外蒙迎運期待

---

12 《我的回憶》，第三冊，頁二二六—二二七。

已久的武器，由此而導致的一系列失敗及損失全都是毛急於打通蘇聯的瞎指揮造成的。從盧著揭發的史實可以看出，毛所參與的軍事指揮不但毫無「用兵如神」的功效，反而多暴露出他的淺陋和低下。由此也可以看出盧笛的敘事高於張戎之處，張戎在她的書中好渲染毛澤東的陰謀詭計每每得逞，盧笛則更多地揭示出毛那些低劣和無能的表現。因此論及導致西路軍全軍覆沒的問題，盧笛不同意張戎的陰謀說，而是認為，毛「之所以如此，倒未必是蓄意為之，主要還是氣度褊狹、私心太重、目光短淺、思慮不周及知識缺損使然。」[13]

四

所以說，真要劃分兇惡的等級，排列權威的座次，毛澤東實在夠不上史達林那種鐵腕獨斷的黨魁型級別，他只配劃歸卑劣者之列。從井岡山到延安，他把大量心思都用於如何讓紅軍——包括他自己的權力——倖存下來的策略，稱他為倖存軍事家倒算是名副其實。毛澤東深知，作為共產國際在中國的一個支部，中共並不是獨立的共黨，他們在中國所搞的武裝鬥爭一直都從屬於以蘇聯為首的無產階級世界革命。因此在毛澤東及其他中共領導人的心目中，紅軍

13 《毛澤東用兵真如神？》，頁二四六。

要求得倖存，在很多事情上都得同蘇聯的利益聯繫在一起。但對莫斯科的旨意，毛的揣摩和回應並不怎麼高明，他的私心自用往往弄出不少餿主意，有時就犯了史達林的大忌。直到西安事變爆發之日，毛之所以始終不忘執行紅軍向新疆或蒙古進軍的計劃，就是想把蘇聯拉入與國民黨政府的衝突。毛這個癡念存心已久，早在黨的三大會議上，他就發出過「請蘇俄出兵從外蒙打進來」的動議。按照他那毫無民族國家觀念的如意算盤，似乎只要引來紅色的「沙陀兵」，中共即可裡應外合，獲得武器支援，趁勢擴大他們的軍事割據。在一九三五年末的一次會議上，他甚至號召紅軍「開闢我們的蘇區到晉陝甘綏寧五個省份去，完成與外蒙及蘇聯打成一片的任務。在那時，我們便可以爭取更大的力量，給日本帝國主義進攻中國（這是必然的而且是不遠的）與進攻蘇聯，國民黨各派軍閥進攻全國紅軍，以空前的大打擊，爭取蘇維埃在北方七八個省內、南方若干個省內的大勝利。」[14]我們知道，當時日本已佔領東北，蔣介石正在避免與日軍衝突的忍辱策略下做切實長遠的抗戰準備，而史達林因恐怕戰火燒到蘇聯，也在積極支持國府抗戰。毛澤東這段挑釁性的抗日言論反映出他一貫的趁火打劫心態。為了紅軍的倖存與擴張，他蓄意要挑起全面戰火，甚至準備冒火中取栗之險，不惜把中共推上民族縱火犯的罪惡道路。余英時曾以「共工怒觸不周之山」的災難比喻中共對中華民族的危害，毛澤東這一寧

[14] 蘆笛引自《毛澤東軍事文集》，見蘆著，頁二〇七。

可把天下拖入火海的用心的確堪稱為「共工再世」。在武裝奪權時期，他推行在天下大亂的局面下贏得中共大勝的策略，發展到文革，便是搞一場揚言「從大亂到大治」的民族浩劫。

直到西安事變在莫斯科強力干預下和平解決，中共被迫接受了史達林聯蔣抗日的指令，毛澤東才終於面對眼前這不得不接受的現實：蘇聯根本不可能介入中共與國民黨的軍事衝突，中共所依附的這個無產階級的祖國畢竟是人家俄羅斯人的國家，共產國際要求中國支部執行的路線始終都是從蘇聯自身的利益出發的。抗日的任務壓倒了一切，對莫斯科來說，從各方面支持作為抗日主力的國民政府要比維持中共的軍事割據重要得多了。中國的抗日戰場打得越激烈，蘇維埃祖國就越安全。史達林從蘇聯利益出發的決策不但促使國府凝聚了全國的抗日力量，也把蔣介石推向統領抗日的前臺，同時還挽救了中共。若按照毛澤東原先立即殺掉蔣介石的主張辦事，可怕的後果將不堪設想。直到那時為止，毛澤東的猴脾氣還沒為中共幹出一件值得稱讚的事情。按照蘆著的描述，毛澤東平生真正的得意之筆是在國共再次合作的抗戰歲月中譜寫出來的，那就是毛為中共制定的「將內戰巧妙地偽裝為外戰的新時期奪權戰略，」它使得中共的「力量瘋狂擴張，配合日本友軍，極大地削弱了真正的敵人國民黨，奠定了戰後與國民黨爭天下的基本格局。」[15]

[15] 同上，頁二七二。

五

近十年來，暴露中共洛川政治局擴大會議（一九三七年八月）決定敷衍抗戰的文件，有關「平型關大捷」誇大事實的材料等一系列屬於中共「自我破解的敘述」陸續在網上公佈，中共假抗日真發展的面目已廣為人知。蘆著中關於這一方面的詳盡揭發，此處就不再贅述。但有兩個問題，仍需作補充性討論。按照蘆笛的總結，毛澤東在洛川會議上的主張可概括為三點：一是把國軍確定為敵軍，而非盟軍，表面上聯合，背地裡打擊，誰不執行誰就是右傾投降主義。二是紅軍表面上接受整編，享受來自國府的供給和軍餉，但必須保持「絕對的獨立」，不得服從中央政府的指令。三是千方百計避免與日軍作戰，以「挺進敵後抗日」的名義佔領地盤，將淪陷區化為中共領地，在促進國民政府失敗的刀俎下做成中共奪權的大餅。蘆著中進一步詳列了其他領導人針對毛澤東講話發表的異議。有張國燾對毛的怒斥，說他是「披著共產主義外衣的漢奸」。有任弼時發表的小冊子，他批評劉少奇執行毛的路線是「民族失敗主義」。包括周恩來、朱德和彭德懷在內，這些仍保持職業軍人基本品德的共產黨人都認為中共應通過積極抗戰來提高自己的地位，不可僅為保存實力和避免損失而在全國人民面前做出抗戰不力的事情。至於像王明那樣唯莫斯科之命是從的尚方寶劍揮舞者，在奔赴武漢，竭力與國府合作的事務上更是搞得合拍而中矩，他當時發表的一系列文章為中共的抗日姿態造成了良好的影響。從他們或軍裝或西服與國民黨要員所照的合影中可以看出，在國統區從事抗日工作的共產黨人與延安土窯洞裡的毛澤東形成了明顯的對比，他們好像又回到了北伐前夕的狀態，一派與國民黨精誠合作的氣象。

歷史的虛線正是在這一時刻明滅閃現出熹微的希望。這期間，負責與國府聯絡工作的周恩來一直在暗中努力，為促進兩黨的良性互動做過不少工作。他曾與蔣介石兩次會談，討論過「規範兩黨行動」的協定；更與蔣的專使張沖一直保持著密切的往來。張沖去世後，周恩來曾撰文哀悼，兩方面都焚毀了他們來往的信件。[16]那些化為灰燼的文字中到底討論了多少後來被毛澤東指責為「受招安」的兩黨共識，我們已永遠無從得知。對蔣介石來說，當時國共合作的最大障礙，就是毛澤東其人的存在。踢開了他這塊絆腳石，事態的發展就很可能會出現突破性的光明。如果沒有毛澤東在洛川會議上力主他那個「取內戰形式的民族革命戰爭」立場，如果中共按王明和周恩來的溫和方式與國民黨合作下去，後來也許就不至於發生那麼多的國共摩擦，不會把所謂的「打頑」鬧到讓日軍在一邊觀賞中國人自相殘殺的地步，而中國人民在抗戰中付出的犧牲代價也就不會那麼慘重了。

16 參看陳小雅《中國牛仔》，頁七二〇—七二三。

由此可見，毛澤東的抗戰策略雖為共產黨打天下立下了功勞，卻對中國人民犯下了不可饒恕的罪行。他從來都不憂我們中華亡國，只恐怕他們中共亡黨。因此他一直對中共集團灌輸了他自己獨特的「愛國主義」價值觀，正如蘆笛所說，把他們教育得「不覺得不打日本人是恥辱，卻為中共的迅速壯大心花怒放，倍感偉大領袖的英明正確。」[17]根據蘆著的揭發，一九三九年底，在回答斯諾的新聞採訪時，毛甚至贊成蘇聯採取佔領半個波蘭的方式來說明中共。這就是說，只要能打倒蔣介石國民黨政府和排除英美帝國主義的干涉，讓中共在蘇聯的卵羽下倖存下去，哪怕由蘇聯和日本瓜分中國，中共也會欣然接受。因為那樣做完全符合中共遵循的列寧主義原則。毛這樣冒失吐露玄機的說法立即引起共產國際極度過敏的反應，因為他那一席談話不啻預告了後來的日蘇中立條約。該條約果然在一九四〇年四月十三日正式簽署，蘇方「誓言尊重滿洲國的領土完整和不可侵犯」，日方「誓言尊重蒙古人民共和國的領土完整和不可侵犯」。蘇聯就這樣在背棄中國政府的情況下，與日本達成了骯髒的交易。但對毛澤東來說，這一欺辱中國人民的事件則意味著他所期待的局面終於實現：讓中國的一部分領土從國民黨政府的主權下「解放」出去，從而被無產階級的祖國抓到手中。於是他代表中共發表聲明歡呼說，「這是蘇聯外交政策的又一次偉大勝利。」那是在南京大屠殺之後不久的年月，毛澤東竟如此

[17]《毛澤東用兵真如神？》，頁二九三。

高調歡呼一個贊同日本侵佔東北和蘇聯分割外蒙的條約，其用意之卑劣實在令人髮指！我們完全可以說，此時的毛澤東已從紅色山大王心態轉化為紅色石敬瑭心態了。

提起抗戰時期國共之間的軍事摩擦，幾十年以來，廣大受眾僅熟知震驚中外的皖南事變。所謂「千古奇冤，江南一葉」，在中共的大力宣傳下，蔣介石一直都背著發動反共高潮的黑鍋。只是近年來隨著中共內部不少「自我破解的敘述」吐露出某些不打自招的真相，再加上民間人士歷史意識的逐漸覺醒，新四軍搶佔敵後根據地的行動，還有黃橋事件的實情，這才都通過網路文字和鳳凰衛視的節目進入了公眾的視野。根據廣泛發掘的材料，蘆著詳述了陳毅、粟裕縱隊如何挑起衝突，如何在黃橋圍殲曾在台兒莊勇戰日寇的韓德勤部隊，而後又如何在攻打曹甸時失利，以及葉挺、項英縱隊在不服從中央政府調令的情況下如何遭到殲滅的經過。在他還原歷史真相的敘述中，蘆笛特別點出了共軍如何「效法跟在獅子後面的鬣狗，跟在日本人後面『撿洋撈』，收編被日軍擊潰的國軍，佔領日軍留在戰線後方的廣大地域。」[18]蘆笛用鬣狗的獵食方式比喻共軍的戰術，準確形象之極，可謂入木三分地刻畫出共軍在毛澤東「己所不欲，要施於人」的逆反思維指導下損盡了軍人武德的卑劣行徑。有趣的是，「鬣狗」這個比喻在網路作者周劍岐的博文〈民國軍人抗戰衛國的武德與其兇殘病變〉中也有所提及，[19]且對共

18 同上，頁二八三。

19 見「博訊網站」所載〈周劍岐文集〉（http://blog.boxun.com/hero/zjq）。

軍的「鬣狗性」分析得更加透徹。可見在破解毛共軍事神話的問題上，時至今日，一個「天下英雄所見略同」的局面已在初步形成之中。

按照周文的敘述，一九三七年，國軍在淞滬會戰中挫傷了日軍猖狂侵華的銳氣，振作了全國軍民的抗日精神。緊接著次年打響徐州會戰，中央軍統帥地方軍，匯集了各地方派系的力量，軍令政令的國家化得以初步實現。八路軍改為第十八集團軍，配合支持第二戰區的平型關等戰役，江南紅軍則改編為新四軍，在巢湖一帶配合徐州會戰，後轉入華東游擊。按照一九三八年六月軍委漢口會議的決議，要求敵後作戰緊密配合正面主力作戰，軍令、軍政由戰區統率機關統一運作。一九三七年十二月，王明在中共中央政治局會議上作了題為〈如何繼續全面抗戰與爭取抗戰勝利呢？〉的專題報告，批評了中央洛川會議的方針和政策，提出六大綱領：統一指揮，統一紀律，統一武裝，統一待遇，統一作戰計劃。王明的提議上符合莫斯科的指令，下有利於初步建立的國共和作，他說得有理有節，一時間在高層中占了上風。這情形自然讓毛澤東很不舒服，他立即抓起「右傾投降主義」路線的帽子，向對方扣將過去。

毛在黨內搞路線鬥爭由來已久，從本質上看這一問題，與其說是不同的路線導致了他與其他領導人的對立，不如說總是由他挑起的權力爭奪造就了針鋒相對的路線。人們通常論史或讀史，視野多為「路線鬥爭」的框框所局限，深陷入政治說辭的迷陣，卻很少透過路線鬥爭的棱鏡觀察對立的雙方在人格、氣質和教養上有什麼不同，更未由此不同出發，進而分辨各人所處的價值階序。無論就天生的資質還是就後天的修養而言，人群中不同的個人在能力、氣質和品性上都存在著或多或少的差別，由此構成了或偏高、或偏低的品位之分，從古代的九品論人到今日的考核評級，人群中向來就存在著不容否認的高低優劣之分。在傳統社會各安其位的正常情況下，一個人有什麼能力就幹什麼事情，是何種資質，便遵從其被規定的價值，這就是社會公認的價值階序。但在不正常的情況下，價值階序上品位較低者很可能由於達不到品位較高者的層次而有所怨恨，共產黨所搞的階級鬥爭正好為這種低品位者的怨恨提供了強有力的理論根據，所謂「理論一經掌握群眾，也會變成物質力量」，致使怨恨者的個人情緒也具有了革命鬥爭的崇高性質及其正當理由。這種純個人的怨氣若發生在中共領導人之間，所謂的路線鬥爭——往往包裝上理論——就會被順手製造出來，作為策略來掩蓋那暗含的競爭欲望，以及由此而形成的扭曲的情意狀態。就拿毛澤東其人來說吧，看看他那一身土窯洞的做派，你真要讓他像周恩來和王明那樣去武漢或重慶坐鎮，諒他也撐不起那種幹練的架子，更放心不下他延安的攤子。但心胸狹隘的毛總是不服氣別人出頭露面，於是，那滿肚子窩火的情緒就成了他尋釁找事的酵母。直到一九五六年召開八大預備會議，十幾年前的舊事還讓他耿耿於懷，忍不住在會上抱怨起來。他對大家說：「那時候，一個八路軍，一個新四軍，黨的兩支隊伍，可是不完全是聽指揮的，八路軍有時候冒進，新四軍有時候右傾，王明在長江局呼風喚雨，挾天子以令諸侯，共產國際就是放個屁都是香的，項英腦子裡只有統一戰線，統一戰線高於一切，模糊主義嚴重。少奇同志還是很清醒的，在華中開展了新局面，陳毅、粟裕、譚老闆、張雲逸等同志都是做了大量的工作的，陳毅同志的一些主張和中央保持了一致。」毛澤東為什麼在抱怨一通後又表揚起劉少奇等人呢？那時候他在和長江局的人馬爭風吃醋，要的就是抓緊軍隊的領導權，好貫徹他「己所不欲，要施於人」的路線。因此他派鄧小平到太行山協助劉伯承，派彭真到晉察冀協助聶榮臻，派劉少奇在華中監督陳毅和粟裕。只有派出那些受他支配的黨代表去作監軍，不斷督促部隊在敵後打出占地盤的局面，他窩在窯洞裡揮筆發令，才顯得有事可幹。要是讓武漢或重慶方面的同志把事情做大了，他在延安的運籌帷幄還有什麼出路！總而言之，對黨內那些穿著筆挺的軍裝或西服在媒體的聚光燈下出現的同志，毛始終懷有一言難盡的複雜心情。他不服氣他們在那邊做聯蔣抗日的工作，於是便鑽到窯洞內挑燈疾書，不斷向華北和華中發出搞摩擦的指令。

一九三九年，聽到日軍掃蕩蘇北的消息，毛澤東認為共軍奪取蘇北的大好機會到了。於是他電令「葉飛部隊開返蘇北，在蘇北地區放手發展，在今年內至少擴大二萬人槍，韓德勤部如妨礙我發展，須堅決殲滅之。」正是在毛的一再督促下，粟裕那支打游擊的土共隊伍迅速壯大起來。他們對日軍游而不擊，對國軍則大打運動戰或殲滅戰，發揮「鬣狗戰術」，「打著國府的旗號，跟在日軍後面招降納叛，收編散兵散槍，吞併民眾自衛武裝乃至土匪武裝，組織民眾，建立政權，派捐收稅，建立國中之國。」[20]這情形恰如《沙家浜》中胡傳奎所唱：「亂世英雄起四方，有槍便是草頭王。鉤掛三方來闖蕩：老蔣、鬼子、青紅幫。」這齣樣板戲所唱的就是黃橋事件前後當地武裝力量的生態。現在我們回過頭仔細一看，若把那唱詞改為「鉤掛四方」，再加上個「共產黨」，才更為全面和恰當。在那個戰爭生態學的叢林群落中，正是靠了抗日的大環境總氛圍，在正規軍之外，才自發地催生出一批批在拼命中各討其生活，殺出血路來各壯聲勢的雜牌武裝力量。土共的日漸壯大即來自其間的拚殺、兼併與重組。這裡面不能說沒有各自的抗日業績，但抗日僅為他們的手段，壯大兵力和搶佔地盤才是他們最終的目的。如上所述，共軍靠打劫維持糧草，賴繳獲補給軍需的生存方式時日已久，早就養成了「鬣狗戰術」的習性。粟裕帶領的縱隊更是如此，他們名為新四軍，戴的是國軍軍徽，吃的是國府軍糧，但在毛澤東「打頑」指令唆使下，直到抗戰勝利，卻從未配合國軍打過一場對日軍的硬仗。他們「對國軍只要有任何機會，伏擊、偷襲、攻堅、分化、掠奪人槍資源，從不放過。如鬣狗禿鷹，兇殘獵食，群攻死咬，受殘缺物化主子的精神奴役而不能自主。黃橋、曹甸後，自有孟良崮、碾莊。民國軍人抗戰衛國的武德，從此便籠罩在此惡靈屍腐之下。」[21]

這一「鬣狗行動」最終招致皖南事變，項英、葉挺部受到報復性懲罰，國共抗日統一戰線

20　《毛澤東用兵真如神？》，頁二九〇。

21　引自周劍岐文。

從此公開破裂。那條依稀可見的歷史虛線隨之磨滅，國家在抗戰勝利不久便捲入了內戰。共軍雖在內戰中贏得勝利，卻敗壞了他們自身的武德。就共軍與國家的關係而言，在中華民族最危險的時候，毛澤東為其一黨之利益，破壞抗日，所作所為有違民族大義，這本身便是共軍難以洗刷的恥辱。眾所周知，中文這「武」字一直號稱「止戈曰武」，抗戰的宗旨就是打敗侵略者，終止世界大戰，實現中華民國的和平建國綱領。但毛澤東領導的武裝鬥爭卻把國共兩黨拖入血腥的內戰，直到今天，海峽兩岸仍未結束軍事對峙的狀態。就共軍內部而言，自朱德帶領從國民革命軍中分化出來的隊伍到井岡山與毛澤東部會合，就一直存在著職業軍人的武德意識與毛澤東土共作風或多或少的衝突。比較而言，葉挺、項英帶領的正牌新四軍在執行毛、劉來電指令上便與陳毅、粟裕所率土共游擊隊配合較密切的做法有所不同，前者多少顧及抗日合作的大計，故受到毛澤東的指責和後來那近乎迫害性的誤導，後者則被逼得如鬣狗般撕咬浴血抗日的國軍，最終落了個自殘的下場。

六

根據蘆著所列毛澤東的指令、講話及中共的種種舉動，我們可以看出，得知蘇軍要出兵東北，抗戰勝利在望，毛隨即下令全黨佈置軍力，做好了搶佔地盤，迫日繳械，部署內線戰場的準備。毛一面準備打內戰，一面擺出自衛的姿態，在他的主使下，共軍以反內戰的姿態跳出來挑起內戰，正如他曾經以促蔣抗日的面貌出現，唆使共軍做盡了消極抗日的壞事。不巧的是，一九四五年八月二十日，史達林打電報給中共，指示他們「不要反對蔣介石，說如果打內戰，民族就有毀滅的危險。」作為一個外國人，史達林現在何以表現得比毛澤東都更關心中華民族的存亡問題呢？就毛不惜打一場內戰的蠢動而言，毛的缺乏國家民族關懷是顯而易見的，但史達林的關懷卻另有其毛未必領悟的原因。一九四五年七月八日，蘇聯與國府在莫斯科簽訂「中蘇友好同盟條約」，為了在外蒙古、長春鐵路和大連、旅順港的問題上求得國府讓步，蘇聯承諾支持國民黨一個中央政府、一支統一軍隊的主張，並表態不支持中共聯合政府的綱領。之所以很快就電令中共屈從蔣介石，當然是從蘇聯的國家利益出發，中共這個共產國際支部的利益只能處於從屬的地位，至於對中華民族的存亡問題，自然談不上會有多麼真切的關懷。史達林在關鍵時刻給毛潑了冷水，這同樣使他耿耿於懷，後來他便拿史達林此舉作為「整他」的實例，抱怨斯「不相信中國革命的力量」，並把斯比成不許阿Q革命的趙太爺。由此可以想見，毛澤東被迫到重慶與蔣介石和談時，他心裡曾如何窩火。儘管如此，面對國共雙方軍事實力及其他情況的對比，重慶和談時的毛澤東和中共高層顯然並無打一場勝仗的把握。對他們來說，企圖武力奪權是一回事，能否打一場必勝的內戰又是另一回事。在那個邊打邊談的時刻，他們搶佔地盤，插手去摘桃子，更多的是為了增加共軍在談判桌上的籌碼。毛在一九四三年給彭德懷的電訊中曾說過：「蔣在抗戰中有功勞，同時人民心理厭惡戰爭，故我們應爭取在抗戰後與國民黨建立和平局面，在民主民生上做文章，……到適當時機，我準備出去見蔣，以期談判成功。」[22]可見隨著形勢的變化，即使在毛澤東左右搖擺的意念中，那條歷史的虛線也曾明滅閃現，觸動過他被迫作良性互動的意念。中國之命運並非完全沒有在國共和解的局面下走向民主共和的可能。然而靠「黨指揮槍」的原則攀上統帥高位的毛澤東深知，他個人的權力以及中共的勢力全都基於他們擁有的武力，因此他所謂的「在民主民生上做文章」，只不過在口頭上講講，而且更多地是針對國民黨的一黨專制講的，他們共產黨人才不會為民主的承諾而交出自己的武力呢。所以在和談中毛始終堅持保住共軍作為黨軍的底線，而且企圖把他們的解放區作為國中之國維持下去，結果使國共和談的進展陷入了僵局。

關於中華武德，古代的軍事典籍闡述得十分清楚。《孫子兵法》說：「兵者，國之大事，死生之地，存亡之道，不可不察也。」《孫臏兵法》更強調，「戰而無義，天下無能以固且強者。」還說：「樂兵者亡，而利勝者辱，兵非所樂也，而勝非所利也。」更強調，「惡戰者，兵之王器也。」（不好戰，是軍事上的最高原則。）不幸一直在惡性互動中的國共雙方均缺乏「惡戰」意識，高層一邊在談判桌上討價還價，地方上的部隊一邊在不自覺地製造摩擦，隨著

---

[22] 《毛澤東用兵真如神？》，頁三七七。

摩擦越來越厲害，最後從上到下都捲入了「樂兵」和「利勝」的漩渦。特別是共軍，從創建到壯大，一路走過來，都是趨向「樂兵」和「利勝」的路線。

關於內戰獲勝的軍事神話，有一個到處傳播的說法，就是讚揚解放軍靠「小米加步槍」打敗了美式裝備的國軍。據盧著的揭發，蘇聯紅軍出兵東北，固然在迅速打敗日軍的事情上幫了中國的大忙，但從中得利的並不是國府，而是中共。蘇軍在攻克東北後大肆搶劫，拆卸有價值的機械設備運往蘇聯，霸佔中東鐵路，妨礙國府的接收工作，甚至殺害中央派去的接收官員。蘇軍的暴行一時間激起民間的反蘇情緒，招致英美的抗議，蘇聯控制東北經濟的企圖一時間受挫，最終導致中蘇關係的惡化。蘇聯的對華政策於是急劇轉向，莫斯科完全背棄了簽約時在政治立場上的承諾，對於中共挑起內戰的舉動，蘇方從史達林原來一再限制的態度轉為撒手放縱，進而公開支持。在被迫撤軍之時，蘇軍不但把長春、哈爾濱及中東全線移交給共軍佔領，而且打開日軍的武器庫把大量的槍炮彈藥，甚至坦克、飛機，都轉手給共軍。盧著中詳列出共軍從蘇軍手中獲得的武器裝備和其它戰略物資，基於這些資料，蘆笛明確指出，「到了四八年，共軍的火力已壓倒了國軍。」[23]國軍的美式裝備其實僅限於個別部隊，而此時在東北的共軍已全面日式，甚至蘇式裝備了。毛澤東早在長征途中就企盼「接通蘇聯」後獲得其飛機大炮

[23] 同上，頁四〇八。

好打敗老蔣的夢想終於在一九四八年的東北得以實現。共軍若未能在蘇聯的幫助下搶先進入東北，或在進入東北後沒得到優勢的武器裝備，就靠毛澤東在西柏坡那被吹噓得神乎其神的指揮，絕對打不勝遼沈戰役。

一九四六年五月，國軍攻佔長春，驅趕得林彪部隊向松花江以北撤退。蘇聯駐華外交官向美國駐華外交官發出警告，美國政府害怕在援華事務上與蘇聯發生衝突，硬是向蔣介石施加和談的壓力，致使國軍在攻佔四平後停戰待命，讓本可以一舉殲滅的林彪部隊得到了整編後捲土重來的機會。蘆著特別強調了這一場大戰受國內外形勢陰差陽錯變化的影響而出現的種種隨機性情況。他反復論證說，正是這些有利的因素助長了共軍的優勢，使共軍奪得先機。所謂的歷史必然性和民心之所向，那都是共軍獲勝後自我神化的說辭，是黨史編寫者奉旨宣傳，對既成事實作合理化的追認罷了。蘆著從中共當年的電報稿和黨內檔中搜集出大量的證據，以無可辯駁的實例讓我們看到，是眾多的隨機性情況使共軍巧鑽空子，打了幾次險勝的戰役，那既不是毛澤東「用兵如神」的結果，也與所謂的歷史必然性無關。

蘆著還進一步告訴我們，中共能打勝內戰，不但不是毛澤東「用兵如神」的功勞，恰恰相反，是眾多指戰員各自為戰，相機處事，在不同程度上對毛的瞎指揮打了折扣，甚或反其道而行之的結果。就拿東北戰場上的戰事來說吧，毛一開始就催促共軍佔領大城市，妄圖一舉控制東北全境，率先在那個比鄰無產階級祖國的地方建立其獨立王國。後來事態的發展證明，毛的決定完全錯誤。反而是劉少奇趁毛病倒之機，電令初入東北的共軍不要急於佔領大城市，要分兵到廣大的鄉村發動群眾，清剿土匪，實行土改，建立鞏固根據地，維持縱深的戰略後方。正因劉作了如此詳密而具體的安排，才為後來共軍的取勝打下良好的基礎。然而毛澤東並沒有放棄他讓共軍死守四平，佔據長春和哈爾濱的奢想，結果導致了東北戰場初期的大潰敗。若無美國插手促和談，害得國軍中途停戰，共軍敗績的罪責，毛大概是想甩也甩不掉了。

毛澤東指揮打仗最缺德的一點就是他自己「下定決心」要打，指令別人「不怕犧牲」去戰的一貫做法。他的「樂戰」－「利勝」心每每使共軍將士付出傷亡慘重的代價。就像後來搞政治運動，事先就定下殺多少人抓多少人的指標，毛澤東下達戰鬥命令，竟也給指戰員規定具體的傷亡人數。比如在一九四六年四月六日，他下令林彪在四平、本溪與國軍決戰，便明確開出傷亡許可證，指令林彪「必須準備數萬人傷亡，要決心付出此代價，才能打得出新局面。」[24]結果四平沒守住，共軍傷亡達五萬人之多，明顯已超出毛所下達的指標。後來林彪部隊攻陷錦州，粟裕的華野打豫南戰役（中原會戰）和圍殲黃百韜、黃維兵團，均以此付出大量傷亡的人海戰術攻堅奪勝。據戰爭的親歷者所描述，那是倒下一批，又接著撲上來一批的衝鋒，其勢如波濤洶湧，活人踏著死人前進，讓持續掃射的國軍機槍手面對屍體盈野，血流成河的現場而感

24 同上，頁四三九。

到噁心和害怕。據一篇有關「中原會戰」的回憶記載，在一次共軍的攻堅戰結束後，國軍在陣地前的屍體堆中發現了一種奇怪的「裝備」，那是一條長約三尺的痲繩，一端縛在屍體的腳上，另一端則壓在束腰的皮帶之下，還結了一個繩圈。[25]顯而易見，做這樣的裝備，就是戰死後供他人拖回屍體而用的。由此可見，繫繩的戰士早在衝鋒之前已被毛澤東的大筆批入他下達的「死亡指標」。毛曾有一聯詩曰：「為有犧牲多壯志，敢教日月換新天。」讀到如此革命浪漫主義的詩句，誰又能從那豪言壯語中讀出千百萬被斷送到「死亡指標」中的生命呢？[26]

25 見東方綠〈記國共內戰期間的「中原會戰」之役〉（http://adfxtl.blog.hexun.com.tw/7732124_d.html）。

26 張贛萍在〈硬戰——交警二總隊與中原會戰〉一文中有以下的記載：

共軍對我們的攻擊，即是秉從以上兩個要點，完全用「人海」來抵制我們的「火海」。除了行破壞性與制壓性的火力戰之外，他們在衝鋒的時候，很少用槍，所用的是脅從而來的「民兵」，也可能根本是老百姓的性命，把炸藥捆縛在人身上，空著手撲到我們陣地前來，使人身與炸藥一起開花，炸破我們的伏地碉，機槍掩體；再驅使成羣成陣的人，作波浪式的衝鋒，死了一批又來一批，用屍體填滿外壕，用肉體堵塞槍眼，而為他們的正式部隊「鋪路」。這，就是舉世知名，駭人聽聞，慘絕人寰的「人海戰」！

在「中原會戰」中，中共對我們防守陣地的攻擊，把「人海戰」發揮到了極限的一次，即是調來劉長勝的「攻堅縱隊」，向我軍發動猛攻的第六天晚上，他們在炮火的掩護下，以排山倒海的人命，向我陣地作波浪式的沖撲，真是前仆後繼，鑽進到我們火網裏面來。外壕他們是躍不過的，起初，用人抬著綁接的木板樓梯，想倒放在外壕上面，作為衝鋒的橋樑；但他們的人，尚未接近到外壕便倒下去了。以後他們改變辦法，以人命來填壕溝，被我們射倒一批在外壕裏，又衝上第二批，第三批，……這樣，一直把一條約有二十公呎乘二十呎闊度與深度，長達約一千公呎的外壕，填滿了好幾處屍體；屍體堆積高與壕齊，然後便以屍體做橋樑，再以「人海戰」，撲近我們的陣地。照中共所表揚的「典型人物」與「英勇故事」。這些數以百計的「捨命填溝壕」的但毛澤東對他自己的及其中央領導的生命還是很珍惜的，對比以上所引張國燾回憶錄的片段，即可說明這一事實。毛在長征途中的會議上要求四方面軍「掩護中共中央和多數幹部安全到達寧夏地區」，而且公然說，「如果在寧夏再不能立足，至少中共中央和一部分幹部，也可以坐汽車通過沙漠到外蒙古去，留下這些革命種子，將來還可以再起。」他沒有提說那些被撇下來作掩護的四方面軍將士如何安排。如果他們不屬於毛要留下的「革命種子」，那就只可能就地拼命，全部填充他那「死亡指標」所規定的數字了。

人，都應該算是「英勇故事」中的「典型人物」。

但這是一些什麼人呢？他們不是共產黨員，也不是「三野」的戰鬥兵，而是連軍服都沒有穿，身無槍械，手無寸鐵的老百姓；也是中共高唱要「解放做主人」的真正農民。他們是受了「毛澤東思想」武裝起來，而甘為「人民解放戰爭」拚命的嗎？不是，決不是，因為事後我們見到的，是用一根繩索，串綁著十個八個人的左手，一起倒臥壕內或地面；我們還在現場檢查出中共的「罪證」，有若干人的子彈傷痕，是從身體後面打進去的。這說明一點。中共除了脅迫他們這些善良的農民，作為「人海戰」的前驅犧牲品之外，還在他們的後面架起機槍，迫使他們有進無退，有死無生。為著要達到以人命填滿外壕的目的，把這班善良的農民，驅使到戰場上來，「背腹受創」而後「前後夾擊」，這是我目擊的事實，也是中共草菅人命的最大罪惡！

見博訊網站，「析世鑒」（http://news.boxun.com/forum/zwkl/136.shtml）。

七

蘆著還以大量的實例讓我們看到，毛澤東在行軍或作戰中很少積極策應友軍，但他卻常以中央的名義發令，隨意調遣部隊策應他和他所在的中央。早在長征途中，由於與張國燾草地鬧分裂，他私自決定，率中央機關和他的一方面軍潛逃北上，把四方面軍大批人馬撇在南邊，好吸引蔣介石派重兵圍剿，而他帶領的小股紅軍則得以乘隙在陝北落腳，有了喘息的機會。後來他又讓西路軍在河西走廊一帶出沒，再次誘國軍西行堵截，減輕了寧夏戰役失敗後河東紅軍的壓力。

內戰打響後，毛澤東把他這種為自保而隨意調遣部隊的故技運用到顧頭不顧尾的地步。一九四七年三月，胡宗南部進攻延安後，毛澤東及其中央機關開始了山溝中亂鑽的逃竄，直至次年三月二十一日東渡黃河，他們一直都處於不斷轉移的狀態。在國軍的全面進攻下，當時的陝北赤地千里，人口銳減，部隊的補給困難，無論就毛澤東及其中央機關的安全而言，還是就部隊的生存條件而言，情況都十分危急，頗有些當年蘇區受到四面圍剿的狀況。正是在此一快要撐不下去的時刻，毛澤東構想出蘆笛稱之為「外線病」的進攻性戰略。七月間，胡宗南屬下劉戡部已逼近毛及中央機關暫住的小河村一帶，迫使他們在八月一日作遠距離轉移，向西北野戰軍總部所在地佳縣倉惶逃去。七月二十九日，鄧小平收到毛澤東發來的一封密電。據毛毛寫她父親的那本書所述，鄧讀完那封電報，立即焚毀，後來曾對她解釋說，「毛主席的電報很簡單，就是『陝北情況很為困難』……」毛毛進而指明，「劉鄧打過黃河，一是實現戰略反攻，一是吸引和殲滅敵人，更主要的是要減輕陝北、中央和毛主席的困難處境。」[27]盧著中引用了該密電原文：

現陝北情況甚為困難（已面告陳賡），如陳謝及劉鄧不能在兩個月內以自己有效行動調動胡軍一部，協助陝北打開局面，致陝北不能支持，則兩個月後胡軍主力可能東調，你們困難亦將增加。[28]

鄧小平接到電報後二話沒說，很快就率劉鄧大軍從魯西南長途跋涉，進軍大別山區，去建立毛澤東構想的根據地。劉鄧大軍的南下果然吸引國軍二十多個旅向南尾隨追擊，其中就有西安綏靖署從陝北抽調的部隊。應該說，劉鄧大軍向大別山挺進，在一定的程度上確實緩解了陝北的

27 鄧榕《我的父親鄧小平》（台北，地球出版社，一九九三年），頁五〇〇。
28 《毛澤東用兵真如神？》，頁四七〇。

壓力。[29]但劉鄧大軍在此過程中卻損失慘重，據蘆著的描述，他們勞師遠征，不但沒建立起大別山根據地，反而一路上丟棄重型武器，以出征時十二萬多人之眾的大軍，到次年三月被迫撤出大別山區為止，竟減員到不足六萬人的程度。這就是毛澤東私心自用，擅自命他方部隊策應己方的結果。

對毛澤東這種「外線病」戰略，蘆笛的批評特別突出了毛好大喜功，企圖出奇制勝的一面，將毛的此類胡來描述為一種浪漫和冒險的風格，但對毛那些大肆張揚的浮誇之詞背後色厲內荏的一面，卻缺乏應有的剖析。其實，毛那些誇誇其談的陳述是與他迂回周旋，近乎逃逸的作戰慣性相為表裡的。應該看到，他催促別人去冒險的戰略多是他自己處境窘迫時謀劃出來的，不過是一時緊張中大放的厥詞，拿著雞毛當令箭，讀起來動聽而已。對劉鄧大軍所下的命令尤其如此。當時毛對內戰獲勝的前景尚持比較保守的估計，他準備用五年時間與蔣介石逐鹿中原，所以他那個「戰略進攻」的佈局未免鋪展過大，對他和中央機關在陝北的困境，頗有遠水不解近渴之嫌。那就是他在《解放戰爭第二年的戰略方針》電令中所作的佈局，「進行全國性的反攻，即以主力打到外線去，將戰爭引向國民黨區域，在外線大量殲敵，徹底破壞國民黨將戰爭繼續引向解放區、進一步破壞和消耗解放區的人物力、使我不能持久的反革命戰略方

[29] 參看張憲文等《中華民國史》，第四卷（南京：南京大學出版社，二〇〇五年），頁二〇二—二〇三。

針。」[30]等到他和中央機關渡河進入晉察冀一帶，更要把來自京津的威脅疏解到中原，把中原國軍的重兵引離到江南，以免共軍在國軍各路兵力的鉗制下遭到圍殲。這就是所謂「變江南為中原，變中原為華北」的戰略進攻之實質，其貌似反攻性的遠徙不無遁去的成分。在解放軍的兵力已經壯大的情況下，毛似乎還想發揮當年「打圈圈」的戰術，作聲東擊西的突破。他那種大膽，是把別人指派到遠處去冒險的大膽，等回到近在他身邊的情況，他又謹慎得有點膽小。也就是在這一形勢下，本來在山東打內線戰打得蠻好的華野部隊被電令渡江南下，去蔣占區另辟根據地。早在一九四七年九月三日給粟裕的電文中，毛就指令粟裕放棄後方，仍然像抗戰時那樣從敵軍、敵區獲取糧食、彈藥等補給，甚至讓粟裕的部隊「準備在連續作戰之後縮編部隊，準備打得剩下三千人、四千人一個旅，」甚至叫他們「重炮不要帶去」，更要禁絕他們「怕犧牲，怕吃苦，要帶大部隊，要求大休息，每日叫苦連天等等錯誤思想。」[31]他一如既往，硬給指戰員下達「死亡指標」。

但粟裕不像鄧小平那樣聽話，他一拖再拖，最後迫不得已，只好硬著頭皮向毛上書直陳己見，講明南渡的種種不利因素，提出了華野與劉鄧、陳謝聯合作戰，在中原與國軍來一場大決戰的正確戰略。毛接受了粟裕的建議。大概是為防止毛在戰役打響後又趁著發電令大做文章，

30 《毛澤東軍事文集》，第四卷（北京：中央文獻出版社，一九九三年），頁二二六—二二七。
31 同上，頁二三六。

造成干擾，一九四八年十月三十一日，粟裕更電致中央說：「此次戰役規模很大，請陳軍長、鄧政委統一指揮。」粟裕的意思很明確，就是要落實野戰軍將領在前線指揮打仗的主動權。當時那一觸即發的戰情迫使毛立即致電陳、鄧說，「具體攻擊任務，由你們按當面情況臨機決定。」[32]粟裕最終獲得了他相機行動的大權。回到當時前線上各自為戰的實際情況中，我們便可以看出，毛澤東及其軍委多是在發揮協調的作用而已，來自前線指揮的建議則作為主要的補充，隨時在修改和糾正著軍委的計劃。至於後來描述內戰的電影中不時插入毛主席千里外指揮若定的那些畫面，全都是導演所玩的老套，不過以一閃而過的鏡頭在銀幕上來幾個渲染性的亮點罷了。

粟裕從前在黃橋一帶玩「鬣狗戰術」，是因為兵員很少，武器太差，只好跟在鬼子後面「撿洋撈」，趁機對國軍搞一些伏擊偷襲的行動。如今他麾下的縱隊遠比當年壯大，裝備也大大改善，已擁有大炮坦克武裝的特種縱隊。他們的「鬣狗戰術」於是隨之有所升級：那不再是吃腐屍般的零星偷襲，而是集中優勢兵力，將受堵截或被沖散而陷於孤立的國軍大兵團團團圍住，以密集的火力和猛烈的硬攻一舉殲滅。所謂「吃一個，夾一個，看一個」的打法，硬是將毛澤東擔心的「一鍋夾生飯」「一口、一口地吃下去了」。這位既非井岡山出身，也未經過長征考驗的年輕司令具有頑強的鬣狗性，打了十幾年游擊，已磨練成一員驍將。如今，他正好在

[32] 參看金沖及主編《毛澤東傳，1893–1949》（北京：中央文獻出版社），頁八八六。

最利於他發揮將才的時勢下脫穎而出，踴躍擔負起領銜中原戰局的重任。在塵埃落定的今日回顧當年，我們完全可以說，淮海戰役（徐蚌會戰）前後，若沒有粟裕那支鬣狗隊伍投入戰鬥，若不是粟裕大膽抵制了毛澤東讓他南渡的指令，國共相爭的結局很可能就是另一種情況了。因此蘆笛堅持認為，「粟裕敦促毛澤東作出這一戰略思想的根本改變，才是中共奪權戰爭的轉捩點，在歷史的關鍵時刻，他替毛撥正船頭，指引航向，使得革命從困境走向勝利。他才是比毛更稱職、更有眼光的戰略家，儘管他提出的也只不過是常識而已。」[33]

八

共軍打勝淮海戰役尚有多種隨機因素，限於篇幅，難以在此詳述。總的來說，那是共軍全體指戰員拼命戰鬥，廣大民眾大力支援的結果，他們以各種方式付出的犧牲絕不是毛那個「用兵如神」的光環涵蓋得了的。陳毅說過，「淮海戰役勝利，是靠千千萬的獨輪車打的！」陳毅此話怎講呢？據中共公佈的資料，這次戰役中，中共動員的民工多達五百萬人次，籌集的糧食有九・六億斤。「被動員的人，有推著獨輪車來的，有趕著牲口馱載來的，也有背負著米糧、

33 《毛澤東用兵真如神？》，頁四九〇。

抬著擔架徒步來的；其中又以青壯為主，正好當作補充兵來源。共軍在遭到重大傷亡之後，很快就能全額補充，來源正是這些被裹挾的青年。」[34]中共集團和迷信「人民戰爭勝利萬歲」的國人盡可以誇耀共產黨比國民黨更得民心，更有能力組織和動員群眾。但需要進一步追問的是：如此眾多的人力到底是如何動員起來的？大量的糧食又以什麼手段籌集？真要尋根究底，去再現當時的實情，恐怕就不是電影畫面上宣揚的那麼喜氣洋洋，那麼熱火朝天，更與所謂「民心所向」的大話大相徑庭了。古今中外，還從沒見過哪個武力集團把自己的後勤事務像中共這樣大規模強加在平民頭上，從窮鄉僻壤榨取了如此龐大的人力物力資源。作為解放區的軍事割據政權，中共集團任其一黨的軍事行動全面侵入民眾的生活，把整個社會拖入了他們點起的戰火，這種擾民行為和軍事化行政舉措本身就是對中華武德的敗壞。可悲的是，歷史後來竟和中國人開了一個不幸的玩笑：正因靠此一軍事動員方式打了勝仗，毛澤東緊接著將其運用於奪權後的經濟建設，從大躍進中大煉鋼鐵的鬧劇，到人民公社化以及「農業學大寨」的苦幹蠻幹，都堪稱內戰中後方動員模式在和平建設時期的翻版。對於曾付出過人力、物力和生命代價的中國農民來說，最有苦難言的諷刺乃是，他們的奉獻和犧牲換來的並不是自由民主的幸福生活，而是公社化過程中遭受的掠奪和奴役，是幾千萬人活活餓死的回報。

[34] 周明、王逸之《徐蚌會戰》（台北：知兵堂出版社，二〇〇八年），頁十二。

從華野在碾莊圍殲黃百韜兵團，到中野在雙堆集圍殲黃維兵團，直到淮海戰場上各處發生的激戰，共軍的最終勝利均付出了傷亡慘重的代價獲。毛澤東的「雄才大略」一如既往，仍在他下達的「死亡指標」上耍盡了威風。一九四八年十一月十四日，華野圍攻碾莊的第三天，由於國軍嚴陣以待，火力異常兇猛，共軍自身傷亡極大，向前推進緩慢。毛澤東來電督戰，向前線諸指揮和地方黨組織發令：「目前數日內必須集中精力，徹底解決黃兵團全部及宿蚌段敵人。……此戰役為我南線空間大戰役，時間可能要打兩個月左右，傷亡可能在十萬以上，彈藥、民工需要極巨，請華東局、中原局用全力組織支援工作。」[35]毛支出的人命預算著實充足，據淮海戰役結束後公佈的統計數字，共軍在該戰中傷亡數字不多不少，正好上了十萬，共計十二萬四千七百七十二人，另有一萬一千七百五十二人失蹤；國軍的傷亡數字則更大，達十七萬一千一百五十一人之多。[36]毛澤東不只是一位傑出的倖存軍事家，也堪稱為大手筆的死亡軍事家。無論是對敵方或我方，對軍人或平民，他向來都持不吝犧牲其生命的態度，一律作視死如歸的處理。正因在武力奪權的歲月中慣於用高額的「死亡指標」屢獲全勝，後來搞經濟建設，他也採取了類似打仗的「死人戰略」。大躍進中，他對高層講，「鋼鐵、銅、鋁、煤炭、運輸、加工工業、化學工業、需要人很多，這樣一來，我看搞起來，中國非死一半人不可，不

35 《毛澤東軍事文集》，第五卷，頁二一五—二一六。
36 參看《徐蚌會戰》，頁二三七。

死一半也要三分之一或者十分之一，死五千萬。」[37]毛這種動輒拿人命換取財富和繁榮的經濟學在改革開放以來更是被運用得變本加厲，惡貫滿盈：看一看頻頻發生的礦難中死於非命的民工，暴力拆遷中被逼死打死的冤主，各種偽劣食品害死的消費者，還有大面積環境汙染造成的疾病死亡，中共武力奪權的勝利以及毛澤東的「死亡觀」在今日造成的惡果已嚴重地危及中華民族整體的生存。

更為恐怖的是，毛在世之日，一直沒放棄挑戰帝國主義，不惜打一場世界大戰的準備。一九五七年在莫斯科開會，他竟在蘇聯領導人面前拿中國人的生命許下巨額的「死亡賭注」，揚言為世界革命的勝利而準備犧牲三億中國人的生命。毛的狂言一直鼓舞著大量的毛粉絲所謂「中國人死都不怕」的好戰狂熱。幾年前，解放軍中有個名叫朱成虎的少將，竟然在公開的講演中叫囂說，不惜毀滅西安以東的所有城市，與美國打一場核戰。這樣看來，我們現今在此討論破解毛共軍事神話的問題，就不只是在做一種辨析真偽，訂正史實的純史學工作了，更不能只滿足於比較共軍將領與毛澤東軍事才能的優劣。我們還要進一步正本清源，深入解剖毛式軍事動員以及毛本人的低智慧劣品質如何敗壞了傳統的武德，如何把現代中國的軍事建制導向了黨化武裝的歧途，如何在全國全民的範圍內造成了崇尚暴力和賤視人命的缺德現象。

---

37 參看張戎《毛澤東：鮮為人知的故事》（香港：開放出版社，二〇〇六年），頁三八三。

九

評論某些被過分誇張的大人物，我贊成孟子「必藐之，勿視其巍巍然」的態度。對毛澤東其人，直到今日，無論是讚揚者還是指斥者，還都習慣從仰視的角度出發，讓他那龐然大物的塑像蓋住了個人的眼界。蘆笛最令人耳目一新的是他敢於從俯視的角度出發，從毛「巍巍然」的巨像下看出了他那卑劣的「小」。其實早在近二十年前，余英時在其〈打天下的光棍〉一文中就採取了類似的角度，就對毛澤東卑劣的「小」有所揭示。[38]在該文中，他開宗明義，即坦誠宣佈他那俯視的角度源於他對毛這種秦始皇加史達林式的人物懷有牢不可破的成見。由於當時可能掌握的真實史料還十分有限，因而他同時也承認自己筆下的毛不可能十分「客觀」。儘管如此，作為史學家的余英時仍盡量採取一種歷史觀點的透視，就他所掌握的有限史料，為我們草草勾畫出毛那種集各種「邊緣」人之大成的半瓶子醋光棍形象。蘆笛在余英時曾有所抱憾的「客觀」上可謂邁進了一步。近二十年來，中共所篡改的、偽造的和掩蓋的歷史冰山已趨於崩塌，從黨內「自我破解的敘述」到民間四面楚歌的揭發，已為蘆笛之類的作者提供了大量有

[38] 見余著《歷史人物與文化危機》（台北：東大圖書公司，一九九五年），頁四十三－六十二。

利於更加客觀地評說毛澤東的文獻材料。如上所述，蘆笛耗數年之力，窮搜中共官方公佈的大量資料，終於以大量不可否認的事實和例證揭露出毛澤東私心自用，計拙而無能的一面，為我們深入解構毛共神話的工作做出了良好的開端。

我國傳統史論一直以秉筆直書的客觀主義標準衡量治史者的史德，章學誠倡言「盡其天而不益以人」，以及梁啟超主張「鑒空衡平」的史家道德，基本上都偏重治史者個人的修養，強調了他們史識中所含的史德成分對治史的重要性。然而治史這項工作絕非為史而史，在傳統社會中，史的書寫和閱讀一直都起到揚善抑惡、廣德明志的作用。與章梁之偏重端正史家心術，更強調客觀的重要性不同，柳詒徵則更強調「史」為道德的緣起，他視治史為手段，將明德和畜德奉為終極目標。中共的黨史化敘述完全顛覆了傳統的史德，通過官方的教科書和各種形式的宣傳性製作，把歷史的敘述扭曲為頌揚暴力、殘忍和狡詐的教材。這種存劣汰優的反文化洗腦所造成的毒害是無孔不入，大規模殺傷世道人心的。六十多年來，史德的敗壞已導致了中華民德的極度衰微。在今日的中國和海外華人世界，乃至西方漢學界，還有眾多的群體和個人迷信毛共軍事神話，崇拜頌揚毛澤東的功績，面對這一令人氣餒的局面，竊以為，柳詒徵史德論述所強調的主觀性更值得我們重視。所以，就今日治史者撥亂反正的方向而言，我們從俯視角度破解毛共神話的出發點就成了一種必需強力驅動的矯枉性趨勢，這樣的「主觀」或「成見」正是返回客觀真實的一個強勢的動力，就像火箭要飛向太空，必須增之以擺脫地球引力的加速度不可。所以，余英時牢不可破的成見和盧笛對此成見的大力堅持，以及盧在他這本大書中力求客觀而做的實證工作，都是值得讚賞的，也是筆者撰寫此文，急起直追，努力去推進和擴展的大方向。

二〇一二年元月三十一日

毛澤東的假面舞會

中國歷史上秉筆直書的良史儘管代不乏人，但「為尊者諱」的流弊一直都居於主流。流弊到中共的「偉光正」話語體系，更是變本加厲，凡涉及到黨和國家領導人的生平經歷，官方文字總是傾向於曲筆隱惡和一味溢美。即使在毛澤東早已走下神壇的今日，毛的家臣——從警衛護士到侍妾陪讀——回憶起他們的「先帝」，仍竭力為毛早已黯淡下去的領袖光環增補些溫情可親的色彩，把他描繪成一個平易近人和善待下屬的主子。只有受過西方教育的李志綏醫生還能保持西諺所謂「僕人眼中無偉人」的率真和膽識，在他這本出國後才有可能書寫和出版的回憶錄中（李志綏：《毛澤東私人醫生回憶錄》，時報文化，一九九四年），李醫生不只暴露了毛澤東的土皇帝嘴臉以及其他家臣閉口不談的「中冓之言」，而且真誠詳盡地講述了他自己如何一步步陷入中南海這個現代宮廷，多年來難以從中逃脫的御醫生涯。

在外界看來，做主席的私人醫生，那時候顯然是可豔羨的榮幸，但對身處其中的李醫生來說，卻是他今生今世不幸的宿命。李的祖上曾世代在滿清的宮中行醫，其中一位臨終前還特別吩咐：不要讓後代再做御醫。然而學了西醫又遠在澳洲的李志綏最終還是步了祖輩的後塵。與

「一組」其他的根紅苗正者相比，李醫生的「出身問題」最多，然而也許正是看中他留洋歸來的含金量，又身為前清御醫的後代，毛澤東才特意把他選到了自己身邊。毛就是這樣的人：他最反對和不許別人去做的事情，往往正是他最愛做和獨自享有的事情。他張口閉口反對封建專制，實際上他比誰都更封建專制。他整天號召全黨全軍全民去抓階級敵人，他本人就是黨內不折不扣的頭號階級敵人。他一面在公開場合大唱革命高調，一面則在私下裡四處散布從舊書和農民口中學來的黑話。我們完全有理由認為，既然毛澤東內心深藏以帝王自居的想法，他就很有可能相信，用一個當年皇廷御醫的後代做他的私人醫生，對他的「龍體」當會大有好處。

李醫生在中南海的二十多年，過的是為各色無聊瑣事而糟蹋和耗竭他從醫事業的生活。他身為醫生，卻常被拖入侍從的事務，與「一組」其他成員為毛的某一奇思怪想或江青的古怪脾氣而奔走忙碌。幹所有那些屁事，名義上均被認為在從事崇高的革命事業，包括葉子龍、康生等人為滿足毛的淫欲去做拉皮條的勾當，都可以說是在為黨服務。李醫生告訴我們，毛在提到自己時，常常不說「我」，而是「黨」。「黨」這個名義從毛身上向下向外擴散開去，成了千千萬萬大小黨棍的冠冕或人稱代詞。李醫生被耗竭的一生具有典型的代表性，讀了他在毛身邊做護理工作的一生經歷，我們也可以聯想到很多知識分子為共產黨及其革命事業賣力兼賣命的艱辛和徒勞。他們當初參加革命工作，多懷有真誠的理想，到頭來才發現自己的勤懇奉獻全都是為各級黨棍的長官意志所做的奴僕性服務。如果你面對的是異族的壓迫，是明目張膽的暴政，你還有挺胸反抗的衝動和理由。現在你面對的卻是自稱為人民辦事的政府，而且常常是在好像要為人民辦好事的情況下幹了壞事，是因為他們普遍的無知和盲目，才給國家造成損失，給民眾帶來了災難。正因為這群毫無現代專業知識技能的大小官員憑著他們老革命的資本占據了從中央到地方的權位，無知竟成了革命者最革命的本質，而同這種無知作鬥爭的有識之士反被打成反革命，被煞不住車的革命狂熱推向中國的卡桑德拉大橋。

毛澤東常喜歡說：「徹底的唯物主義者是無所畏懼的。」這句話確實表現了他的「無法無天」的一面，也就是他自稱的「不信邪」的一面。但通觀李醫生此書中毛的種種言行，你可以明顯看出，毛這位唯物主義者其實是十分唯心和缺乏實事求是的底氣的。因為他最畏懼的就是事實和真相。可以說，中共政府的整個運作之一大部分，都用在了掩蓋真相之上，特別是有關共產黨及其革命事業的真相。眾所周知，毛受夠了史達林的壓制，按理說他最痛恨史達林，赫魯曉夫掀起反史達林運動，毛何樂而不為。他之所以一再抵制對史達林的批判，顯然是出於投鼠忌器的考慮，隱斯人之惡，目的在於護己之短，在於自保，在於繼續維持其個人獨裁和全黨全民對他的個人崇拜。我們自然不難由毛對史達林的態度，推斷出鄧小平以及文革浩劫中倖存的中共大小幹部對毛的態度。他們並非毛的忠臣，只不過出於自保的策略，絕對不許觸動毛這個死死地扣在中共政權大醬缸上的蓋子罷了。

李銀橋曾說：「毛一方面想發現真相，但另一方面又不能容忍任何對他將講真話的人。」

在我看來，毛所欲發現的真相很少是他自己所說的「實事求是」，而是一個擁有最高權力者時時處處想窺見或抓到周圍的人隱瞞起來的事情。權力使這位揚言「無所畏懼」的唯物主義者變得格外膽小，他總是擔心自己被蒙在鼓裡，因而不相信任何人，常疑心人人都在他背後搞陰謀，甚至警惕有人隨時隨地會暗害他。現在可以看出，使毛最感苦惱的事情並不是國家一窮二白，生產搞不上去，人民的生活水平很低，而是他自身的安全和權力地位的穩固是否會受到威脅。所謂要弄清真相，就是要確定，他的實際處境和影響是不是如同他希望的或表面上顯得的那樣。這就是他每一次見到李醫生或其他「一組」成員時，總喜歡問「有什麼新聞沒有」的原因。他總是想使自己處於全知全能的位置，他想把自己的視聽能力擴展到竊聽器、潛望鏡和雷達的程度，他想通過不斷地獲取情報和侵入別人的隱私來控制一切，他想從僕役和侍臣對他的忠心之表態中得到虛幻的安全感。然而，他越是怕自己受蒙蔽，就越是懷疑別人在蒙蔽他，他因此而常常自尋煩惱。他妄想把他躺在那張大木床上「浮想聯翩」的好事情都變成現實，並相信他和他的革命群眾一定能使之成為現實，但又擔心下邊報上來的好消息有太多的水分，於是就不斷派人下去調查，同時自己也頻頻四出巡遊。他對他的警衛說：「我不管到哪裡，他們都已做好準備，我看不到任何真相。」（Harrison E. Salisbury: *The New Emperors: China in the Era of Mao and Deng*, Avon Book, 1992, P. 79）一個把自己當做上帝，希望說「光」就有了光的人，其實並不願意面對和他意志相反的現實，為了把他的奇思怪想強加給全黨和全民，他有時會荒謬到寧可去穿那件「皇帝的新衣」。他確實把中國大地當做舞台，讓黨的幹部和人民按他的意圖大搞「與天鬥、與地鬥、與人鬥」的鬧劇。為了投其所好，王任重之流竟然在毛專列經過的田野上排練起大躍進的活人畫場面。李醫生回憶說：

我聽田家英講，在鐵路沿線這麼搞，是給主席看的，省委讓鐵路沿線各縣，將周圍幾十里的人，聚在鐵路兩邊，連夜趕造土高爐。讓婦女穿紅著綠下到田裡。在湖北，王任重讓主席看的那畝稻田，是將別處十幾畝的稻子連根擠插在這一畝裡。所以王任重說，可以站上去幾個人，都倒不了。一根擠一根，擠得緊緊的，怎麼倒得了。王還吹，農民會想辦法，為了讓稻子通風，在田埂上裝了電扇吹風。整個中國變成了一個大戲台。主席還真相信這一套。

（《回憶錄》，頁二七六）

上有所好，下必甚焉，全中國的浮誇風和弄虛作假，總根子就在毛澤東身上。正是他相信現實會按照他的空想改變自己面貌的「偉光正」專橫，才迫使得盲從的群眾把他們自己的生活偽裝成毛所需要的樣子，以致使假象變成了真實，真相反而成了必須被否認和掩蓋的東西。面具不但遮蓋了人面，甚至長到了人面之上，假面最終把真相完全吞沒。從李醫生的回憶錄可以看出，毛不是不知道真情，他早都知道人民在餓肚子，知道到處在餓死人，知道彭德懷說的句句是真話，但他不願意承認自己犯了錯誤，不敢承擔罪責。一旦面對事實，他就會失去威信，丟掉領袖的寶座。為了緊握大權不放手，他只有強迫全黨向全民撒謊，對敢說真話的人，他就毫不留情地策動黨棍黨奴們群起攻之，全部打倒。

可悲的是，毛在把見不得人的真相全部掩蓋起來的同時，他也喪失了確認其自我的真切感受。從他在某一清醒時分寫給江青的那封信中可以看出，他已不安地感到他那個被塑造出來的「偉光正」形象外在於他真實的自我，日益從他身上分離出去。林彪把他吹過了頭，他心裡其實很喜歡其中的某些說法，希望自己的真身與那個虛像完全重合。他的不安並非出於道德上的謙遜，而是擔心由此導致的某種閃失。他害怕他的形象一旦不由他實際佔有和一手控制，就會成為黨棍黨奴們祭起來的旗幟和天下人盜用的利器。總而言之，他是只許自己殺人放火，不許他人切菜點燈的。他並不慚愧同僚和臣民戴給他的高帽子，他甚至樂於在自己的光輝形象下大說黑話，但他不願讓別人利用他的形象為他們各自的目的服務。只是出於這種擔心，他才變得暫時清醒，產生了名實乖違的不安。

結局是很反諷的，他的形象最終還是被他全都瞧不起的革命同志盡可能多地利用了。連他的屍體都被做成黨國的頭號標本，橫陳在天安門廣場的紀念堂內充當紅色政權的護身符。文革未竟身先死，對病榻上垂死的毛澤東來說，本已屬痛事恨事，可悲他身死後還得按照黨內製造假象的需求被人家把屍體處理成供瞻仰的黨國面具。

對黨棍黨奴們來說，毛主席被揭發出來的惡德不管多麼醜惡，那都是另當別論的事情，他們所不能容忍的乃是僕人多了嘴。如今假面剝落，露出了真相，面對那不堪入目的真相，被愚弄多年的黨國臣民紛紛跳出來為維護他們習慣的假象而憤憤不平地辯護。他們大罵李志綏，指責他書中披露的事情不符合事實。他們的出發點並非黨史研究意義上的求真辨偽，而是拿他們已經接受的毛澤東形象來核對書中的這件事或哪件事。因為李書寫了太多令他們難以置信的事情，所以他們便認為大都是不可信的。他們甚至並不否認毛曾給老百姓造成政治災難，但他們氣憤不過的是，嫌惡李醫生揭露了毛的隱私。在他們看來，即使毛澤東今天已走下神壇，但作為一代偉人，他的隱私仍不容觸及。提起李醫生這部用幾十年被耗竭的生命經驗凝聚而成的大書，他們竟誣衊為「黃色書籍」，進而以自己的商人頭腦揣測李醫生寫這本書的動機是為了賺錢，說他為迎合西方讀者的趣味而編造了那麼多中南海的宮闈秘辛。他們還指責李醫生為什麼不寫自己給毛當醫生時如何春風得意，不寫他當年也同樣有過葉子龍之流那類「逢君之惡」的劣跡等等。

各個民族都有他們應得的政府，毛澤東的不喜歡正視真相，想必與黨國的相當一部分臣民懷有魯迅所描述的那種「欺」和「瞞」心理有關吧。不必相信他們的義憤出於真誠愛戴偉大領袖，不是從中國的生活環境裡過來的人，很難看破這群攻訐李書者深藏的鄙劣用心。毛固然在中國的聲譽早已低落，但在大量庸眾的心目中，他畢竟是個「先帝」，即使他作威作福，荒淫無道，他們都覺得他有他縱恣的權位。而一介醫生，被他們視為侍奉領袖的工作人員，就沒有權利對此說三道四。

中國的文人和民眾對帝王有一種奇怪的態度，他們自然不喜歡經歷帝王的暴政，但在事過境遷之後，他們卻好津津樂道先朝遺事。他們喜歡沿用通俗的傳奇模式，把帝王的縱恣再現為頗令世人懷舊的趣事。現在「宮廷」和「皇家」這類以往被批臭了的字眼又在恢復魅力，被裝點為商標和廣告上富有賣點的招牌。在各朝帝王及其臣妾紛紛粉墨登場的宮幃題材熱中，毛澤東也成了許多傳記作品的主人公。他雖已走下先前的神壇，但卻一再借屍還魂，被隱惡揚善的傳記作者改裝成有人格魅力和極富人情味的人物。「白頭宮女在，閒坐說玄宗。」一個以大量的日常逸事日益使中國公眾感到親切有趣的紅色「先帝」形象就這樣漸漸淡出他的歷史罪責，開始在庸眾的重新認識中贏得好感。對赤禍曾經造成的苦難，如今日子過得有所改善的草民大都是趨於健忘的。每當他們對現狀表現出某種瑣碎的不滿時，很自然地就把熱切的目光投向過去，聚焦到那個被政治意淫化了的毛澤東時代。毛在游泳池、春藕齋、毛專列以及各地離宮經歷的一幕幕場景，就在這樣的公眾期待下被鋪陳成先朝遺聞的假面舞會，作為佳話韻事串演起來……難怪有人對李醫生這本大書很不滿，嫌作者給他們喜聞樂見的紅朝懷舊抹了黑，掃了興。

除誣解魅的史筆擔當

一

西方文明善言理想，中國的傳統重視正名。

自古希臘以降，從哲學到藝術，從倫理到政治，歐洲賢哲的諸多論述及操作都銳意追求某種高出現實的完美形態，並將其描繪為令人嚮往的境界和可予仿製的楷模。這就是我們常說的「理想」或理想主義。崇理想的意念可激發文學藝術家創作的靈氣，升華發明創造者凝神巧構的想像，也成為鼓舞英雄人物勇於開拓和探險的動力。但用之於國家的建制和社會改造等方面，則易導致烏托邦主義的傾向。烏托邦意指美好的無何有之鄉，它形同祥雲繚繞的空中樓閣，被懸置於某處無從知其所在的遠方，起初只是烏托邦作品的作者筆下虛構的理想社會。虛構的圖景多含有諷刺現實的寓意，作者之所以設計出那類制度優越的理想國，既不乏批評和糾正社會弊病的用意，也有其彌補人世缺憾的代償性滿足。設計者並不認為那樣的理想國能夠完美地實現，更未號召世人在他們腳下的土地上複製其重彩勾繪的樂園圖景。但等到《共產黨宣言》發表的年月，馬克思主義者鼓吹階級鬥爭，號召摧毀現存制度和創建共產主義社會，烏托邦主義的訴求就被搗鼓得變了味道，無復往日那誘人的政治童話景象。布洛赫（Ernst Bloch）是德國著名的馬克思主義理論家，在一九一八年出版的《烏托邦精神》一書中，即揚言暴力打造烏托邦社會之舉，為布爾什維克在蘇俄製造的恐怖作「辯證性」的辯護。他力挺正義性暴力的合理性，竟把必要的惡說成是對善的補充。反觀毛澤東、蔡和森早年所發的「崇惡」論調，即明顯可見東西方惡力相感下的前呼後應。

烏托邦只有在它懸浮於理想形態時才是美好的，只有在它煥發的希望光照出現實的不足之處，從而有助於社會的改進，才具有正面的價值。但某人或某黨若妄圖把自以為是的理想推至極端，並為實現它而不惜破壞現實中既有的一切，這樣的實踐活動便走向了烏托邦的反面。其實，早在共產主義幽靈徘徊歐陸之日，歐洲的知識分子即對烏托邦構想有所警惕而提出了異議。他們以啟示錄式（apocalyptic）的筆法虛擬另類烏托邦的形態，向熱心構造烏托邦的人士發出有朝一日，惡夢就會成真的警告。這類作品所描繪的社會被稱作dystopia，即通常所說的「反面烏托邦」，也就是奧威爾《一九八四》一書中那種極權監控遍及社會各角落的壞烏托邦國度。在以下的行文中，我更喜歡把這個生僻的英文單詞音義兼譯，定名為「歹托邦」，以便讀起來較順口，意思也更顯豁。布洛赫後來在其《希望的原理》一書中所妄談的「具體烏托邦」，即屬不折不扣的歹托邦。凡遭遇共產極權壓制迫害者，無需解釋，都會從各種歹托邦作品中警覺到赤色神話投下的恐怖陰影。

上海學者裴毅然生在紅旗下，長在「新社會」，也是個毛共歹托邦的過來人，對烏托邦幻滅的災難，他記憶猶新，至今仍難以消解其痛定思痛的悲情。裴教授因此發憤著述，經過窮年累月的文本偵緝，終於寫成《烏托邦的幻滅》（秀威資訊，二〇一四）這部五十萬言的巨著。該書鈎沉史料，加以系統的編排，以充足的史實展示毛澤東及其毛共暴力打造「具體烏托邦」的罪行，特別對「延安一代士林」的來龍去脈詳加個案追蹤，在披露他們種種受難窘態的同時，更歷數這一群受害者互相迫害的荒謬現象及其在中共竊據大陸後的一時得意和接踵而來的一連串遭殃，從而深入剖析了中國知識分子百年來感染赤潮的迷誤和所陷入的困境。

二

「延安一代士林」是此書的副標題。用「士林」一詞標籤中共集團內的延安一代人，或不無反諷的意味。應該指出，「士林」乃歷代各朝對文人士大夫群體的通稱，在張之洞辦洋務，康有為公車上書的年代，我們尚可一瞥士林群體主持清議，策動朝野，舉足輕重的影響。而隨著科舉廢除，帝制終結，所謂的「士林」，早流於名存實亡。因為政統意義上的士林——仕宦文人——所賴以繁衍的社會文化生態已不復存在，進入民國，只有個別的碩果僅存之士——

也就是裴毅然所劃分的晚清和五四兩代知識分子中某些精英人物——仍在各自的孤立中固守「士」的道統，為後世留下了士林晚照的最後一道絢麗。其中年長者如梁啟超、章太炎、林琴南、嚴幾道、王國維、蔡元培和張謇等人，略晚者如蔣夢麟、胡適、丁文江、陳寅恪和吳宓等人。就他們的知識學養來說，前者對西學雖有所涉獵，但仍以深厚的國學修養為主；後者則多有留洋經歷，接受了系統的西方教育，且早年也都打下很好的國學基礎。他們共有的優勢是中西兼容，多少都咀嚼到西學的精華，更以「中體」的豐厚充沛見長。因而在那個傳統向現代艱難轉型的年代，他們所存養和所抵制的東西最能體現傳統命脈與現代潮流的理想連接。不幸其同代人中卻另有一類個性浮躁之徒，他們急功近利，思想激進，盲目煽播布爾什維克革命火種，致使繼起的野心家趁火打劫，操縱革命權柄，掀起敗壞傳統精神和誤導現代化道路的逆流。比如像李大釗這類中共的先驅人物，早在中共正式成立前就協助蘇俄特派人員拉攏地方軍閥，乃至公開為蘇俄侵佔我外蒙叫好，其裡通赤帝的行為在當時實不齒於士林。隨著李大釗之流掀起的革命逆流日益高漲，殘存的士林遂趨於消亡。

裴毅然自選題研究百年來中國知識分子的嬗變，即有他明確的「代際意識」。在早先出版的《中國知識分子的選擇與探索》一書中，他特別對不同年代的知識分子劃線歸類，依次考察他們所處的時代背景和學歷構成，並根據他們在價值觀念、行為方式、理想設置等方面顯示的異同，分別確定他們的文化品位。在這本考察延安一代人的巨著中，裴毅然仍沿用代際序列的框架，把中共黨內諸人劃分為大革命一代、紅軍一代和延安一代。僅就大革命一代的重要人物來說，像陳獨秀、瞿秋白這類多有舊學功底，且有出國經驗的共產黨人，多少仍有些士林餘韻，而根本就未曾入流的毛澤東及其新民學會一夥便與前者存在著很大的差距，因而自加入革命逆流，他們即咄咄逼人，嶄露其反知識精英的精英姿態。這一類中小知識分子舊學與新學都是半斤八兩，更缺乏有益的留洋經驗，他們即使曾赴法國勤工儉學，或在蘇聯受過培訓，也都談不上學到了什麼特別的專業知識。再加上從學校走向社會後無業可就，自然就很容易走上領取盧布的職業革命家道路。他們既仇視代表傳統保守勢力的紳士階層，又對歐美留學歸來的高職高薪知識精英心懷羨憎交織的情結，因而此兩類新舊士林中人物都被他們視為敵對階級。毛澤東就是這群低品位激進分子的代表人物，他身為知識群體中的一員，卻始終以誣名知識分子而撒潑稱雄。只要讀一下他那篇把眾多的知識階層成員都圈入「反動派」的文章，即不難明白國共兩黨何以在短暫的合作後即走向分裂，以及梁啟超何以會指斥共產黨為最危險的「亂暴勢力」。等到國共徹底分裂，毛澤東帶領工農紅軍上井岡山搞軍事割據之日，中共領導層的中小知識分子就逐漸遠離士林，蛻變成新型的綠林人物。他們隨後由蘇區西竄到延安，經過從黨內到軍內的一連串權鬥，最終在毛澤東操縱下，大革命一代與紅軍一代相互摻雜，融為一體，構成了軍黨－黨軍的新型組合。正如殷海光所描述，他們是「亦政黨亦土匪，亦和平亦暴動的多形性的東西」，是「內在地產生於中國底貧困、混亂和落後」。毛從此緊抓軍黨大權，帶領其黨軍實現武裝奪權的目標。暴力必然導致專制，專制自然助長個人獨裁，獨裁者最不能容忍自由批評。黨內外的知識分子，連帶革命隊伍內任何人的知識分子傾向，於是就都成為毛澤東糾集這支農民軍固有的粗暴勢力去殘酷打擊的對象。

明確上述的對峙框架和衝突趨勢，乃是我們打開裴書，連通其所述延安一代人的關鍵。「知識分子」是那時候才流行起來的新名詞，它泛指老一代士林群體沒落之後讀新式學堂成長起來的知識群體。必須強調的是，該詞本為一中性名詞，涵蓋面十分寬泛，在國民教育水平普遍偏低的二十世紀前期，多少有些文化程度的人都會被視為知識分子。知識分子也就是日常所說的讀書人，他們既談不上有多麼高級，也並沒被世人視為另類。把知識分子視為另類，而且將該詞汙名化的始作俑者乃是毛澤東其人，是他在〈中國社會各階級的分析〉一文中開始給知識分子加上「封建」、「資產階級」或「小資產階級」這類汙名，致使此類哈耶克所說的「毒化詞語」定型為加在知識分子頭上的配套定語。而「知識分子」（intellectual）一詞在西方語境中原有的特殊涵義——自由批評的精神，對人類基本價值的維護——則被暗中閹割，最後被醜化成毛澤東〈反對自由主義〉一文中所嘲弄的猥瑣情形。毛式汙名在中共奪權後泛濫到洪水滔天的地步，曾一度陷知識分子於沒頂之災，以至於讓銳意為知識分子正名的余英時覺得該詞的汙名積垢難除，不得不另拈出「知識人」一詞，以示區別。

延安一代知識分子就是在知識分子已經被汙名的語境下陸續進入延安的。毛澤東在六十年代初曾對李志綏說過：「中國共產黨裡，好人早都死完了。現在剩下的都是些行屍走肉。」只有毛這個總是在一批批被犧牲者身後得逞其所欲的倖存者敢說出這樣的黑話，也只有他深知，中共的倖存和壯大在很大的程度上就是不斷靠消耗其優秀成員的鮮血維持下去的，而它的黨性更是在不斷剝蝕黨內外成員人性的過程中鍛造而成。這些優秀成員多為有一定理想的新舊知識分子，延安一代人湧入延安，再次為中共的倖存和毛得逞其所欲輸入了可消耗的熱血。裴毅然這部巨著中做得最令人信服的工作就是層層剝皮，逐步消解，讓我們看出延安一代人在各方面更低於大革命一代人的貧乏和平庸。大革命一代的優秀成員多少還殘存士林餘韻，延安一代在文化底蘊上則比前者淺薄了許多。裴書以詳盡的統計資料指出他們粗淺單一的知識結構，確證他們「因單一而偏狹，因偏狹而絕對，因絕對而封閉，因封閉而低淺，因低淺而暴力。」需要補充說明的是，當時的抗日中心是重慶而非延安，真正愛國的志士和更其純粹的熱血青年很少會接受中共的蠱惑，他們多踴躍參加到「十萬青年十萬軍」的行列中去了，到延安去白吃小米稀飯的人士在知識青年中僅佔極少極少的比例。在當時的知識青年整體中，他們這些人多屬於失意者或不入流之輩，很少能躋身傑出人才之列。從裴書中所載他們的自白以及他人的評述不難看出，他們的個人情況多存在這樣或那樣的問題，或者說，他們多是些輕重程度不等的問題人物，因而本來就潛在著逃避現實，鋌而走險的衝動。有些人是受了親友的誘導，有些人則迫於各自的艱難處境，於是就在偶然發現有那麼個去處可找到出路的情況下，帶上各自的問題盲目出走，到延安去投奔了革命，滿以為跑到了那裡，就能追求到他們口頭或書面上被灌輸的理想。就他們當時的實際情況來說，延安在他們心目中多被視為謀生求職和拼打前程的落腳點，但等到他們進入其中，成為革命隊伍中的一員，才發覺自己已被動地立下投名狀，從此再無退路可走。裴書所還原的一系列延安黑風景為我們揭示了烏托邦黯然幻滅，以及歹托邦隨之成型的過程。

烏托邦與歹托邦乃中共集團一體之兩面，它猶如那個叫做風月鑒的鏡子，其光潔的正面看起來美好誘人，一進入其中就立即墮入吸血鬼骷髏頭猙獰吃人的背面世界。小小的延安城學校林立，你不能說青年人沒得到受教育的機會，但所有的學校都是集訓班性質，整風運動中完全被辦成洗腦和規訓的集中營。就參加革命隊伍的情況來說，延安的確讓前來投奔的青年覺得男女平等，但不少年輕女子都經黨組織網羅，紛紛被納為領導的妻室。延安是解放區，貧苦農民確實分了地主的土地，但他們上繳的公糧遠多於國統區，日子過得比從前更苦。青年們是嚮往平等和公平才投奔延安的，只是在他們進入其中，才發現了王實味所批評的等級制和領導們享有特權的現象。類似的似是而非現象還有很多，裴書都有詳實的描述，書中收集的大量史實展現出延安社會一體之兩面，生動地描述了「延安一代士林」失足其中，左右都不是人的尷尬處境。

三

《幻滅》是一部引文充斥，篇幅很長的鉅作，對普通讀者來說，閱讀中容或有一定的挑戰。因此我還要強調指出，該書之所以能夠自始至終釋放出消解烏托邦幻象和徹底否定中共暴力革命的效果，可以說在很大的程度上得力於作者獨特的敘述方式，這就是裴毅然自撰寫《探索》一書起即開始摸索的「以述為作」之敘述風格。所謂「述」就是從相關資料中選錄大量的引文，以侃侃而談的史話方式展開其散點透視的行文。這些引文並不僅僅是作為單純的論據被機械地徵引進來，而是被作者有層次地鑲嵌在各章節之中，組合成上下連貫的構件，讓直接引語與轉述的段落，以及作者插入的旁白、評判、即興的反應、加強語氣的反問、乃至幾個字的感嘆，全都錯落混雜，融為一爐，形成了多聲部的合唱。

這種活用引文以構成夾敘夾議的文體在《幻滅》一書中運用得更趨熟練，規模也更加恢宏，可謂從頭到尾，一氣貫注，達到了酣暢淋漓的地步。閱讀著紙面上那後浪逐前浪一樣翻滾下去的引文，再掃視腳註中詳列的書名篇名，常常讓人感到，作者把他要論述的延安一代人在彼時彼地的聲音巧加剪裁後，都按部就班地連通到讀者的現時閱讀層面上來了。這種順勢挪用史料的引文會給人留下較深的印象，讓你感到在讀這本磚塊般厚重的大書之同時，也順便涉獵了作者所引用的一系列書籍。此外，引文與作者插入的按語和論斷更會產生一呼一應的效果，讓讀者從引文與引文相粘連或發生踫撞的語氣中感受到作者要傳達的意思，隨之做出他們各自的讀者反應。

也許在某些習慣拿學院繩墨來衡量此書的人看來，裴毅然的敘述方式不夠規範，缺乏學術嚴謹，有文學筆調，甚至有重複凌亂之嫌。但就筆者的閱讀感受而言，此類難免會有的負面反應反倒折射出裴書有待我們耐心琢磨的特徵。特別是從延安一代人留下的文字中截取的大量引文，經過作者在書中重組，都一一被羅列到審視烏托邦幻滅的卷宗之上；而這些文字正是延安一代人走向迷誤的自供狀，也向後世提供了中共集團對知識分子邊利用邊迫害的證詞。在再現延安這個歹托邦構建過程的工作上所作的努力，裴書差可與高華《紅太陽是怎樣升起的》一書比肩。兩書均突破了大陸學者評毛批共的禁區，為徹底否定中共暴力奪權的全新史觀鋪墊了基礎，而裴書更從面面俱到的共時性敘述上對高書的歷時性敘述作了必要的補充。

然而，要揭示真相和表述真實，在書寫上依然有很大的難度，克服它很吃力，出力後仍未必會討好。弗吉尼亞．伍爾夫把這樣的文字書寫比喻成馬拉松長跑，說「真實」跑到終點時往往汗流浹背，疲憊不堪，在觀眾眼中，並不雅觀。我們完全可以想像，裴毅然耗時費神，把他博覽精讀的那麼多傳記、回憶錄和訪談經過消化和選擇，加以重組，編排成既講史又論史的文本，現在讓讀者捧書閱讀，要逐頁追蹤他那一圈又一圈的羅列縷述，讀起來自然也免不了付出類似於作者寫起來所經歷的辛勞。

面對裴書中不厭其煩的徵引及其辭賦式的鋪陳，我更進一步聯想到陳寅恪的《柳如是別傳》，還有錢鍾書的《談藝錄》和《管錐編》，說句老實話，兩位大學者的大手筆也都是由大量的引文加上穿插的按語連綴而成。大學者可以做成功，小學者何嘗不可一試？這種有針對性的抄書再經編排後轉化成著作的敘述方式其實源遠流長，古已有之，且與今日後現代書寫中慣於用零碎材料和雜拌製作拼湊文本的文體相映成趣。余世存的《非常道》全部屬於改編的抄寫，書寫者對所編寫的文字，只加分類，全無評論，反而收取了「不著一字，盡得風流」的效果。該書的可讀性和閱讀價值因而遠勝過那些長篇大論，販賣搬運性質的學術專著。這樣看來，未能理清裴書頭緒的讀者也許會嫌它行文冗長，但你若能耐心讀下去，進入其含量豐贍的脈絡，多少還是會獲取大量的信息，會對所謂「延安一代士林」的非知識分子化處境和反知識分子化傾向留下生動的印象。

四

這也就回到了本文開頭即點明的「正名」問題。子曰：「必也正名乎，名不正則言不順，言不順則事不成。」正名的宗旨是名實相符，而中共集團的整個運作卻是名實乖違。名實不符從一開始就是中共集團的生存方式，是毛式話語百般護短的政治逆鱗。中共的「偉光正」之名是徹底打敗國民黨之後才逐步確立起來的，他們起初只是共產國際的中國支部，在國人眼中，不啻為赤帝禍華的走卒。再加上靠打家劫舍維持其軍事割據，比土匪只高出了所謂工農組織的等級。因而從起步上來說，他們尚無暇顧及「偉光正」的宣傳，而是更急於掩蓋自己的「卑黑邪」之實。具體的做法就是對既定的價值反咬一口，先把正面的人和事肆意摸黑。尤其是毛澤東其人，最善於和慣於採取反動修辭，製造種種汙名，用以歪曲讓他們覺得相形見絀的人和事，從而達到顛覆既有價值階序的目的。自古以來，世上的奸佞宵小常用的顛倒是非、混淆黑白之伎倆正是毛澤東師法的樣板，這類手段由他經手，再加以馬列詞語的包裝，長期以來，極大地篡改了我們日常用語正確達意的功能，其滋蔓如黴菌繁衍之勢幾乎報廢了傳統觀念賴以傳遞價值信息的一系列關鍵詞彙。概念的本質是完善的理想，這一理想在概念的世界中是不變的。比如德、仁、義、理這類在傳統社會語境中屬於普世價值的名詞所指的實質就是永恒不變的，人倫道德，個人的名分地位，端賴此世代維持下來，每一個體才得以在恆定的秩序中各正性命。但一經毛共加上「封建」之類的汙名，從而將被汙名者整死整活，乃至從肉體上消滅，此類關鍵詞語在日常用語中所表達的固有價值就逐漸失效，被掏成空殼。毛共的「卑黑邪」之實——也就是毛所憑藉的粗惡勢力——於是趁虛而入，用暴力維持了沐猴而冠之輩獨佔價值領域的權位，更用烏托邦幻象迷惑懷有理想的知識分子。「理想」這一炫目的虛名就順手被調製成供理想者飲用的毛共牌迷魂湯，延安一代喝了它，也就一失足成千古恨，跌到歹托邦中苦苦打拚，硫磺火內煎熬靈魂去了。

要求得名實相符，必須從嚴明的證偽工作入手。近三十年來，隨著「偉光正」之名日漸剝落，大面積暴露的「卑黑邪」之實已路人皆知，再加上黨內外歷史意識的覺醒，知識分子群體展開的證偽性書寫已傳單般撒遍寰宇。歷史觀的轉變乃是一根本的轉變，要完成此障礙重重的轉變，證偽的工作更應提升到秉持春秋史筆以定褒貶的高度。這一書寫活動同時也起到除汙去魅的功效，讓書寫者在悲劇之宣洩後得以完成靈魂的洗滌。作為人文知識分子，能有勇氣和見識從事批判元凶巨惡之擔當，其行動本身就是為自己以及知識分子群體完成正名的使命。正是在這一意義上，裴書的完成與出版又添了一份證偽毛共的證詞，更為歷史觀的徹底轉變增強了正名的力量。

二〇一四年十一月

共情與共惡

從共情能力說起

最近讀了一本有關心理病理學的論著，書名叫《對惡的科學研究——共情能力和殘忍的起源》（*The Science of Evil: on Empathy and Origins of Cruelty*, Basic Books, 2011）。作者巴倫—庫恩（Simon Baron-Cohn）是一位猶太裔心理病理學教授，據他在書中自述，他幼時常聽到納粹集中營倖存下來的長輩講述納粹分子的暴行，其中特別讓他深受刺激的就是納粹科學家拿猶太人的活體做醫學實驗。在人類社會中，一些人為什麼會如此殘害另一些人？這是讓巴倫－庫恩一直困惑不解的問題。後來他從事心理病理學研究，便著手收集案例，設計問卷，通過嚴密的實驗檢測來窮究此尚無確切解釋的難題。因為他堅持認為，把殘害他人的行為僅籠統地歸結為抽象的「惡」，並不足以充分解釋人性殘忍的生理－心理根源。在該書卷首致詞中，他即明確宣佈說，他的「主要目標是用empathy這個科學用語來替換非科學用語『惡』字，從而對人類的殘忍作出明確的解析。」（頁x）。按照巴倫－庫恩的界定，empathy是「我們認同他人的所思所感，並對其人之思想情感做出適當反應的能力。」（頁十八）他接著指出，此一能力的顯示至少包括兩個階段，一是能靈敏地感知他人的舉止表情及處境，二是能靈動地做出恰如其分的反應。此通情達理之能力是任一身心健全者多少都會有的良能，國內心理學界現將該詞通譯為「共情」。

「共情」一詞純屬硬譯生造，要讓它接通中文語境中的地氣，也可以把它納入我們常說的「靈性」所涵蘊的功能。此靈性在人身上的顯示先於情感和知性，當幾個月的嬰兒開始以笑容博取父母的愛憐時，其稚嫩的生命已自發地萌生出與他人的靈性交流了。不只是人，就連猿猴之類能夠在群體中分享食物和互助的動物都會顯示某種靈性的徵兆。在佛家的語彙中，人類與動物之所以被統稱為「生靈」，即著眼於二者均屬有靈性的生命。孟子所描述的「不忍人之心」或「怵惕惻隱之心」，便生動地說明了此一靈動的感應能力在常人行為中的表現。

與西文相比，中文用語在強調事物的某種內在本質時，較少使用抽象字眼，而更傾向於描述此內在本質所生發的具體行動。也就是說，我們不太習慣說某人是什麼或具有什麼特徵，而是習慣說其人善於做什麼或喜歡怎樣做。中文中固然沒有empathy的對等詞，但若要談起一個人具有empathy情懷，按照中文的表達方式，自然會用「善解人意」、「通情達理」、「設身處地」、「將心比心」等描述具體行動的成語來贊賞他／她在待人接物上可嘉的感應能力。此外還有像「己欲立而立人」／「己所不欲，勿施於人」／「他人有心，予忖度之」等教誨性的經典表述，均意在強調一個人應盡量克服自我中心的視角，力求從對方的感受來處理與他人的關係。這也就是巴倫－庫恩在書中援引猶太哲學家馬丁·布伯（Martin Buber）所說的「我與你」的關係，即不把對方視為與自己完全對立的客體，而是在自我與他人之間建立互為主體的關係。這樣看來，共情能力應是一種「操則存，舍則亡」的能力，它所產生的同感效果雖說來自「硬件」知覺機制的自動反應，但要把這種感應力保持下去，進而提高到自覺地傾聽對方表達和尊重他人見解的水平，則需持續地加強心理保健上的修養。

何謂靈性殘缺

就巴倫－庫恩的思路來看，僅用「惡」這個字眼來界定人類的殘忍，屬於循環論證，其簡單化的詞語轉換性判斷並不足以充分說明殘忍的起源。他因此成立課題小組，與他的同事們著手對「惡」的生理－心理學發生現象進行科學勘探。他們從病理心理學的觀測和臨床應診入手，使用功能磁共振成像技術（fMRI）來檢測不同的受測者大腦中「共情迴路」（empathy circuit）所顯示的作用之或強或弱，從而編排出高低不等的「靈商」（the Empathy Quotient）序列。他拿調光開關的功能做比方，來說明不同的個人在共情能力光譜上存在的等差，並將此等差列為七個等級。完全喪失共情能力的人屬於零度靈商，他們所表現的各種人格障礙症狀多少可在他們大腦的「共情迴路」中找到發生病變的部位。由此可以確定，他們之所以會做出某些不近人情的乖戾行為，是因為共情迴路受到嚴重侵蝕，完全喪失了共情能力。巴倫－庫恩稱此受損的結果為empathy erosion。我覺得用我在幾篇舊文中曾使用的「靈性殘缺」翻譯empathy erosion，可謂再合適不過。所謂靈性殘缺，就是怨憤、忌恨和報復心等不良情緒日積月累，在心中發酵，致使共情能力遭到腐蝕的結果。對於此類零度靈商患者的乖劣行為，儘管難以追究法律責任，但巴倫－庫恩書中所列舉的諸症狀已表明，他們確實具備做出種種反社會行為的生理－心理條件。

巴倫－庫恩以大量的篇幅記錄了零度靈商患者的症狀分類和病例分析，因與以下要展開的話題無關，僅需簡述到此為止。現在有必要進一步深入探究的問題是：並無神經疾患的普通人何以在其日常行為中會做出殘忍的事情？他們行兇做惡時的共情迴路處於何等狀況？對他們種種源於靈性殘缺的行為，到底該如何定性？他們的暴行須在何種程度上承擔道德或法律上的罪責？

阿倫特有關「平庸惡」（banality of evil）的論述近年來在國內傳播甚廣，對包括筆者在內的病理心理學門外漢讀者來說，巴倫－庫恩此書更富有啟發的亮點在於，他特別拿阿倫特在耶路撒冷法庭上為納粹大屠殺主要參與人艾希曼作辯護的事件做例子，對所謂「平庸惡」的說辭提出了中肯的批評和必要的修正。

平庸就是不動腦子，不發表主見，好隨大流，人云亦云。即使面對宰相指鹿為馬的荒謬現實，平庸者也慣於隨聲附和，從無異議。在一個充斥暴政的社會中，安於平庸的群氓就這樣不講原則地甘當順民，墮入了惡道。他們謀求的是「我平庸故我在」的倖存哲學，哪怕有一天被上級指令去執刀行兇，他們也奉命行使，對無辜者照殺不誤。千百萬參與大屠殺的德國人所犯的罪行即被認為是這一類平庸之惡。提起殘害猶太族群的責任問題，涉事者多採取自我平庸化的說辭：抓人者說他奉命逮捕，押送者說他履行職務，管理毒氣室和焚屍爐者說他被安排的工作就是幹這種差事……他們的惡行都很平庸，若按照「平庸惡」的說辭來辯護，對這些照章行事的平庸者迫害猶太人的行為似乎就只能做法不責眾的判決了。但巴倫－庫恩嚴正地指出，誰也不能否認，正是他們每個人所從事的工作環節串連在一起，構成了大屠殺這一種族滅絕罪行的鏈條。包括參與制定「終結方案」（final solution）的艾希曼在內，所有的涉事者都難辭其共犯之咎。特別是像艾希曼這樣的主要參與人，他明顯是懷著與那些納粹科學家同樣不把猶太人當人看的信念去執行他在集中營的工作的，怎能以「平庸惡」為說辭，輕饒其個人罪責！艾希曼之流實際上並非沒有思想，而是滿腦子希特勒《我的奮鬥》所宣揚的思想。在所有涉事者執行其大屠殺任務的行動中，他們都是處於零度靈商狀態的惡人。但對比起上述有人格障礙問題的那一類零度靈商患者，納粹分子的情況又有所不同。他們白天在集中營幹殺人的工作，晚上回家照常會愛護他們的孩子，親吻他們的妻子，這說明他們的共情迴路並非像零度靈商的神經病患者那樣已侵蝕到不能復原的程度。他們只是在執行種族滅絕的任務之時，像關掉電燈開關那樣，暫時關閉了他們的共情迴路。也就是說，他們奉行元首的旨意，秉持納粹團隊的信念，有意識地一任常人所固有的「不忍人之心」麻木不仁下去。對他們來說，殘忍施暴受害者不只是一項本職工作，更是他們效忠元首，彰顯其種族優越感的積極表現。

由此可見，普通人的共情迴路一旦受到外在因素的影響，其本應發揮的正常功能會受到某種惡念的抑制，以致作出他們平時未必會作出的暴行。總的來說，各人的靈商之高低參差不齊，他們的行為除受其天生氣質的支配之外，顯然還與他們後天的習得及其在某時某地所處的特殊境況有很大的關係。巴倫－庫恩在書中特製作一幅圖表，羅列出十二個影響共情迴路的因素，現拷貝如下：

讓我們從頂端中心的「意向」開始，左行逐

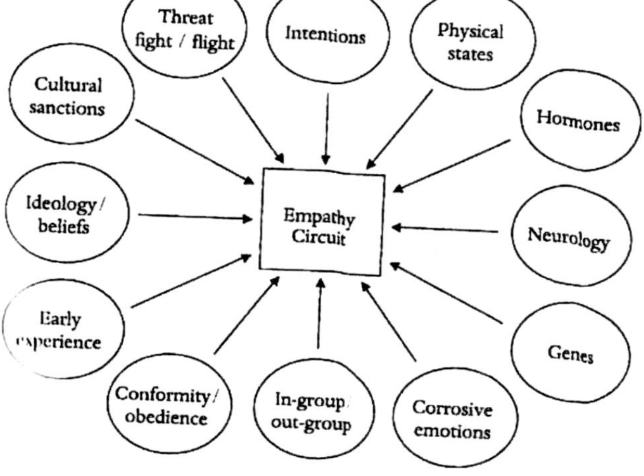

個作一檢索。首先，人的行動常受其意向的支配，特定的意向會促使人暫時關閉自己的共情迴路，做出殘忍的事情。其次，突然面臨「威脅」，一個人也會被迫做出他平時未必會做出的極端反應。此外，「文化讚許」會起到鼓動作用，而「意識形態／信仰」更會在思想上施加影響，再加上「早年經驗」形成的習染，又承受「守規／服從」的強硬要求，而面對「群內」或「群外」的人群，更受限於固有的親疏之別或敵我之分。在眾多的條件制約下，一個人到底會把他的共情迴路關閉到何種程度，會做出何等暴行，都始終與那一系列影響他的因素極其複雜地糾纏在一起。此外，「不良情緒」的內因還會侵蝕共情迴路，起到意想不到的引爆作用。生理因素也會發揮不可低估的作用，它們依次是「基因」、「神經狀況」、「荷爾蒙」和「身體狀況」。我們固然不能把一個人好行善或常作惡完全歸因其本性，但後天形成的行為模式或多或少還是與天生的氣質有著複雜的連帶關係。

惡力同源

現在可以從納粹的種族滅絕聯繫到中共的階級滅絕，轉而深究具有中國特色的「共惡」之危害了。此「共惡」即中共集團從打天下到坐江山積累煉成的惡，同時也包括在其裏挾統治之下國人共犯的惡，特別是首惡毛澤東自早年到病歿一直身體力行，並堅持向全黨全民推廣的惡。

恩格斯曾稱讚馬克思為「歷史學界的達爾文」，恩格斯此言明確道出了馬克思主義和納粹種族主義背後共同的意識形態根源。阿倫特就這一要點指出，「達爾文將發展的觀念引進對自然的研究，他堅持認為，至少在生物界，自然運動不是循環的，而是始終循著一條直線前進，朝向無限前進的方向運動，這意味著自然本身被歸入歷史，自然生命被當做歷史來考慮了。適者生存的『自然』法則正如歷史法則，可以用於種族主義，也可用於馬克思的法則：最先進的階級才能生存。」（阿倫特‧鄂蘭：《極權主義的起源》，林驤華譯，左岸文化，二〇〇九年，頁四六五）歷史法則一旦被宣佈從屬弱肉強食的自然法則，一些人消滅另一些人的運動即擁有了社會進化的意義。這種運動殺人的恐怖更甚於通常的暴政。暴政殺人，總會有它的罪名，運動殺人卻無所謂有罪無罪，要殺的個人或群體已被確定為「客觀敵人」，成了這個世界上多餘的、必須消滅掉的廢物，你若要同情和赦免他們，你就違抗了自然和歷史的法則。這個超越一切的法則即毛澤東所說的「無法無天」。對執行「屠殺方案」的黨衛軍來說，消滅「劣等種族」，是進行一場參與和促進自然進程的運動。對按照「辦證法的無情規律」辦事的共產黨人來說，消滅地主、資本家這類「垂死的階級」，則是符合歷史發展規律的革命功業。馬克思有一句被廣泛引用的名言：「理論一經掌握群眾，就會變成物質的力量」。這個理論即上述的暴力邏輯，它所鼓動的物質力量即在人類社會中實施前所未有的全面恐怖。

阿倫特《極權主義的起源》一書寫於幾十年之前，對中國以及中共的情況，她所了解的和可能涉及的都十分有限。站在今日的觀望點上作一比較，共惡的危害顯然遠大於納粹。納粹極權早在二戰後即告覆滅，其種族滅絕的罪行隨之受到國際審判和懲罰，大屠殺的真相此後更陸續披露出來，包括共產極權在東德的罪行，柏林牆拆除後也都經轉型正義而徹底清算。德國人所陷入的零度靈商狀態儘管像關閉電燈開關那樣曾罪惡過一時，但隨著民主體制全面確立，從政府到民間都作出反省懺悔的表示，德意志民族如今已整體上趨於精神康復，基本上摒除了靈性殘缺的魔障。不幸在中國，共惡不只沒得到清算，至今還在詭變延續，經過毛死後這四十年來的修整補苴，其禍害國人和危及世界的惡力反磨練得比毛時代更富有魅惑和威脅。

共惡是怎樣煉成的

盤查共惡，應從首惡毛澤東的惡人哲學談起。檢討毛的早年經驗，有兩個傾向值得注意。一是因不喜歡過艱辛的耕讀生活而受到父親粗暴壓制，與父親的衝突激發了他強烈的作亂意識。二是因入讀新式學堂較晚而趕不上課程進度，遂把更多的精力投入校外的社會活動。毛那時讀了泡爾生的《倫理學原理》，曾在書內空白處寫下一萬多字批語。細讀他那些批語，其中特別突出的一個論調即強調惡的實用價值。他不同意泡爾生的善惡對立觀，卻別有偏解地說：「惡也者，善之次等者也。惟其為次等，故不能與善並有同一之價值，然不能謂無價值。……

吾重在當時為善為惡之事實而已，以其事實論為善者善，為惡者惡。」毛所謂的以事實論善惡，其實就是為達目的不擇手段的詭辯表述。蔡和森後來說得比毛更加露骨，他寫信鼓動毛說：「現為一惡，而將來能得十善之結果，何所顧恤而不為之！」蔡邀毛共同去大幹一場的那個「惡」，就是投奔共產國際，按照莫斯科方面的部署，在中國搞武裝奪權的階級鬥爭。

毛後來更明確地表白，為解決建立紅色割據政權的實際問題，他對馬列理論的運用只取「階級鬥爭」四個大字。這一理論結合實際的做法就是發動群眾，打土豪，分田地，把貧富的對立推向極端。打土豪旨在搶劫富裕農戶的錢糧，解決紅軍的生存問題。依靠貧雇農，則是為了從分得田地的農戶群中徵收更多的軍糧，更可源源不斷地增補壯大紅軍的兵員。由此可見，中共的階級鬥爭暴行從一開始即突出了殘忍的掠奪目的，既在經濟上搜刮，又在人命上豪奪。

回顧中國幾千年來的治亂興廢，以暴易暴的改朝換代不管發生過多少爭權奪利的殘殺，但從未把剝奪私有財產作為暴力行動的終極目標，更沒把貧困農戶與富裕農戶列為兩個敵對的階級。在整個的帝制時代，全體農戶無論貧富，大體上保持著守望相助的關係。對他們來說，官府的過度盤剝和匪盜的劫掠才是需要全體農戶協力對付的禍害。中共為武裝奪權而推行的階級鬥爭不只破壞了民間社會固有的貧富共生狀態，而且激化了貧賤者潛在的仇富心理，其敗壞世道人心的惡力至土改運動達到前所未有的地步。

至於歐洲的反猶主義，本有其複雜的歷史根源，不只是在德國，在俄國、法國等其他國家，早先都出現過排擠和迫害猶太人的動亂。因為猶太人散居歐洲各國，按照阿倫特的說法，他們「是唯一一個非國家的歐洲民族」，被強加在他們身上的負面形象在歐洲已累積數世紀之久。但富裕農戶被作為「中國的猶太人」而劃歸「地主」、「富農」這類可任意剝奪其財產和殺害其性命的家庭成分，卻史無前例，獨為中共所首創。實際上富裕農戶的富裕多來自勤勞節儉，除極少數為富不仁者稱霸一方，確有劣跡和民憤，絕大多數富裕農戶與其他農戶並無所謂冤仇，其中還有不少家族樂善好施，在維持鄉間的社會穩定上常起到有益的作用。總的來說，在前現代中國的鄉土社會不管發生過多少天災人禍，淳樸的民風和互濟的民德始終都是佔主流的。因而也可以評估說，人們固有的共情能力一直都保持在正常的狀態。

毛澤東與希特勒在運動群眾的操作上有一共識，那就是把激發仇恨作為最有效的凝聚力。因為鼓動貧賤者去仇恨富貴者比勸勉他們仁愛世人要容易得多。前現代中國的根本問題是普遍的貧困，為數極少的富裕家庭常在眾多貧困人口的包圍下面臨敗落的危機。貧困於是成為中共煽動仇恨的溫床，同時也為他們要造成的恐怖鋪墊起正義的藉口。再加上編造一些像黃世仁、周扒皮和劉文彩等宣揚階級鬥爭教育的惡霸地主故事，在全國範圍內廣泛傳播，地主富農徹底被妖魔化，他們最終成了中國經濟不發達和各種社會問題的替罪羊。

納粹以軍事組織和工業生產的方式推行其種族滅絕的運動。「終結方案」完全由黨衛軍專業執行，集中營就是死亡工廠，關押在那裡的猶太人均被當作不適宜生存的族群分批分期送上死亡的傳送帶，統一作銷毀廢品的處理。此種族滅絕的暴行基本上是在隔離狀態下秘密進行的，並未把廣大的民眾捲入其中。衝鋒隊員只是按照既定的程序做他們殺人的工作，他們的靈性殘缺處於機械化的狀態，多少是有些阿倫特所謂「平庸惡」的成分。

中共所搞的一系列運動則如洪水滔天般衝擊社會的各個角落，其惡浪之侵蝕幾乎損及每一個人的靈性。土改運動由地方政府操控，直接發動群眾鬥爭地主。在群眾未充分被運動起來之先，工作組通常多是唆使縱容鄉間的地痞流氓帶頭行兇，將群眾裹挾到所激化起來的恐怖氣氛中。群眾的仇恨心和行兇欲一旦煽動起來，種種難以想像的殘忍都會變本加厲地發作，以致變態到衝破人性底線的地步。

家庭成分從此被法定下來，成為「新社會」確立的階級種性，全體人群按成分被劃分為加害者與受害者敵我對立的兩方。你若不積極表現去加害他人，你就有可能面臨被打入受害者群的威脅。為避免成為受害者，越來越多的人主動或被迫參與暴行，紛紛步入加害者的行列。那些進入加害者群的人之所以會做出施暴他人的行動，也與他們本人的不良情緒和生理因素有不可忽略的關係。如上所述，各人的靈商等級本來就有或高或低的差別，比較而言，低靈商者自然比高靈商者更易受外在因素的誘發而參與暴行。正是此類靈商偏低的庸眾出於不同的動機，順著政治形勢的疾風投入運動，遂組成壯大黨棍力量的積極分子。毛澤東特別看重此類人可被利用的低劣品質，早在延安整風時他就明確表態說：「只要為我所用，管他烏龜王八蛋。」由於毛一貫按這一實用原則選材用人，一部中共黨史讓他肆意操縱，搞成了優質成員不斷淘汰而劣質成員持續增生的殘酷鬥爭史。正如整人手狠而後來自己也被整得很慘的邱會作所說：「黨內哪個人沒有挨過整？哪個人又沒有整過人？」就這一不容否認的事實來說，殘忍即中共黨性的本質特徵，其成員的持續劣化則是該集團不斷詭變以求倖存的必然趨勢。殘忍與劣質構成了共惡堅實的內核。

每一次運動都對每一個人的共情能力造成全國範圍的損害。土改中殺害地主多達二百萬人，與之同時進行的鎮反運動又殺掉近二百萬反革命分子。經此階級滅絕的大屠殺，自古以來行之有效的鄉村自治體系徹底瓦解，中國社會從傳統向現代良性轉化的資源和潛力遭到毀滅性的破壞。運動中表現積極的加害者群大量得到培養和選拔，由此類靈性殘缺的人物組成的基層權力體系為階級鬥爭的強化和擴張打下了堅實的社會基礎。此後政治運動接踵而來，加害者的隊伍日趨壯大，新增加的受害者也相應地越來越多。

鄉村裡分完地主的財產，城市中接著對資本家橫加剝奪，雇主與雇員間本無多大衝突的關係也在新政權的挑唆下敵對起來。在大資本家成堆的上海，運動搞得最兇，受到剝奪和批鬥的資本家被逼得接二連三跳樓自殺。面對此逼人自殺的狂潮，時任市長的陳毅不只冷漠坐視，在聽取每一天自殺人數的彙報時，他還特別以俏皮的口吻詢問部下：「今天又有多少空降兵？」以逼人自殺的方式變相地殺人，可謂中共的階級滅絕比納粹的種族滅絕更其邪惡和卑劣的一面。毛澤東就曾明確下達命令說：「凡是自殺的人，都不要去救他，人家自己要死嘛，你去救他幹什麼？中國人這麼多，也不缺他們這麼幾個人。」陳和毛如此冷血的言論分明顯流露出他們對那些受害者的仇恨和厭惡。迫害對象很快即轉向毛澤東特別仇恨和厭惡的知識分子。大鳴大放後，五十多萬人被打成右派。運動的恐怖迫使越來越多的人為避禍倖存而背叛親朋，汙衊同事，自覺或不自覺地關閉各自的同情迴路，墮落為加害者群中的一員。

在接下來的大躍進和公社化運動中，受害的人口無限蔓延，以至擴散到擁護中共政權的翻身農戶。在三千多萬活活餓死的人口中，絕大多數的餓殍正是土改中鬥過地主，分過田產，緊跟黨走社會主義金光大道的貧下中農。毛澤東從來不畏懼中國人大量死亡，面對整個國家一片飢荒的慘狀，為確保城市供應和農產品出口的需求，毛澤東及其他中央領導仍沒放鬆向各地追加糧食徵購的數字。在餓死人特別多的甘肅省，毛竟向當地領導放話說：「大家吃不飽，大家死，不如死一半，給一半人吃飽。」毛那個「不如死一半」的下達指標就這樣落到了生產糧食的農村人口身上。哪有什麼自然災害！全都是共惡造成的人禍。

在人口始終呈現過剩狀態的中國，清除經濟上多餘的和政治上有害的人口，一直都是中共當局用以消除其政權危機的有效手段。對毛澤東來說，隨著形勢的變化，充當加害者和受害者的人選常會按他的辯證法作無情的調整。等到毛覺得失控的黨天下官僚群已危及他個人的權力和威信，受害者的厄運隨之作一百八十度大轉彎，徑直輪到一大批黨內當權派的頭上。毛發動文化大革命，要幹的事情就是造成加害者和受害者迭相轉換的亂局，在全國範圍的混戰中把他想要打倒的「走資派」統統打倒，同時也讓更多的「階級敵人」趁勢暴露出來，隨之及時地予以消滅。

運動從橫掃一切牛鬼蛇神開刀，掀起了全國範圍的恐怖。這些牛鬼蛇神多是前此各運動中倖存的受害者，在文革初期，鼓動紅衛兵加害此類「中國的猶太人」，既符合毛澤東「能消滅者一定消滅之」的暴力邏輯，也有助於催發更加恐怖的氣氛，好把害人的烈火順勢引燃到毛要打倒的「走資派」身上。一場全黨全軍全民互相加害的大混戰從此展開，直鬧到毛澤東去世。毛先是縱容中學和大學的紅衛兵實施暴力和恐怖，讓他們在派出所和居委會的指使引導下查抄黑五類家庭，替代政府執行不宜由官方出面去做的經濟掠奪暴行。接著又挑起他們先批鬥教師，再鬥黨內幹部，直鬧到他們之間沒完沒了地兇殘互鬥。我每次翻閱王友琴《文革受難者》一書，讀到所記錄紅衛兵打死人逼死人的血腥暴行，總是明顯地看出，在行兇打人的暴徒之中，中共高幹子弟——即今日人們常說的太子黨／紅二代——鬧得最兇，下手最狠，害人最多。就是他們這一夥信息通天的紅衙內領會上意，明確鬥爭方向，害起人來才會向無顧忌，特別兇殘，以至把牛鬼蛇神的人血用做造反燃料，遂燒起火炎昆岡的大恐怖。

這些人的共情能力從小即受到父輩言行的嚴重侵蝕，滋長了他們不在乎他人死活，乃至六親不認的階級鬥爭意識。一九六六年十二月底，筆者親眼目睹劉少奇的大女兒在天安門廣場的宣傳車上作批判劉少奇的發言。據王友琴《文革受難者》所敘，劉少奇另一個入讀師大女附中的小女兒在血腥的「紅八月」以打死人為榮，自誇她打死了三個人。另據一知情者所說，薄一波被「打倒」後，薄熙來就動手打過自己的黑幫父親。僅舉此數例，即可見在所謂「老子英雄兒好漢」的紅色家庭中，兒女們幼小的靈性受損的程度之深及其靈商等級之低劣。「共惡」最大的危害就是對一代代青少年的毒害，他們從小即受到階級仇恨的教育和無視生命價值的野蠻訓練。他們的所謂「造反」，其實是維護最高權威的偽造反，純屬通過殘酷迫害「黑五類」來逞兇的保皇行動。他們所奉為「革命」的害人行動本屬繼承他們父輩革命傳統的行動，所以他們的「打砸搶」及殺人暴行始終受到最高當局的縱容和包庇。文革之後，針對處理文革中受害者案件的問題，胡耀邦曾特別含蓄地指示，要「宜粗不宜細」，要「水落石不出」。胡這種息事寧人的政策顯然意在偏袒早期紅衛兵的暴行，從而切斷追究首惡毛澤東罪責的線索。文革十年從此被官方封存為一片歷史空白，喝狼奶長大的那一批加害者至今都無真誠的悔罪之心。他們不只未受到任何懲處，還在鄧小平上臺後盤踞不同的高位，都做了既得利益集團的核心人物和捷足先登的成員。

普通的造反派群眾後來的下場卻十分悲慘。此類扮演打手的人物在毛的煽動下揪鬥走資派，並與保皇派大打出手，那時候他們意氣風發，多少算是趁奉旨造反之機狠鬥了欺壓過他們的黨棍，發足了行兇報復的威風。但一待走資派被統統打倒，形勢由大亂走向大治，他們大都在「清隊」和「一打三反」時挨整受罰，其中有不少人甚至被整得慘死。再等到毛死後當權派東山再起，此類人中的倖存者又無一倖免地暗遭清算，一個個都被打入永不起用的另冊。至於隨後發生的「六四」天安門大屠殺，應該說在很大的程度上都出於中共老人集團對文革死灰復燃的大恐懼和對造反行動的總報復。據坊間傳聞，鄧小平那時即發出過「殺二十萬，保二十年」的指令。那指令分明是一個徹底撲滅文革造反餘焰的納粹式「終結方案」，將近三十年過去了，蘇聯潰散，東歐變天，中共依舊以殘忍的手段穩坐其紅色江山。

共惡的變異和共情的重建

今日的共惡發生了很大的變異，加害與受害的狀況以否定之否定的方式來了個極具反諷的轉換。中共既得利益集團現已成為最富裕的一群，他們一面隱瞞歷史，拒不反省以往的階級鬥爭暴行；一面滿懷恐慌，暴力維穩，竭力堵截矛頭已對準他們的今日階級鬥爭之新動向。曾經武裝奪權後顛倒過來的一切如今又在「向錢看」的驅動下翻轉回去了，奧威爾《動物莊園》的寓言故事在當代中國活靈活現地重演起來。率領窮人仇恨富人和充公私產的中共集團已把公產大量轉為他們自己的私產，大小黨官都人模人樣地當起地主、房主、經理和董事。經濟上和人命上的掠奪更加惡化，他們吞併了公產還不甘罷休，又進一步敲骨吸髓到平民身上。地方政府與開發商及黑惡勢力勾結在一起，在城鎮大搞暴力拆遷，在農村四出搶徵土地，每日每時，在全國各地都有維權的草民被打傷打死，被逼迫自殺。弱勢群體與利益集團的衝突至今已上升為民間與政府的全面對立。中共集團曾經煽動的仇恨現在完全轉移到他們自己身上。

他們早已喪失群眾，因而特別害怕群眾運動。八九民運被鎮壓下去後，他們立即成立龐大的武警隊伍，賦予其維穩的職能，以形式裝備上與國際接軌的建制升級了鎮壓群眾的暴力。再加上國安、國保、城管等嚴密監控的執法機構，造成大量的異議人士和維權者「被禁閉」、「被喝茶」、「被失蹤」，乃至「被自殺」的事件。比起毛時代放縱暴民大肆害人的情況，今日的害人手段明顯地專業化和制度化了。在貌似「進步」的改進中，新一代專政機構的工作人員兇狠得近乎變態，他們害起人來更下流更無賴，弄出了種種軟性折磨的殘忍手段。我買了一本《酷刑下的維權律師高智晟自述》，每讀到那些國保卑劣地折磨高律師的細節，常把人讀得脊背發冷，噁心欲嘔，一時間反感得無法再讀下去。高律師被拘期間，他說他每時每刻面對的都是「人性的荒場，所有的卑鄙、惡劣都成了堂而皇之的工作。人，作為一種存在，在那裡是得不到應有的承認，人性、人的感情得不到一絲承認。」他在書中憤然控訴說：「那種兇殘惡辣及冷酷正是中共惡勢力在中國生命得以殘存的理由和最後的保障。」

然而共惡不管怎樣詭變著花樣和手段保障其極權的殘存，時代的進步和國人的覺醒畢竟是一股阻撓不住的消解力量。受害者群體不再像毛時代那樣被分化得陷於每一個人的孤立。「孤立是一種人被驅入的絕境，他們的政治生活、追求共同目的的共同行動都被摧毀。」孤立者的私人生活空間，包括他們的經驗能力和思考能力均被摧毀，孤立到最後，連他們的共情能力都被窒息到氣息奄奄。

三十多年來的改革開放畢竟已造成不少鬆動，國人早已衝破毛時代所陷入的孤立狀況。階級鬥爭的魔咒煙消雲散，不再有兒女為自己的政治前途而與「黑五類」父母劃清界限的現象，也很少有妻子受壓力拋棄其政治犯丈夫的事情。今日湧現的多是高智晟、王炳章的女兒和郭飛雄、丁家喜的妻子那群對抗當局的政治犯家屬。很多維權律師甘冒被吊銷執照，乃至被捕判刑的風險仗義執言，為受害者辯護。更不要說互聯網上申訴冤案和狠批共惡的言論鋪天蓋地，多得讓網管人員刪不勝刪，其追討不休的勢頭已對加害者形成抵擋不住的輿論壓力。越來越多的受害者在擺脫孤立的方向上凝聚共識，重建共情。等到有一天，絕大多數的受害者都擺脫恐懼，心照不宣地走向街頭，一致抵制加害者及其害人的做法時，共惡就趨於瓦解了。

二〇一七年三月

國民與黨民

一

陳破空贈給我一本他的新作，書名《全世界都不了解中國人》（台北：前衛出版社，二〇一五年），希望我讀後給他一些反應。破空寫這本書的勇氣和書中所羅列的醜惡現象，容緩後詳議。針對他特別點出的「中國人」及其國民性問題，我得先繞個大圈子，作些必要的梳理。

「中國」這個稱呼在最初主要強調華夏族群位居四國之中的方位，並非專有的國名。四國泛指周邊的蠻夷，中心便是擁有「天下」的歷代王朝。王朝的臣民僅具各自的王朝意識，多是按所屬朝代的稱號自稱或被指稱。例如在漢朝便叫漢人，在唐朝則叫唐人，以至宋人、明人等等。在朝代的更替一直都是以一家取代另一家的暴力手段延續下來的帝制時代，所謂「國家」——正如梁啟超所說——，不過是「以國為一家私產之稱」。王朝的興滅存亡乃是皇家和各級官員的事情，與在野的草民並無多大的關係。天高皇帝遠，不管是誰家的天下，老百姓只管交足賦稅，過上太平日子，就心安理得。即使像元蒙滿清那樣的異族政權，入主中原後沿襲華夏制度建立起各自的王朝，禹域之內的順民也就拱手臣服，一如往常地做起元人、清人了。

日本在學習西方的事情上比中國早跨出一步，派往日本的留學生多從日文語境中直接搬回傳播西方思想觀念的用語。比如「國民」和「國民性」這兩個用語，即照搬自日文，引入其在日語語境中的全新內涵。梁啟超百日維新失敗後逃往日本，受到日本明治維新的影響，始撰文論述有關愛國的問題。他首先追根溯源，指出中國人國家觀念一向淡薄的緣由。他說：「我支那人非無愛國之性質也。其不知愛國者，由不自知其為國也。……吾民之稱禹域也，謂之為天下，而不謂之為國。既無國矣，何愛之可云？」他接著又痛訴中國人缺失國民地位說：「中國人不知有國民也，數千年來通行之語，只有以國家二字並稱者，未聞有以國民二字並稱者。」

王朝臣民不只國家意識淡薄，連自己族群的稱謂都很模糊。明亡後一系列反清活動都打的是復明的旗號，直到孫中山及其同盟會提出「驅逐韃虜，恢復中華」的民族主義號召，才首次確立起「漢」這個族名。五族共和的中華民國成立後，排滿的旗號隨即廢除。國民革命語境中的「民族主義」主張五族共存共治，對外一致反帝。從此以後，中國人才逐漸確立「民族國家」的認同，從臣民一變而為國民。就「中華民國」這一嶄新的國號而言，「中華」二字強調的是民族，「民國」二字偏重的是國民。《中華民國臨時約法》明確宣稱：「民國之主權，屬於國民全體。」

國民乃組成國家與民族的實體，無國民則無國家民族可言，而國家民族的興衰強弱，自然與國民素質之高低有直接的關係。嚴復的「鼓民力，開民智，新民德」之論，梁啟超的「新民說」，都是在面對清王朝一敗再敗的危機形勢下，對比了日本改革的成就而提出的。在當時的語境中，「國民性」一詞強調的是擁有個人權利和自由的國民應具備的品質，因而更富於積極進取的正面含義。梁啟超在他的《新民說》中解釋得很清楚，他說：「締造新國民，並不是要我們今天的中國人拋棄舊有一切，大變活人。締造的途徑包括兩方面：一是對我們中國舊有的、放在現在仍然適用的人生修養方法加以與時俱進的改造，二是引進外國獨有的人生修養方法加以活學活用。兩方面要齊頭並進，不然省掉任何一方面，締造新國民都不可能成功。」梁這個「淬礪其所本有而新之」和「採補其所本無而新之」的倡議並沒有把傳統與現代，中學與西學對立起來，其兼容而自新的取向也體現在晚清以至民國的小學國文課本編寫中。

近來影印出版的此類課本廣受各界好評，就傅國湧歸納此類啟蒙教材的特徵和優點來看，其國民性培養的出發點是人性，而非黨性和階級性；是強調人與自然、社會和世界的和諧關係，而非灌輸政治化、意識形態的觀念；是教育小孩子養成健全的情感、認知和精神，在此基礎上成長為有能力、有見識的國民，而非造就為某一政黨服務的工具型人才。總的來說，嚴復和梁啟超的國民性論述以及當時普及的國民教育均重在推行建設性的改良措施，並沒因國家貧弱和民眾落後而妄自菲薄，更沒有全盤否定中國的文化傳統。

二

不幸在如何融入普世文明的進程上，中國人的所做所為遠不如同樣也處於後進狀態的日本。日本人既勇於迅速西化，又善於保守本民族的文化特性，因而比較成功地從傳統轉型到現代，在脫亞入歐的方向上把中國甩到了身後。面對國力衰弱和民生凋敝的現狀，某些激進的「五四」型知識分子大多缺乏在社會改良方面做實事的能力，卻偏好按洋人表述的中國人刻板形象作自責自審的文字渲染，紛紛就如何改造國民性大做文章。特別是經過魯迅過於偏激的論斷，國民性論述最終被固化為純粹負面的民族劣根性批判。

在泛天下的文化地理範圍內，華夏族群向來都以「我者」的心態面對四夷，這種文化自負感讓我想到德國學者埃利亞斯（Norbert Elias）在其名作《文明的進程》一書中區分「文化」與「文明」的有關論述。在談及德国與英、法在人類學上的治學差異時，埃氏特別指出，德國人一貫用「文化」來表示他們為本民族的特點和成就而感到的自豪。但與德國語境中把「文明」視為次等概念的定位明顯不同，在英、法兩國的語境中，「文明」的概念則集中反映出這兩個民族為他們對西方文明乃至整個人類所起的進步作用而感到的自豪。埃氏進而從普遍的意義上概括說，「『文明』可指人類共同的東西，而『文化』則更多指民族差異和群體特徵。如果說

『文明』表現了殖民和擴張意識，那麼『文化』則表達了一個民族的自我意識。」這樣看來，所謂文明的進程，也就是使各民族之間的差異逐步縮小的過程，而突出民族自尊心的「文化」則各有其強調差異的明顯趨向。因此，論及不同的文化，實不必強作高低之分，而要衡量不同民族的文明程度，就不能不現實地面對後進與先進之間存在的差距。

華夏族群的文化自負持續了兩千餘年之久，直至與西方文明發生踫撞的帝制末期，才初次暴露出自己尷尬的衰相。那時候西方傳教士、商人和外交使節陸續來華旅居，不少人在他們的著作中記錄下各自在華的觀感和印象，從此叫明叫響了「中國人」——而非清朝人——此一通行世界的稱呼，同時也讓中國人瞥見了自己被洋人表述的「他者」面貌。平心而論，洋人筆下的有些描述和評論應該說還算平實公允，其中既有中肯的批評，也不乏溫厚的讚許，種種有關中國人特徵的說法，多出於中西對比的視角，而且明顯反映出前現代中國社會與已初步現代化的西方國家相比之下所存在的巨大差距。站在今日業已拉遠的歷史距離上回頭看去，洋人眼中那些華人的陋習和性格缺陷，其實多為國力衰弱和普遍的貧窮造成的生存窘境。與其把那一切簡單化地歸咎為中國文化的弊病，倒不如將其視為中國在文明進程上落後於西方社會的後發展劣勢。正如明恩溥（Arthur Smith）在其《中國人的性格》一書中指出的那樣，「令人絕望的貧窮是中國最突出的現實，它使得人與人之間明顯變得冷漠。……極度貧困的中國民眾一直在為他們生活的必需品進行著長期艱苦的抗爭，他們在難以想像的條件下遭受許多苦難，……被苦難磨得麻木不仁。」總的來說，在明恩溥等人以西方的文明水準來衡量中國人從衣食起居到精神風貌的描述中，所反映的特性多屬於中國人當時在物質生活和受教育的水平上遠遠落後於西方的寒磣狀況。據明恩溥書中所記的傳聞，有位大清官員出訪美國，曾大發感歎，覺得「美國的監獄比他的衙門還舒服。」

文明的先進與後進只是相比而言，並不存在一個恆定不變的絕對標準。從十七、十八世紀歐洲禮儀守則的要求可以看出，那時候歐洲人在街道上隨地大小便和在室內亂吐痰的陋習仍很嚴重。只是進入十九世紀，工業化促進了經濟繁榮，歐洲人的生活水平逐步提高，禮儀守則亦隨之較前改進。那時候的旅華洋人看到中國人類似的習慣，自然會產生中國人不文明的觀感。另一可資對照的事例是，在乾隆年間出使中國的一本見聞錄中，朝鮮的李朝官員對他在中國境內所見民居的整潔曾大加讚賞，同時就本國民居的簡陋骯髒作了自嘆不如的對比。由此可見，文明是人類社會在物質享受、行為準則和個人教養等方面不斷提升的過程中發展起來的成就和價值，各民族需要奮發自強，與時俱進，才得以擁有文明的國格，感受文明的自豪。

但我們仍應該注意到，在提及英、法兩國的人類學傾向時，埃利亞斯還特別指出，他們的文明觀「表現了殖民和擴張意識」。那時的西方人類學研究並非純學術的學院學問，其理論取向更含有西方向外擴張和四處殖民的過程中所滋長的文化霸權。特別是十九世紀末到二十世紀初在歐洲盛行的文化沒落論、種族退化說和優生學等種族主義學說，一經日本學者的譯介和詮釋，有關「沒落」和「退化」的特徵便被居心叵測地移用到支那人頭上。從日本留學回來的陳獨秀就在《新青年》上撰文，以征服者和被征服者區分白人和非白人兩類種族，他進而就亞洲的民族再作區分，把蒙、滿、日本視為征服民族，漢人則被貶抑為雙重的被征服民族。陳這種對華夏族群的自我貶低論說在當初也許只是出於一時的激憤，但他後來受共產國際指使組建中國共產黨，照搬蘇俄模式禍亂中華，就是自願代理蘇俄征服者征服中國，甘心把中國人交給馬列邪教去教化和奴役了。

德國哲學家赫爾德（Johann Herder）把中國人歸屬為西方所憎恨的蒙古人的後裔，並武斷地認定，正是他們身上的幼稚、愚昧、懦弱、服從和冷漠等奴役精神決定了中華帝國的東方專制主義命運。魯迅沿用赫爾德倒因為果的說法，把中國人的國民性病根歸結為異族的征服和祖先的遺傳。他說：「兩次奴於異族，是最大最深的病根。」還說：「昏亂的祖先，養出昏亂的子孫，正是遺傳的定理。民族根性造成之後，無論好壞，改變都不容易。」「國民性」（national character）一詞在英文語境中並無貶義，它泛指某國國民或某民族成員的群體人格，其特徵自然是優劣兼有，正負兩面的表現並存不悖的。正如明恩溥筆下那些中國人的特徵，儘管被指出了很多缺點，同時也有不少受肯定的優質。但經過魯迅雜文中大量冷嘲熱諷的印象主義描述，該詞移用在中國人身上，此後便飽含純粹的貶義。諸如「卑怯」、「瞞騙」、「詐偽」、「無恥」等任何族群中的個人都難免會有的人性弱點，均被魯迅偏解成中國人的民族劣根性。若按照魯迅「改革國民性」的倡議發展下去，勢必要對國民的人性做徹底的改革。這種通過改革人性來構建制度的思路與青年毛澤東從「動天下之心」的「大本大源」入手，對國民進行思想改造的論說可謂不謀而合，遙相呼應。人性其實是善惡混雜，優劣並存的。低劣的生存條件和不良的人格導向更易滋長人性中負面的特徵，而優越的生存條件和良好的人格導向則有益於發揚人性中正面的特徵。只有用良好的制度來規範人性，同時創造優越的物質生活條件，才可能有效地提高國民的素質和社會的文明程度。正如胡適所說，「我們不能使人人向善，但制度的改革卻能使人不敢輕於為惡。」這就是說，良好的制度有助於揚善懲惡，可對國民的人性起到正面的內化作用。

國民性論述此後一邊倒轉向偏激，從培養和提高新中國國民素質的建設性起點一路偏斜下去，最後扭曲到對傳統文化大肆討伐，對民族劣根性嚴酷批判。

三

更為不幸的是，中國社會在從傳統向現代轉型的過程中遭遇到中共暴力革命的全面破壞。以失意的中小知識分子為主體的中共早期領導群不只全面否定中國的傳統文化，而且敵視來自歐美的西方文明，他們投靠共產國際，把從蘇俄引入的階級鬥爭與梁啟超所擔憂的「莠民社會之亂暴勢力」雜交在一起，扭轉了辛亥革命建立憲政，走向共和的國民革命路線，最終建成一黨專制的極權社會。為確立黨國體制的合法性，中共把歷代王朝一律定性為「封建專制」，按照統治階級與被統治階級一刀切的劃分確立是非、善惡和好壞的標準，徹底顛覆了自古以來維持世道人心的價值系統。歷史教科書及文藝宣傳把一九四九年以前的社會及其統治階級越說得黑暗罪惡，便越反襯出黨天下的新社會光明和幸福；把資產階級及西方社會越描繪得腐化墮落，便越對比出社會主義制度的公平和優越。凡屬「五四」以來魯迅諸人描述的國民性缺陷，幾乎都被歸罪於統治階級的壓迫剝削和帝國主義的侵略，都被籠統貼上封建的或資產階級的汙名標籤。種種被渲染為國民性的劣跡從此都與萬惡的舊社會掛上了鈎。

有位學者名叫張宏杰，最近出了一本題曰《中國國民性演變歷程》（湖南人民出版社，二〇一三年）的暢銷書。他書中的國民性演變歷程看似說得頗有道理，實際上仍在中共歷史觀的圈子內打轉。張書並未觸及中共極權與歷代帝制的本質區別，在羅列歷朝的暴政如何壓彎了中國人的脊梁之後，筆頭一轉，便把今日中國社會的種種弊端都含混地歸罪封建專制和異族入侵，說什麼「今天中國的所有問題，都可以在歷史中找到答案。當今中國是古代中國的延續，我們現在所處的社會，也是由歷史塑造的。」張宏杰這種似是而非的混淆不只有曲解歷史之嫌，無形中也為開脫中共的眾多罪責間接貢獻出合理的說辭。

細讀陳破空有關「中國人」的國民性論述，不難看出陳書與張書的某些雷同之處。陳書宣稱，秦以前的華夏族群曾是忠信勇武的民族，素質很好，只是在秦始皇一統天下，建立中央集權之後，國人的素質才在皇權統治下每況愈下。特別是經過元蒙滅宋和滿清入關，在異族的侵凌和統治下，「有骨氣、有血性的中國人，大都被殺。……中國人被培植的奴性，一發而不可收。……留下的，大都是小人、懦夫、爬蟲。從龍的傳人異化為鼠的傳人。」（陳書，頁二六六－二六九）陳於是憤然斷言，「性格決定命運。這個原理，不僅符合於一個人，也符合於一個民族。有什麼樣的國民，就有什麼樣的政府……中國經久不衰的獨裁制度與冥頑不化的劣質國民性，已然構成惡性循環，成為羈絆中國跨入文明世界的魔咒。」（頁一八七）因此他十足自信地總結說：「中國人的問題，具有更深的歷史、更成體系，頑疾至大至深。作為中國人，我至少比外國人更了解中國人的病症。為中國人把脈診病，我更有把握，更有發言權，也更有責任。」（頁二七一）陳在書中反復責怪中國人奴性深重，同時還針對今日中國令人失望的狀況主觀推測說，「痛感民族劣根性而不甘同流合汙的中國人」屬於稀少的例外，「大約不超過5％」。（頁二七二）按照陳推測的這個比例換算下去，也就是說，「生長於或長期居住於中國大陸，以及最近三十多年從中國大陸出走的中國人」（頁六十八），95％以上都深陷民族劣根性而難以自拔了。談及此不可救藥的可悲現狀，陳書最終都籠統地歸罪「制度黑暗，凡兩千年」。

陳書所述國人走出國門的種種丟人現眼之舉確屬事實，書中的很多事例都暴露出中共強權悍然崛起過程中某些國人的醜陋姿態。我讚賞作者秉筆直書，敢犯眾怒的勇氣，也能理解他那股子按捺不住的憤世嫉俗之情。只可惜全書的切入點仍未能突破中共史觀的濃重陰影，還拖著自魯迅以來國民性批判的大尾巴，並沒在「制度黑暗，凡兩千年」與一九四九變天以來的黨天下之間劃出明確的分界線，更沒仔細辨析黨天下如何顛覆和扭曲傳統的價值體系，如何造成今日失序失範的後果。范疇在為該書所寫的序言中便含蓄提及此欠缺說：「作者在描繪中國人的種種負面現象之餘，沒有進一步的在『先天民族性使然』和『共產黨執政使然』之間做出解析。」（頁七）筆者之所以不避繁冗，從梳理國民性論述入手，特意撰此文回應破空，就是要對他書中尚未辨析清楚的問題做進一步的探討。

四

上述國民性批判的言論多出自論者的主觀印象，各種論斷不只缺乏社會心理學視角的縝密研究，更非得自取樣廣泛的定量分析，對比當前歐美學者國民性研究的成果，不管是魯迅的名言警句，還是當代眾多論者雷同的高論，都高不出隨感性發議論的檔次。他們最突出的偏執就是，通過歸納國民性特徵來定性中國人的民族劣根性，致使中文語境中「國民性」一詞的詞義明顯向貶義偏斜，偏斜到被用做檢討中國社會種種缺陷的一種解釋模式，甚至被定性為中國人固有而持久的社會心理。若按照此類說法推論下去，豈不正好說明：是中國人的民族劣根性造就了他們深受其害的專制制度！

就美國學者英克爾斯（Alex Inkeles）所下的定義來看，國民性是一國國民或一民族成員在特殊的社會歷史條件下形成的各種心理與行為特徵之總和，簡言之，也就是該民族國家中普泛的社會心理。縱觀英克爾斯的國民性研究，一是特別重視「眾數人格」的篩選，即統計那些趨於眾數的相對持久的人格特徵和行為模式；二是關注國民性的變動，尤其是國民從傳統人格朝向現代社會心理的變動。

回過頭來看國民性問題在中國被提上議事日程而備受論者關注的情況，也是正當晚清至民國那一段從傳統向現代轉型的巨變年代。具體地講，此一巨變過程乃是自古以來的農業社會受西方資本主義勢力擴張的衝擊，開始向現代工商社會緩慢演變的轉型。無論是中體西用說還是全盤西化說，乃至後來新儒家保守主義的敬告世界人士宣言說，以及林毓生的創造性轉化說，均含有預設社會工程的人為因素，不過是個別知識精英坐而論道，在文字層面上就怎樣轉化的問題發表他們各自的主見罷了。而現實中的轉型進程卻複雜多樣，詭異多端，貫串於不同階層的日常生活，其中既充斥了不斷試錯的曲折，也隨時碰撞出反復調適的機制，截至一九四九年變天之際，實際上已積累出不少漸進的成就。近年來從文字出版到影視演出，一系列再現民國世代風貌的作品已向公眾表明，民國並不等於中共全面抹黑的「舊社會」，它明明是幾千年帝制終結後初生的新中國。

那時候一切新事物的萌芽剛從舊殼中脫穎而出，其未成款式的新面貌讓守舊派覺得不成體統，其拖泥帶水的舊情懷更備受激進派嘲諷和指責。那一派凡事初定的氣象呈現出各方面都趨平的發展勢態，並不存在中共建政後行政分割的城鄉對立狀況，其清新平和的情景正如胡蘭成所描述：「鄉村裡也響亮，城市裡也平穩。胡村亦不像是個農村，而紹興、蘇州城市裡亦閭巷風日灑然。」就筆者的一己之見來看，網絡作者周劍岐有關「民國世代」的平實言說更能反映那個時代「國民從傳統人格朝向現代社會心理」變動的「眾數人格」。周先生如是說：

> 民國文化的精彩正在於它廣納多元成素中那個等級有序和多向度的框架，它吸納傳統與現代血性質地中的優質，從而成其人文教化的價值基礎，由城鄉士紳、事業商賈、新軍、新學、工程師、教師、記者、知識青年等，成其多元現代化的民間社會。
>
> 民國文化是一自然轉化傳統後的現代中國文化。它是順著自然的價值序列，經個體生命轉化，再配合上制度法律務實的現代化轉化，從而完成傳統價值情懷質地向現代的轉化。
>
> 最為重要的是，民國文化不但不顛覆或倒錯自然價值，甚至還改造了傳統的建制或價值中違背自然的一面。
>
> （周劍岐致筆者信）

孫郁在其〈民國文人的趣味與操守〉一文中也有類似的描述，他說那時候「外來的與固有的東西有時還處於碰撞的狀態，間或還顯得錯雜、零亂的排列，不過以我的看法，恰恰是彆彆扭扭之中，誕生了罕有的生氣。……文化處於過渡階段時，最大的豐富性莫過於不舊不新又舊又新、不古不今又古又今，不中不外又中又外，所以那個時代的文人身上，會自然散發出那種鬆散的、自娛自樂的趣味。」即使敵對的國共兩黨人士也都在革命洪流中顯示出他們那難兄難弟的一面，在氣質風貌上不分軒輊。正因為每一個體的生命在當時各呈異彩的紛亂中得以自然流溢，從權貴到平民，各色人等都在不同的程度上流露出陳丹青所謂「民國範兒」那種尚未受思想改造扭曲的民風和民氣。包括魯迅等痛斥民族劣根性的人物在內，他們反傳統的言論不管多麼激烈，也沒反到全盤否定的地步。反觀那幫爺們自身的修養和行止，也都底氣充沛，顯得蠻傳統的。

陳丹青在《新週刊》有關「民國範兒」的訪談中如是說：「民國是新朝，是古老國家的龐大轉型，民氣格外強旺，不然哪來那麼多前仆後繼的亂黨和烈士……民國作為國體，是短命的，粗糙的，未完成的，是被革命與戰禍持續中斷的襤褸過程……一個現代國家現代文明的大致框架，就是那不到三十年間奠定的，豈可小看……民國是豐富的，是古典文化大規模轉換的國家景觀，回首前瞻，與傳統、與世界，兩不隔絕。只可惜民國的整體風範，民國的集體人格，才告確立，才有模樣，就中止了，改道了，無可挽回。」

五

這一中止和改道始於一九四九之後建立的「新社會」。它的「新」乃榨取了民國世代的生命力而詭變成精的偽新。寄生的篡奪者最見不得讓他們相形見絀的寄主，因此自新社會建立之日起，中共當局即全面清除與民國相關的人和事，「民國」和「國民」這兩個用語隨同很多犯忌的舊詞彙統統遭到廢棄，地富、鄉紳、工商業主、國民政府遺留的軍政人員、幫會成員和教會信徒，各類民國氣質濃厚的人物紛紛遭到批鬥、關押和殺害。經過一系列政治運動的衝擊，華夏族群中血性剛烈的人口成分遭到了毀滅性的清洗，其斲喪民質的殺傷力遠甚於張宏杰重點歸罪的異族入侵。打一個比方，蒙古和滿清對漢人的屠殺和奴役好比山林野火，林木過火後還會逢春再生，甚至會長得更加茂盛。中共的專政和整肅則如核輻射汙染土地，經此致命的破壞，滋養民德的價值生態至今已極度惡化。

眾所周知，中共武裝奪權的勝利主要靠蘇聯支持，其建黨建國的法統完全來自馬列主義。為給其外來性質的政權增補一份本土的依據，「人民」這個本來很普通的字眼便被順手拈來，夾生在「中華」與「共和國」之間，假借成中共黨國的合法性資源。人民的名義只是黨權的代稱，只要對比一下受憲法保護的公民或國民享有的權利，即可看出黨國語境中的「人民」並非指向個體的法律概念，而是用來圈定特殊群體的政治用語。在階級鬥爭天天講的毛時代，並非居住在中國境內的所有社會成員都被當人民對待。那時的人民首先以勞動大眾為主體，只有贊成和擁護共產黨領導，積極參加社會主義建設的成員才被納入人民的共榮圈內。反之，就是階級敵人。然而在黨把人民的社會地位架空到天上的同時，人民群體也隨之被圈定為黨國動員的對象，積極打擊階級敵人的力量，必須緊跟黨走的盲眾了。隨著黨權以人民的名義擴張到無所不至其極的地步，源遠流長的民間社會遂被推向邊緣，以至趨於湮沒。

民間乃民眾活躍的空間，自古以來，民間以其多樣性、自主性和私人性在官方的控制外繁衍出豐富的社會生活。特別是進入民國世代，民間社會的成長實際上已生發出不少與civil society關聯的要素，逐漸積累出從傳統向現代自然轉型的民德資源。不幸在變天後的「新中國」，國家機器被確立為壓迫階級敵人的工具和主管社會主義建設的總部，黨僅在口頭上賜予人民群眾當家作主的名分，實際上卻處處干預和控制全民的思想和生活。中國社會完全政治化，任何獨立於黨權之外的群體活動都有被打成反革命的危險。從屬於人民群體的個人沒有言論自由，沒有參與決策或要求知情的權利，連傳統社會中民間互助和自救的機制也遭到肢解，難以繼續發揮作用。結果是大躍進造成大饑荒，三千多萬人民活活餓死。中共至今都拒不承認此重大的人禍，也不追究致禍的元兇。

由此可見，黨國體制下，「人民」這稱號不過徒有其虛名，黨民身份才是中國人真實的處境。舊社會不管有多少缺陷，那時的國民仍享有私有財產權和遷徙的自由。新社會做了黨民，連這兩項維持生存的基本條件都被剝奪殆盡。失去恆產的黨民按城鄉戶口分為兩大階層，城居者固定在國營單位工作，形同體制豢養的家畜；鄉居者在原住地生產隊為黨國生產食糧，好比體制外自生自滅的野獸。黨做了全體黨民的衣食父母，不管你願意不願意，大家都得高唱：「天大地大不如黨的恩情大，爹親娘親不如毛主席親。」這是一個前所未有的顛覆性轉化，中國人做了黨民，連帝制下的臣民和民國世代的國民所享有的自由都不復存在，人人都被穿上了夾腳的政治小鞋。馬克思主義強調「存在決定意識」，共產黨認定，只要徹底改變了全民的存在，他們的意識就會按黨的需求被改造過來。中國人的「眾數人格」即在此改造工程下開始向黨民性轉變。

黨民性的核心其實是階級性。一個人要留在人民圈子內當個合格的黨民，就必須緊跟黨的指揮，響應毛主席的號召，「向著反動階級、反動派和反抗社會主義建設的分子實行專政。」毛早在進北平坐江山之前就擬定了建國後的打擊目標，他對黨內高層說：「在拿槍的敵人被消滅以後，不拿槍的敵人依然存在，他們必然地要和我們作拚死的鬥爭，我們決不可以輕視這些敵人。」毛心目中「不拿槍的敵人」都泛指哪些人呢？可以說從黨內直到黨外，從中央遍及地方，凡是尚存民國氣質而讓毛澤東及其毛共同類感到不爽的各色人等，都在批判打擊之列。毛發動文化大革命，所幹的就是這一誅伐異己，在全國範圍推行黨民化的事情。明乎此，我們就不難理解毛臨死前把發動文革與趕走蔣介石並列為他一生所幹的兩件大事之用心了。

經歷持續不斷的政治運動，中國人要做穩黨奴，還得盡力發揮充當黨棍的作用，去幹那些與天地鬥、與人鬥的敗壞民德之事。孟子有言：「君子之於物也，愛之而弗仁；於民也，仁之而弗親。親親而仁民，仁民而愛物。」孟子這句話簡明扼要地表述了中國人自古以來所維持的人與自然以及人與人之間等差有序的和諧關係。一個人與親人的親密關係乃是天然的血緣關係，他／她只有保持親愛親人的能力，才有可能推己及人地去仁愛百姓；只有具備仁愛百姓的胸懷，才有可能愛惜萬物。中共所搞的階級鬥爭不只煽動窮人仇恨富人，還迫使親人、朋友和同事之間互相揭發，鬥爭的變態乃至荒謬到發動全民向麻雀等飛禽開戰，徹底破壞了中國社會幾千年來符合人性的仁愛系列。我之所以一再強調從傳統向現代的自然轉型，即意在突出人與自然以及人與人之間這種自發自為的動力有可能發揮的良性作用。中共所做的一切都是對此一動力的反動，他們要強行照搬蘇共設計的改造模式，將其注射到中國的歷史進程之中。這就造成了全中國黨民前所未有的苦難。

陳丹青特別就民國人的情況做對比說：「民國人什麼罪都受過，戰爭、逃難、饑荒、淪陷、破產、虧空……可是民國百姓從來不知道什麼城鄉戶口、待遇級別、糧票油票、五類分子……更沒有經歷過上級下級之間，同學同事之間，街坊鄰居之間，甚至家人與愛人之間的檢舉揭發，彼此防範，劃清界限，斷絕關係之類，即便老於世故的民國人，也不知道做人還有檢討、認罪、批鬥、下放……簡單說，民國人沒有大規模被侮辱與彼此侮辱、被監管與彼此監管的集體經驗。」

陳破空新書中針對中國人爆料的很多缺陷和惡德——粗野、撒謊、造假、功利、勢利、虛榮、內鬥、冷血、官本位意識、玩潛規則和關係學——大都帶有十足的黨民性色彩，實屬黨國體制下滋生的弊病，不應與上述國民性批判所指斥的那些負面特徵混為一談。胡平雖沒提出「黨民性」這個說法，就他在其代表作《人的馴化、逃避與反抗》（見網上「胡平文集」）一書中所描述的種種現象來看，其實已充分顯示了經過改造的黨民「眾數人格」迥異於傳統人格的特徵。胡書可以說已為我們做出明確的鑒證，陳書所述中國人的那些負面現象並非「先天民族性使然」，而恰恰是「共產黨執政使然」的。比如就「撒謊」和「造假」這兩個負面特徵來看，應該說是各國各族中的個人或群體多少都會有的惡德，但像中共黨國體制下造成的制度性撒謊和造假，卻是前所未有，舉世罕見的。中共政權一直靠撒謊和造假確立和維持，他們不只以撒謊和造假施政，還通過思想改造迫使黨民以撒謊和造假就範。這種完全由共產黨群體執政出來的「撒謊造假人格」顯然另當別論，不可與通常的撒謊和造假混為一談。

按照胡平的辨析，與傳統文化的政治道德化傾向完全相反，共產黨一貫都是把道德政治化的。在傳統社會，從皇帝到平民，無論貴賤貧富，在評判善惡好壞的問題上，均秉承一恆定的道德準則，即使褒貶政治上敵對陣營的人員，也都會一視同仁。但這一中華民族的價值階序經中共階級鬥爭的衝擊，遭到了徹底的破壞。共產黨否認道德的普遍性，只強調道德的階級性。當黨及其武裝奪權的革命需要被確定為政治正確，天道，常理，人世間最起碼的是非好壞和美醜善惡均被抹去恆定的分辨，完全可根據黨和領袖的需要任意顛倒，理直氣壯地踐踏，人群中向來為正派人及其正氣所不容的卑賤奸邪之徒從此得到空前猖狂的機會，大量的真小人爭當積極分子，他們紛紛入黨做官，把革命事業搞成騎在老百姓脖子上拉屎撒尿的惡行。地主、工商業主和資產階級知識分子一旦被定性為「反動階級」，連他們的勤儉致富都被套上剝削的原罪，連他們的聰明才智都有了反動的性質。共產黨寧要社會主義的草，也不要資本主義的苗。革命群眾中種種屬於暴民的粗野、殘忍、放辟邪侈均被發揚光大，你只要跟黨走，擁護毛主席，即使有個人道德的問題，也都被寬容為「小節無害」。就毛澤東本人的生活作風來看，從井岡山到中南海一貫都是不拘小節，也不准任何人追究其小節的。嚴格地說，毛澤東及其毛共集團的種種做惡，豈止是所謂的「小節」，大都是喪盡天良的反國家、反民族、反人類罪行，均屬大節問題。中共自建黨以來，在「小節無害」的掩護下幹盡了大節虧損的壞事，今日中國從全黨腐敗到全民腐敗的局面就是共產黨大力推行道德政治化的惡果。只需把此類「小節」盡可能追查出來，即足以說明問題，根本沒必要畫蛇添足，再去炒國民性批判的餿飯。

六

至於中國人出國旅遊的丟人現眼之舉，我覺得也不必過分作「怒其不爭」的苛責。此類失範走樣的言行均屬黨民性後遺症的不良表現，正好現形出黨化教育如何把本來有禮貌、有規矩的國民教唆到言行粗魯，面目可憎的地步。毛時代閉關鎖國，把黨民圈在鐵幕後憋悶了好幾十年，如今幸逢改革開放，中國人好容易獲得出國的自由，出遊者滿懷的好奇心和興奮勁完全是可以理解的。就筆者個人的見聞來說，對普通遊客在旅遊點某些受指責的現象，最好還是一分為二地看問題，不必跟著港台媒體的報導亂起鬨。港台媒體報導事件的態度往往缺乏明確的反共意識，更多的是出於厭煩大陸客的情緒。觀光者，「觀國之光」也。到發達國家看一看人家的成就，在文明社會中接受些規則的約束，不只有助於消除官方醜化自由世界的宣傳，也有益於提高旅遊者個人的修養。總而言之，從失範到再就範，從走樣到復原得更加像樣，還得有一個緩慢的過程。只要越來越多的中國人走出來，走入優於黨天下的世界，就會越走越脫棄黨民性的陰影。這樣看來，毛死後這四十年來的社會變化和人心走向，可被描述為中國人的社會心理從黨民化導向到去黨民化導向的轉變。

好比民國世代國民的社會心理從傳統導向向現代導向轉型過程中那種新舊兼容和中西混雜的狀況，從黨民向去黨民轉化的情況更加複雜，不可能呈現涇渭分明的走向。要認真討論當代中國人的人格特徵分佈，顯然已很難拿國民性這個單一的「眾數人格」去籠統概括，而需要勘測出多個各有差異的「眾數」，去分辨其中黨民性與去黨民性既重疊又衝突的多種人格成分。至於像陳書所謂「例外的中國人」——也就是「痛感民族劣根性而不甘同流合汙的中國人」

——「不超過5%」的主觀推測，進而把95%的「眾數人格」都劃歸「全世界都不理解」的「中國人」那樣的結論，就難免過於武斷，未必符合今日中國的實際情況。

不可否認，當今中國，既得利益集團在日益膨脹，五毛黨的確多如牛毛，毛左毛粉也很囂張，還有不少人懷念五十年代，乃至想入非非，企慕文革風雨……這些「眾數人格」到底在全國人口中佔多大的比例，需要做精確的社會學統計。他們各自的精神狀態有何差異，他們的黨民性中到底還雜有哪些已經變質的成分，更需要做具體的調研分析。總而言之，實際的情況紛紜錯雜，很難在此一概而論。

據二〇一七年元月第三十九次《中國互聯網絡發展狀況統計報告》顯示：截至二〇一六年十二月，中國網民規模達七・三一億，互聯網普及率達到百分之五十三・二，其中手機網民規模達六・九五億，增長率連續三年超過百分之十。互聯網的信息傳播和接受給中國人從黨民人格向去黨民人格的轉變帶來了前所未有的契機。網際表達的自由度和個人性遠遠超出從前由黨操縱的「四大」（大鳴、大放、大字報、大辯論），網絡交流已成為中國網民日常生活不可或缺的內容。慕容雪村在〈花開時節醒來〉一文中指出：「轉變悄悄開始，人們開始用自己的腦袋思考，思考這個國家、這個社會，以及自己的切身處境，新的詞彙、新的觀念日日湧現。我不能說這種狀況已經改變了人們的精神狀況，但中國人比前互聯網時代確實清醒和聰明了許多，一場艱難而深刻的覺醒正在悄悄到來。」這一覺醒就是向「去黨民化」的轉變。

自電視劇《人民的名義》熱播以來，網民的跟帖雪片般飛上屏幕，紛紛質疑到底誰有資格代表「人民」。對「人民」這個虛名，越來越多的網民已表示不屑和不忿，他們自嘲為「屁民」、「蟻民」、「屌絲」，這說明他們已看清自己實際的身份，並開始重視和爭取自己的各項權利了。在他們眼中，黨國及其領導人均已喪失其「偉光正」的光圈。他們把執政黨及其政府視為異己的權勢集團，為避免發到網上的言論被「和諧」，他們心照不宣，戲擬了很多暗語式的詞彙，戲稱中共集團為「趙國」、「趙家人」或「天朝」。總書記習近平儘管被大批俗眾肉麻地呼為「大大」，但同時也有不少網民蔑稱他為「包子」。從莫談國事到熱議國際國內的時事，也是網民去黨民化的明顯特徵。去年美國大選，中國網民表現出幾乎不亞於美國選民的熱心。針對最近的朝核問題，網民一口腔非議當局對朝政策的言論實際上已對黨軍造成一定的輿論壓力。更不要說有關「抗美援朝」以及抗日戰爭等一系列歷史真相的還原在網絡上廣泛傳播，微博和微信上滿天飛揭發毛共邪惡的文章……「兩會」一邊在人模人樣地隆重召開，赴會的「腦殘代表」——毛孫子、申紀蘭等等——一邊被網民當做可挖苦的笑料。執政黨及其政府的趣味低下和運作拙劣已在網絡上暴露無遺，常常被網民「草泥馬」地戲笑嘲罵……

這一切僅僅是鬆動中轉化的開始，但要從網上調侃發展到大規模街頭抗議，還有極其漫長和艱險的路要走。孟姜女並沒有哭倒長城，網上的調侃也笑不垮天安門城樓。

二〇一七年五月二十一日

不屈的受難和奮爭
——《上帝是紅色的》台灣允晨版代跋

廖亦武是當代中國最著名的禁書作家，他的作品之所以受禁，是因為多年來他通過一系列訪談記錄深入勘探中國的底層社會，對中共當局竭力掩蓋的社會陰暗面作出了持續不斷的如實報導。他的《中國底層訪談錄》兩次在國內出版，兩次被禁，直到二〇〇二年才由台灣的麥田出版社推出了三卷本全集。該書出版後在海外的中文讀者群中引起廣泛的興趣，特別是其英譯本（*The Corpse Walker: Real Life Stories: China from the Bottom Up*）二〇〇八年在美國出版，書中講述的苦難、殘暴和腐敗引起了世界範圍的關注。廖亦武不只其書被禁止在國內出版，其人亦被禁止出境，近年來他十多次受邀參加國際文學節和書展，均因當局的阻撓和刁難而未能成行。

廖亦武其人及其書越是受壓受禁，其聲譽在中共的禁錮圈之外便影響越大，而他為突破那個禁錮所進行的採訪勘探也隨之範圍越廣。繼《中國底層訪談錄》之後，他至今已推出兩卷本《中國冤案錄》、《中國上訪村》、《最後的地主》和《地震瘋人院》多種訪談專輯，其採訪報導面遠超出早期的社會邊緣人遭遇，而擴展到反映維權上訪者的怨訴和抗議，公佈老地主及其子弟早為世人遺忘的苦難經歷，乃至及時報導二〇〇八年四川大地震發生期間被官方媒體隱瞞的種種真相。

從事此類採訪，廖亦武所踫到的麻煩不只是不准出書和出境，平日還常遭受公安人員的騷擾，或被傳喚到當地派出所審問申斥，或住處突遭搜查，被抄走資料和電腦，種種粗暴的待遇，成為他多年來的家常便飯。二〇〇四年十二月，只因他採訪了了法輪功練功者，差一點被破門而入的便衣警察抓走。那天晚上，廖亦武機警地跳窗而去，倉皇逃出成都，長期躲到了雲南。正是這一次深入苗、彝等少數民族居住的邊遠山區，廖亦武有緣結識基督徒孫醫生，隨後在孫的帶領下進入基督教的教民世界，在他勘探底層的訪談錄中又開拓出一個新的領域。

現在，廖本人編定的中文版《上帝是紅色的》（允晨文化，二〇一三年）也即將面世，對有興趣瞭解和研究中國基督教歷史及現狀的讀者，這的確是一份特別珍貴的資料。

其實，早在隨同孫醫生踏上艱辛的基督徒尋訪之途前的一九八九年七月，在一次與北京地下教會組織者徐永海的相遇中，廖亦武已初步瞭解到基督教傳播在中國受到的打壓。眾所周知，反對帝國主義，不但是中共奪權鬥爭中所打的旗號，也是他們掌權後在全民範圍內鼓動敵意的主要目標。自一九四九年中共建國，包括天主教和新教在內各基督教派別，一律都被與帝國主義對中國進行的文化侵略聯繫在一起，從此基督徒在中國遭遇到自該教傳入東土以來最嚴重的迫害。首先，外國傳教士被一批批驅逐出境，留下來的中國教民則遭遇更慘，他們或被殘殺和判刑，或受到毆打批鬥，或被迫放棄信仰，他們的聖經被撕毀焚燒，大量的教產也被沒收充公，在整個的毛澤東時代，前此的宗教活動基本上陷於停頓狀態。為粉飾虛假的宗教信仰自由和掌控基督教群體，在現行宗教政策的嚴格限制下，政府強行建立「三自愛國教會」。這個官辦教會不但割斷中國天主教教會與梵蒂岡的聯繫，而且由此安插進黨在基督教內部的代理人，致使基督教在中國處於名存實亡的狀態。

雲南地處邊陲，與英法殖民的東南亞國家接界，早在十九世紀，歐美傳教士就在那裡開展傳教活動，至一九四九年，在苗、彝、白各少數民族居住區，洋教士主持的教會已擁有了大量的信徒。他們辦醫院，收養孤兒，為振興地方教育也作出不少貢獻，總而言之，在那一帶貧窮落後的地區，確實起到過移風易俗和淨化社會的良好作用。這些虔誠而富有愛心的洋教士就是當地教民擁戴的「遠東牧羊人」。在他們被作為帝國主義的文化特務趕走之後，當地的不少教民因受牽連而遭到種種迫害，廖亦武這部訪談錄向我們講述的就是他們中個別的受害者及其家人血淋淋的故事。倖存的天主教徒張茂恩家中世代信主，他大哥張潤恩身為神職人員，為地方上辦過很多好事，在民眾中頗有聲望。然而，中共的建國徹底顛倒了傳統社會固有的價值，他那些「解放」前奉主的榮耀，到了「解放」後竟全成為反黨反人民的罪行。黨和政府及其唆使的積極分子所進行的革命就是要破壞舊有的價值，因此，他們首先要從舊社會有影響的人物身上開刀，他們就是要打倒善人和好人，要消滅上帝的選民，要造成撒旦橫行天下的局面。於是張潤恩在群眾批鬥後被長期關押，在折磨得皮包骨頭失去人形的情況下被槍殺在村外的河岸上。不信神的共產黨是無所畏懼，因而也毫無人性的，他們殺了人還不准家屬收屍，直到十個月後，才准許家屬從河邊的淤泥中刨出屍體，重新埋葬。就在重新埋葬時，家人發現了一個奇跡，張潤恩那時已骨肉腐爛，但他臨死前揣在懷裡的聖經卻完好地保存了下來。另一個新教牧師王志明，就因他身為牧師，文革中便被定為反革命分子而慘遭槍殺。他兒子王子勝也受連累坐了多年的監獄。王志明受害的事跡後來傳至西方，在一九九八年，他的英名入祠英國西敏寺，成為二十世紀偉大的殉教烈士。

我們讀過的廖亦武訪談錄已經很多了，如果說他筆下那些畸零人和含冤者的遭遇僅以其個人的不幸令人深感同情和萬般無奈，進而突顯出共產專制下種種社會之怪現狀，那麼這部基督徒訪談錄則除了控訴中共及其唆使的暴民對教民的殘酷迫害以外，更能讓信教的或不信教的讀者感受到信仰的力量和受難者堅貞不屈的人格，在閱讀過程中得到精神上的提昇，在極度的震撼後領會到撫慰心靈的光。就拿孫醫生來說，他醫術超群，本來在大城市享有高職高薪，但在信主後卻斷然放棄了優越的待遇，隻身到雲南山區，一年到頭風裡來雨裡去，奔波在崎嶇的山路上為窮苦的山民治病，在救死扶傷的同時向他們傳佈了教義。孫醫生為什麼要做這樣自討苦吃的事情呢？當然他不是學什麼被編造的雷鋒，而是在繼承和發揚早期西方傳教士的傳統。那些騎上毛驢翻山越嶺在苗彝山寨裡傳教的洋人，最初就是憑著給窮人治病賜藥，幫助他們改善生活條件而取得信任，在救世的善行中傳播基督教教義的。這一種竭誠普救人世苦難的工作才真正稱得上是為人民服務。孫醫生永遠的偶像是在印度顯示了「平凡神跡」的德蘭修女。他對廖亦武說：「只有上帝有力量評判世間一切，我們沒力量，也沒資格評判，那就只有盡其所能去付出。不要追問付出了又將如何如何，僅僅是活著，並且付出，就足夠了。」

百歲修女張印仙的事跡也很感人。她從小住進修道院，她以她在那裡的成長歷程證實了外國傳教士主持的教會在一九四九年以前救死扶傷，收養孤兒的功德，從而否定了中共當局加於教會的誣衊不實之詞。她也以她在其後幾十年受盡折磨的經歷見證了中共暴政對世道人心的敗壞。張印仙告訴廖亦武：「一九五二年，永世難忘。曾經極其榮耀的大理教會，人去樓空，老鼠成堆，四百多口，最後卻只剩我，修女張印仙，我的孃孃，修女李華珍，本地主教劉漢臣三人。」此後的三十一年，他們三人受盡無良村民的欺辱，但三個人相依為命，矢志不渝，在堅韌的祈禱中熬過歷次運動，苦難卻不失尊嚴地活了下來。張印仙從來不向革命群眾低頭，改革開放後上面落實宗教政策，她揹上九十歲的孃孃在鄉政府門外示威抗爭近三十天，最終爭回了他們的教產。拒不參加「三自教會」的袁相忱寧願將牢底坐穿也不向政府的威脅利誘低頭讓步，直到關押二十多年後釋放，他依然不改初衷，在嚴密的監視下還堅持辦家庭教會。因為他「要完成神的使命，拯救在中國的失散靈魂。」所以政府的淫威，他根本不放在眼中。

對比廖亦武其它訪談錄中眾多受害者的經歷，《上帝是紅色的》中的人物為讀者開啟了一個新的向度，他們不再是無望地訴說冤屈或黑色幽默地嘲諷世道的荒誕，在中共當政下的悲慘世界中，他們活得有志氣有目標，透過那鋪天蓋地的平庸，我們可以從他們的經歷中看到稀有的精神之光，以至由衷地感嘆他們那源於信仰的堅強。訪談錄中還穿插了幾個教民們盛大聚會的場面，儘管那山野間的聚會環境很蕪穢，場地很簡陋，那群蠅亂飛的聖餐禮也讓人感到不太衛生，但與會者的熱情始終是高昂的，祈禱的聲音是虔誠的。由此可見，中共六十年來的迫害、打壓和限制並沒有把固有的價值完全顛倒，在撒旦的力量日益失勢的今日，被破壞的秩序正在恢復常態，受傷的心靈也在隨之康復，信仰的力量是不滅的和無窮的，普通人向善的渴求可謂浩浩湯湯的巨流，任什麼強權也休想阻擋。

為收集這些苦難中抗爭的故事，廖亦武追蹤孫醫生的足跡，在同樣崎嶇的山路上奔波了五六年之久。他雖然至今尚未信主，但他的尋訪之旅無形中已撒上了朝聖（pilgrimage）的光彩，那些訪談錄也譜入了讚美詩的樂音。全書的十七個故事分別來自神父、牧師、天主教修女、聖公會長老、地下教會佈道者和城市青年新信徒之口，有的回憶毛澤東時代殘暴的迫害，有的陳述地下教會在打壓下不斷發展的現狀，每一個故事都以受訪者生動的口述令人如臨其境，如睹其人，不只真實傳達了基督教群體爭信教自由的心聲，同時也弘揚了他們歷盡苦難卻信心彌堅的感人精神。

廖亦武一如他以往的敘述風格，每一篇訪談錄都附有風趣的引言，間或有補充說明的後記。在這些夾敘夾議的短文中，作為局外人的敘述者，初入貧窮落後的少數民族山寨，他那個來自城市的漢族身份，以及非基督徒作家的視角，難免使得他對眼前的異樣風俗，耳中的陌生語言及其所表述的信仰全都感到迷惑和隔膜。但隨著賓主的對話漸入佳境，再加上山民們的好客和淳厚消融了他初來乍到的生疏，他們純樸的信仰和清貧中的樂觀態度最終使他深受感染，對他們的世界，他遂獲有更多的理解。在一次採訪結束時他從心裡發出感慨說：「由於我還不是教內弟兄，在場的人……挨次勸導我消除顧慮，受召歸主。質樸的中國底層人啊，我理解信仰是個好東西，是你們能夠拿出來，和匆匆過客的我，一道分享的精神美味，我從內心愛你們，但是天不早了，每個人都得獨自趕路。」

採訪之旅畢竟使廖亦武與今日中國的基督徒有了更多的交流，他會不會信教，那純粹是他個人的事情，但基督徒爭信教自由的決心和勇氣對他的巨大鼓舞則是毫無疑問的。作為一個獨立作家，寫作乃是廖亦武終生的事業，不管中共當局怎樣禁止他的作品在國內流通，不管他們採取什麼手段限制他出境和給他的日常生活帶來麻煩，他還是會照樣堅持寫作，會繼續開拓他採訪的領域，會把當局竭力掩蓋的事實報導出去的。通往世界的門業已打開，從港台到歐美，到處都有廖亦武中文原作的讀者，更有更多外文譯本的市場。今日的世界需要報導真實的文字，因為只有讓世界上更多的人瞭解到中國社會的真實，才有助於改善中國社會和中國人的處境，而依靠造假和封鎖真實倖存下去的中共政權，必將隨著越來越多的真實情況大白於天下而難以繼續作偽，最終徹底失去信譽。至少，隨著這本《上帝是紅色的》在海外的出版，中共所謂的「宗教信仰自由」將會在更大的範圍內暴露出它一貫的謊言欺騙，而國內那些爭取信教自由的人士也會因此而贏得有更多的支持和援助。

二〇一〇年五月

靈與肉的受難

一

《陰之道》（允晨文化，二〇一二年）是一本精彩且很耐讀的小說，但須有耐心細讀才讀得進去。我現在寫這篇書評，要說的就是初讀該書一遍後又經過反復翻閱才從中讀出的精彩耐讀之處。

小說講述的是一對農民夫婦為生二胎而出逃在外的經歷，故事的素材均得自作者馬建的實地考察，有其毋庸置疑的紀實骨架。通過他獨特的小說化敘事，馬建不只揭露了計劃生育政策執行過程中的暴行，同時也觸目驚心地顯示了舊有的習俗如何在黨天下極權的高壓下發生病變，導致了從人心到世道，直至整個生態的全面惡化。就這一要點來看，此書也堪稱一部顯靈之書。它所顯的靈首先是「那些還未體會呼吸就被計劃生育滅絕的」生命之靈，馬建特稱之為「嬰靈」。

靈魂或神靈之類的觀念，經過五四以來科學觀的僭越，再加上六十多年來黨化教育的灌輸，在當今國人的心目中，多被蔑視為封建迷信。這一去靈化觀念導致的惡果便是把人只視為一血肉之軀，在其內斷除了本真之根，在其上再也不存在任何制約人世的超越力量。於是土改時殺地主也好，大躍進餓死幾千萬人也好，戒嚴部隊開槍鎮壓學生也好，只需拉出革命紅旗的「偉光正」一蓋，都可以一了百了。在一個像這樣大規模殺人都無所謂的國家，到處出現的殺嬰事件自然便不足令人震驚了。三十多年來，在農村地區，計生委的種種暴行不管多麼令人髮指，地方政府都不聞不問，大多數民眾也持漠然視之的態度。但就我移居美國後的見聞而言，卻另有受到強烈撞擊的個人感受。就在我居住的小城紐黑文，十八年來，我常見到街頭出現反墮胎的抗議。抗議者或三五成群，展示圖片；或獨自一人，高舉標語牌。無論寒暑陰晴，他們終日站立街頭，雕像般默默向路人宣示從受精卵到胎兒都是生命的信息。有關這一問題的具體爭論，此處無暇詳述，但有一點可以明確指出，那就是這些宗教人士要強硬地向人們宣示靈魂不滅和敬畏生命的信念。

在萬物有靈的古代中國，「靈」在人們心目中的含義更為豐富和博大，它是生命活躍的亮點，是人與物、生與死、我與他交相感通的良能。與西方的靈肉對立觀念不同，從古人有關心與物的論述可以看出，心是從物發展出來的，一個人能盡己之性，則可盡人之性，進而盡物之性，這一由人事進入萬物的認知過程之擴展，便是人的靈明和靈覺所發揮的妙用。古人所謂「人為萬物之靈」的說法，所強調的就是，「靈」這一良能在人的身上最為突出。孟子說：

「人皆有不忍人之心，先王有不忍人之心，斯有不忍人之政矣。」「不忍人之心」的本質即靈性的感通功能，一個人具有了這種良能，不只可移情於他人，也可擴及草木蟲魚。隨著現代社會的不斷物化，前現代意義上的靈性在現代人身上已日漸淡薄，但比較而言，在女性、孩童和非城市化生活環境的人群身上，此靈性的顯現往往比在男性、成人和城市化生活環境的人群身上要稍多和較強一些，而在藝術氣質濃厚的人士身上，所存養的靈性甚至會更加敏銳和強烈。

馬建就是此類靈性作家中的一員。在新作《陰之道》一書中，他寫出了獨闢蹊徑的意境，魔術般召喚出嬰靈的聲音，讓靈與肉受難的氣息滲透了故事的整個講述。

故事的講述由兩個不同的層面交錯構成，一個是現實中按順時針方向展開的場景，另一個則隱蔽在此場景背後，通過嬰靈的視角和聲音，逆時間之流而上溯，在追尋其生命源頭的趨向上作出斷斷續續的追述，從而插入很多增補的情景。這兩個面一顯一隱，虛實相生地重疊在一起，讓人不由得聯想到太極圖上的陰陽雙魚。可以依稀看出，胎兒在子宮內的形狀與孕婦挺起的肚皮就隱隱呈現了類似的反「S」圖形。這樣看來，馬建設計的這一敘事架構就不是單純出於講究敘事技巧的意圖，也不是搞什麼先鋒派的文學試驗，他行文的氣勢讓人模糊地覺得，他似乎感應到嬰靈的召喚，因而便模擬起那由陰面向陽面顯現的過程。所謂「陰之道」，可以說就是那被滅絕的生命顯靈的通道。故事的開頭與結尾在此陰陽轉換中發生對接，進行中的場景與嬰靈重現的記憶交錯在一起，兩相對照下顯現出一個超現實的真實。這一真實即冥冥中每一個「靈」所含藏的記憶，它好比隱秘的錄像設備，會永恆地貯存下所經歷的一切，在適當的時刻，更會卷軸般綻放開來。馬建之所以這樣一陰一陽地講他的故事，把情節的推進扭麻花一樣扭入時間的順逆交錯之中，而且講得如此耐心，不避繁冗，似乎就是要固執地告訴我們，嬰靈的記憶才是故事的正本，敘述者層面的文字可視為作者與嬰靈感而遂通之際所作的呼應。

如上所述，中國文化持靈肉統一的觀念，嬰靈的記憶正好顯示了母親肉體的感覺，它始終附著在母親身上，常會在母親面臨危機或受難之際驟然顯現，畫外音一般插敘進自己的聲音。小說開頭第一句就以嬰靈從娘肚子內潛望到的外部場景敲響了生育監管和生育逃亡相對抗的緊張節奏：

就看見母親雙手緊緊守護著肚皮，雙腿在發抖……

（《陰之道》，頁五）

家住女媧縣的美黎懷上了二胎，他丈夫孔老二一心要讓她繼頭生女兒囡囡之後再生個男孩，這懷胎的肚皮便成了美黎被計生委視為生育嫌疑犯的標誌。她之所以如此恐懼，是因為此時此刻，計生隊已闖入村莊，正在捆綁違犯了計劃生育法的婦女，要拉走她們強制墮胎或結紮。這群惡棍的暴行激起村民的憤怒反抗，結果村民的維權抗議慘遭鎮壓，參與過其事的孔老二倉皇出走，帶上妻子和女兒踏上了生死歷險的逃亡旅程。

二

男女兩性在身體處境上根本的差異源於各自不同的生育功能，男人性交中排出精子，基本上便無事可幹，女人在受精後很多麻煩的事情始相繼發生。從十月懷胎的拖累到一朝分娩的危險，直到嬰兒成長過程中勞累的哺乳，生育的整個過程全落在女人身上。這期間女人在身體上難免會感到很多不適，但在日常情況下，有行之已久的習俗和醫療保健設施予以調理和安頓，發生在個人身上的生理麻煩均可求得安全的緩解。傳統社會中有關男女大防和生育制度的規定確立了種種必須嚴守的禁忌，婦女在經期、孕期和產後的行動雖受到一定的約束和限制，但婦女也因此而享有了特殊的保護。通常，婦產科方面的事務多被以不潔的警示和私密的忌諱隔絕在由女性參與的範圍內，男人絕對被置於局外，國家和政府更無從過問。只是在今日的中國大陸，計劃生育政策的強行實施才徹底破壞了那既定的格局，孔老二因此憤憤指責說：「二千多年沒有雖到過比共產黨更無賴的敵人。」（頁二六六）國家無賴到連女人的子宮都要過問的程度，生育監管把婦女個人的生育問題升級為是否政治正確的問題，本來由醫療機構關照的事情無端被置於暴力干預之下，計生委的權力惡性膨脹為監管生育的警察。正如馬建在小說的後記中所說：「在黨的眼裡，每一位母親都是生育嫌疑犯，每年的查環查孕就是在預防母親犯罪。裝上的避孕環猶如捆在動物身上的定位器，用以被跟蹤監視與外界的計生幹部保持聯絡。」（頁三三九）

正是受到此暴力的干預，美黎在長達十年的逃亡中歷盡了一個女人在身體上可能受到的種種折磨和侮辱：她以為離開土地，漂流水上，就逃出了政府的控制，結果還是被水上巡邏隊抓去強行墮胎，一劑毒針殺死了她臨產的男孩。為避免再受罪，她背著丈夫花錢去設備簡陋的診所草率上環。然後又不幸懷孕，生下有殘疾的女孩。女孩被孔老二賣掉，她氣憤出走，途中被抓到收容站變相勞改，再被轉賣到淫窩，慘遭強姦。最後，她與丈夫落腳到一個名叫天堂鎮的電子垃圾拆卸場地，千難萬苦生下一個男孩，孔老二終於如願以償。美黎則以殉生育的受難結局沉入水底，了結了子宮的罪孽，解脫了陰道的勞累。

書中的很多細節都突出了生育監管給婦女造成的苦難。如上所述，婦女在孕期與分娩中縱有很多不適，在日常情況下均可得到適當的調理，不至於遭受太大的痛苦。懷孕的婉語叫「有喜」，那本是值得恭喜的事情，腹中的胎動往往讓孕婦感受到與胎兒相呼應的喜悅。但作為「生育嫌疑犯」逃亡的美黎，腹內的胎兒便成為她的肉體贓物，出現在她身上的胎動不但無喜可言，反使她深感擔憂。小說中反復出現一個細節：美黎常感到胎兒踢她的肚子，彷彿那胎兒在她腹內搗亂，弄得她擔驚受怕，以至她惡稱其為「小腫瘤」。此外，書中還多次提到美黎逃亡途中想嘔吐而硬忍住不敢嘔吐，常強忍住尿意而不敢貿然出外撒尿。正由於生育監管的羅網鋪天蓋地，連此類妊娠期間常有的反應，夫婦倆都怕被人看在眼中，露出懷孕的形跡。

書中最令人震撼和揪心的是美黎三次分娩的場景，每一次都呈現出婦女被釘上生育監管十字架血淋淋受難的畫面。頭一次是美黎被計生隊拉去野蠻引產，第二次是她藏身骯髒的窩棚內，叫來地下接生婆給她接生，第三次是她自己用殘傷的手掏出了躲在子宮內拒不出生的嬰兒。特別是那強迫墮胎的場景，加入了嬰靈自述遭毒針殺死的感受，讀起來就讓人如臨現場，頭皮發麻：

> 嬰靈返回現場時又感到了針插進肉的疼。那長針先是進了眼眶，之後就鑽進腦漿，然後針頭噴出一股又涼又辣的藥水，那些硬塞進的藥水把腦漿漲疼了，那堆肉就抖著，抖著，然後就停止了，也漸漸地涼了。

特別照抄下這段描寫，是要強調「嬰靈聲音」在此書敘事上所造成的特殊效果：仔細體會這個馬建自稱為「第四人稱」的敘事角度，你也許會有一種嬰兒直接向讀者訴說的感覺，那平鋪直敘的聲音一下子被推向前景，以任人宰割的聲調講述著手術執行者的冷血和被滅絕的小生命之無辜，讓讀者感知到被政策規定為多餘的那塊肉也有痛感，更不願意被殺……墮胎場景中還不斷插入那些手術執行者的舉動和言談，寫他們如何殺豬宰羊般處理美黎和胎兒的肉體，如何以嘲弄和蔑視的語言羞辱美黎，反映出這群毫無人性的傢伙靈性殘缺的本質：屠殺一旦被納入醫療化和藥物化的處理程序，孕婦和胎兒便成了手術臺上一堆供手術切割的肉，操刀者眼中根本沒有全人。

由此也可看出，馬建在身體書寫上與很多先鋒小家的截然不同之處。馬建寫身體，旨在揭示政治高壓對身體的控制，寫的是人被貶低到生物人層面的境況下心理和精神上所受的戕害。不少熱衷純文學實驗的作家則因刻意迴避政治，不敢面對現實，便把寫身體搞成筆墨遊戲。無論是莫言豐乳肥臀所宣洩的食色狂歡，還是余華陰謀殘殺所把玩的血腥美學，都給那些胡編亂造的故事故意安上虛擬的時代背景，其目的就是要製造非政治化、非歷史化的效果，好順利加入黨所縱容的「三俗」文化市場。與先鋒作家的身體脫位正好相反，在小說《陰之道》中，馬建吃力運作的是將身體復位，即把先鋒小說中被空虛化的身體再沉重化到家庭、婚姻和生育的脈絡中，以苦澀的幽默訴說生育苦難的血祭。身體不再是靜物畫一般的物件，而是被作為人物的處境和命運展現出來，構成了感人的敘事。

此外，性描寫也是這本著重身體書寫的小說中多處插入的片段。與製造色情趣味的黃段子完全不同，馬建的筆觸傳達的是陰道的怨訴，而非色情文字所渲染的陽具猖狂。色情文字誇張的場面多是男人想要達到卻無力企及的風月佳境，比如像美黎的丈夫，房事之餘，還要花錢看黃片去買一劑意淫的春藥，好增強他實幹的快感。但擔心懷孕的美黎卻對丈夫的一味貪歡深感恐懼，懷孕期間她怕壓壞了胎兒，被墮胎後更擔心再次懷孕。馬建的性描寫反復呈現的便是在生育監控的威脅下女人對性生活日漸厭倦的處境。一路上，「美黎想到睡覺前總要被男人弄一遍的夫妻生活，感到自己如一團亂麻。」（頁二十九）但是她身不由己，致使她對身為人妻的職責產生了懷疑：「男人為什麼要天天射精，真不明白，做老婆跟做妓女沒區別了。」（頁二一八）與美黎的感受完全相反，老二的性觀念則充滿了肉慾霸權。美黎推脫他的糾纏，他直接宣佈：「奶子就是給男人摸的……不是餵奶的時候都歸我。」（頁一四七）還說：「老婆就是生兒育女，不能閒著。……我就是要摸你這軟腳軟肚子和這細皮嫩肉的……」（頁二〇九）

男人的陰莖不只是一個工具性的器官，它往往被男人想像為把握外在世界的中介，成為他身體中一個有別於他自己的東西：他的第二個自我。它的尺碼大小，勃起的硬度，以及通過它享用的快感之強度和佔有對象的多少，均被男人視為衡量自身價值的標準。因而在男人的性亞文化群中，一直都流行著把自己的那東西暱稱為「老二」的叫法。這樣看來，馬建給他的主人公所起的「孔老二」這個外號便有了耐人尋味的雙重含義。把五四以來對孔子的蔑稱戲仿到這位沒落的孔家後代身上，不但具有慨嘆傳統衰敗，一代不如一代的反諷效果，它同時也暗示到這位主人公的「性角色」（sexual persona）身份。縱觀小說中描寫他與美黎的夫妻生活片段，可以明顯地看出，他從未饜足的樂趣就是用他那小「老二」折騰妻子，藉以振奮他疲軟的自我。在整個的逃亡途中，他樂此不疲，得空便幹，真可謂一個名副其實的老二。

老二的專斷和強迫弄得美黎在房事上日漸痲木，她只好應付差事，漠然處之：「儘管老二還在她肉裡翻來翻去，她也如不沾鍋，沖一下也就是自己了。」（頁二七〇）馬建的性描寫還原了性生活的日常狀態，他不著煽情的筆墨，卻能在淡化的處理中定影出男女在牀笫間做愛的本色，以粗放而不低俗的諧趣裸露出人類男性在性行為上的笨拙和徒勞，更突顯出男女不同的身體處境，為性描寫非浪漫化和非色情化的探求開創出新的路子。比起以性漫畫描寫著稱的昆德拉小說片段，馬建的這些輕描淡寫之筆自有其更勝一籌的妙處。《陰之道》隱隱為我們勾勒出一條陰暗的通道，它像內窺鏡一樣把讀者的視境導向了女人陰道和子宮內記憶的褶皺，從那肉的痙攣和血的賁張中譯解出訴說了婦女複雜經驗的語言。

三

一胎化的另一個惡果是迫使父母把唯一的生育指標留給男嬰，結果導致大量的女嬰或被殺或被棄，近年來，有些父母更借助B超的檢查，把很多提前發現為女性的胎兒趁早做了人流。對某些一心要生男孩的父母來說，頭生的女孩簡直成了阻撓他們心願成真的障礙。囡囡是馬建寫得相當成功的一個角色，她三歲時隨父母出逃，在流亡中長大和開始懂事，逐漸看出自己的存在給父母帶來了麻煩，更目睹母親的受罪，感知到身為女人的不幸。在月經初潮的那天，她大哭大叫，抱怨母親把她生成了女的。在故事的結尾，囡囡突然離奇失蹤，她以她自己主動的人間蒸發為弟弟的出生廓清了通道。就揭露計劃生育導致千千萬女嬰被殺被棄的慘況來說，《陰之道》也可謂一本女殤之書。小說以母女倆相繼離世收場，把倖存的結局留給了孔老二和他一心要生的男孩，讓他懷抱他的孔天堂在腥腐的黎明中走上工業廢棄物堆積的舞臺。

据人口普查資料顯示，一胎化政策至今已造成男女比例嚴重失調的社會問題，再這樣搞下去，幾千萬婚齡男性將成為婚配上的剩餘人口。孔天堂出生的天堂鎮根本不是什麼人間天堂，而是一處人造地獄。在今日中國大陸很多新興的小城鎮上，都可看到這樣的工業化荒原，從水面到陸地，那裡到處糜爛著後毛鄧時代特有的後現代腐敗和腥穢。如果說真有什麼中國特色的社會主義或所謂的「中國模式」，那就是這種後發展國家難免會有的劣勢景象。像黨國體制的所有機構一樣，計生委這樣的設置也給相關的從業人員提供了權力資本。救死扶傷的醫務工作者把胎盤和死嬰肉作為高級補品販賣出去，魯迅小說中作為隱喻的「人肉宴席」，如今竟噩夢成真，具現為冰箱中隨時可拉出來的凍肉塊豐盛著官員和富商們饕餮的餐桌。美黎被強迫墮胎，墮的是她的胎兒，頂替的卻是地方官員的小姨子。計生委大搞江澤民始作俑的「雙贏」策略：他們既完成上級指標，又做成了權力資本的生意，一紙流產證明書賣價兩萬，讓那位小姨子安全生下了她的二胎甚或三胎。計劃生育政策的嚴格實施其實未必能真正強加給所有的父母，有錢有勢的不但可買來超生指標，還有條件把太太或二奶送到香港乃至外國去生孩子。針對最近陝西安康一件引起公憤的強制引產惡性事件，胡平發文批評，文中提到了一個他認為特別例外的現象。他說：「一般的暴政都是一部分人把一種反人性反人道的東西強加給另一部分人，唯有強制性計劃生育卻是強加給所有的人，連統治者自己也不例外。」從政策條文上說，的確如此，但從以上所述的事例便可看出，在實際執行中，這個「也不例外」總會打不少折扣。

世道和人心敗壞到這一地步，歸根結底，都是中共的去靈化實踐大行其道的結果。在「萬物有靈」的古代世界，人們往往以「擬人論」（anthropomorphism）的方式想像和比擬外在世界，把大自然構想成一個放大了的人體，用人體的不同部位來指稱湖海山川和原野溝壑。這一構想也體現在《陰之道》一書中。美黎的家鄉有個女媧洞，流一條陰水河，她是摸了洞裡的女陰才生下了囡囡。她和家人逃亡的整個行程都在水上，她最後生下兒子的地方名叫子宮湖，因為那裡是超生游擊隊比較安全的避難處所。從故鄉厚土到江湖逃亡，小說的敘事場景往往會浮現出古代「擬人論」世界的影子。馬建顯然在勾畫一種古道西風的景觀，要讓我們感受到仍處於前現代狀況的中國農村及其居民多少還維繫了古代「萬物有靈」論殘存的靈氣，就像在舞臺上噴放幾縷薄煙，給故事的講述增添了靈動的氣氛。

女性身體及其生育均屬於陰，陰總是與潮濕或粘稠的流血、出汗、嘔吐、流出分泌物，以及發出腥味、酸味、體臭味等身體的生物狀態聯繫在一起。在美黎一家人生死歷險的「陰之道」歷程中，馬建堅持抒寫他特創的「生物文本」（biotext），編織出一條富於「生育氣息」的脈絡，讓女性身體和自然環境中豐饒的生命力在受壓抑和被腐蝕的情勢中發酵，膨脹，破裂，從掩埋的汙泥中掙扎出來，又難以避免地帶上了受汙染的痕跡。特別是在頁一五〇一大段文字中，美黎走入垃圾堆與樹木雜生的荒野，感受到夏日的溽熱和草木旺盛的生意，她的肉體受到季節的感染，血脈湧動中產生了激蕩的回應……那情景讓馬建寫得極富有反美文、反詩情畫意的獨特詩意，可稱之為馬建式的生物文本詩意。就我個人的閱讀感受而言，在書頁的翻動中，似乎從字裡行間都依稀聞到了某種既刺激嗅覺，又讓人感到窒息的氣味。山川靈氣的敗壞就這樣隨著環境汙染而日益惡化，自然的和人自身的生命力，在人工製造品瘋長的勢頭下便令人深感無奈地趨於荒穢，終至枯竭。

這又是馬建的生物文本與莫言等人那種陶醉骯髒美，渲染汙穢癖的文學作品截然不同的一點。後者津津樂道各種令人感到噁心的景象，他們截取農村地區落後粗野的故事片斷，以偽民俗學的炒作販賣給文化消費市場。馬建筆下的垃圾風景則重在表現失去土地的流民在今日中國的邊緣處境：他們被國家體制擯棄為人口垃圾，不得不住到垃圾成堆的地方，靠拾荒為生，與廢棄物相依為命，就像古人常說的「如入鮑魚之肆，久而不聞其臭」那樣，最終連人自身及其日常生活都垃圾化了。美黎逃出淫窩，曾在一處垃圾人家藏身一段日子，在離去之日，她穿上那一身撿自垃圾堆的衣物，儼然一個垃圾品時裝模特走上了城市的街道，活脫脫顯示出一幅女媧鄉女兒的垃圾化蛻變漫畫。美黎初上旅途時有一段這樣的描述：「美黎知道自己從小就喜歡農村的綠，有濃有淡，也喜歡芹菜發芽時的淺黃，桃花的粉嫩、槐花的冷白和田埂邊野車菊剛張開時的艷黃。」（頁四十五）可見她人雖在逃亡途中，心裡仍存養著家鄉的山水田園賦予她的靈秀之氣。懷著她淳樸的生命喜悅感出外冒險，她真誠地希望到傳聞中的天堂鎮子宮湖生下她的男孩。但一路上各種難聞的氣味——江邊被棄的嬰兒屍體、糞便、塑膠、工業廢水、油汙等腥臭味——不斷引起她噁心，讓她深感：「沒有生靈就不能叫河，只能叫排水溝，窮山惡水。」（頁一三八）於是，這逃避計生委追捕的歷險記也就成了一個走向垃圾堆接受汙染，最終習慣骯髒環境的逐臭之旅。囡囡手中的玩具撿自垃圾堆，孔老二養的鴨子吃的多是河道中受汙染的魚蝦，他們的居處日夜為蚊蠅包圍，他們躲起來生第二個孩子的村莊因水源受汙染而生出大量的畸形兒，村民竟以出賣他們的殘疾孩子給乞丐幫而發財致富……政府逼迫人民以不正確的方式在那個更不正確的社會裡苟活下去，到頭來，他們便以劣質的生育貽害民族的未來。世道人心的敗壞就這樣與山川靈秀之美的徹底破壞同步發生，進而惡性地互動下去。

馬建把他另一部小說中那個植物人拒不甦醒的抗爭方式移用於胎兒孔天堂的拒不出生，讓他在娘肚子內頑守了五年。正像當植物人更為安全，不再會遭受國家暴力的拷問和懲罰，躲入母親的子宮也比生到世上更少風險，可避過生育監管，也免得呱呱墮地後陷身骯髒的垃圾世界。孔天堂的不願出生讓人聯想到格拉斯《鐵皮鼓》中那個眼看納粹時代降臨而想返回娘胎的奧斯卡，可惜他的臍帶業已割斷，他只得在後來自殘成長不大的侏儒。孔老二不到黃河心不死，犧牲了妻子和女兒，頑抗到底，終於抱到了孔子第七十七代傳人。然而這男孩早已在胎中老化，天堂鎮的人造地獄環境更通過他母親的垃圾化生活使他深度中毒，他那「如綠蘋果般閃光」的肉體果然成了他母親暗中抱怨的「小腫瘤」，只不過一疙瘩子宮結石肉而已。

嬰靈便沿著母親走來的水路，沿著母親的氣息開始尋回出生之地……

（頁三三四）

嬰靈如棄敝屣般離魂而去，跟上母親逃出垃圾化的末日世界，前往女媧洞，返回到生命的源頭。這結局讓我想起了周敦頤《太極圖說》中最後一句話：「原始返終，故知死生之說。」道家是主陰的，馬建所鋪敘的「陰之道」在一定的程度上也可以理解為「道家之道」在小說敘事中的推衍。道家的六十四卦始於歸藏，終於歸藏，所以萬物出於坤，又入於坤。美黎帶領著嬰靈完成了生命的歷程，像林黛玉所吟的「質本潔來還潔去，強於汙淖陷渠溝」那樣，還原到她水做成的生命之中。

孔老二抓到手的只是他個人頑念的外殼，妻子留給他作為慰藉的一塊生育渣滓。對做父親的老二來說，這個抱在懷裡的孔子第七十七代傳人徒具形骸，其諷刺意味正如在天安門廣場上擺了一陣的孔夫子青銅塑像那滑稽可笑的模樣，成為胡溫政府在公眾眼前的笑柄。在天堂鎮這一電子廢棄物拆卸場地生下的孩子也不可避免地電子垃圾化了，它的象徵含義是令人毛骨悚然的。這爹倆走向前臺謝幕的情景輝煌得實在荒蕪，那極度物化的繁榮竟是用斑駁的鏽跡打造而成：

> 老二把孔之子抱在懷裡迎著初升的太陽踩住如出土的陶片般的爛線路板和拔光了記憶體散熱片的顯示卡架，往一些過去是鍍紅或銀灰色的手機外殼灘走去，……他雙腿晃蕩在敲裂的英特爾中央處理器、掃描器電解板機箱以及子彈殼般的那片音頻連接器中，漸漸爬上了顯示屏之丘……
>
> （頁三三五）

這破爛攤子難道不是近日中國崛起的背景？這危險的孩子難道不是今日中國人下一代的象徵？好萊塢常發行一些世界末日（apocalyptic）災難片，入侵地球和挑戰人類的勢力不是機器人，就是外星人。這兩類未來人的身體形態之所以特具有殺傷力，就因為他們徒具人形而毫無靈性，既非出自娘胎，又非養育於家庭。中共政權摧殘家庭和反人道主義的作為由來已久，且日益得勢，再加上近年來引入西方先進科技，在快速的經濟增長中聚斂了可以買通世界的財富。

倘若讓這股勢力在國內繼續為害，並向外猖狂下去，未來出生的千千萬萬孔天堂就是中共政權毀滅中華文明和挑戰自由民主世界的機器人或外星人了。

《易‧繫辭下》曰：「作《易》者，其有憂患乎？」千載之下，馬建作《陰之道》又敲響了當前的警鐘。

二〇一二年七月一日

紅與黑的陰影

在中共政府無所不管的毛澤東時代，連人死後處理其屍體的事情都會受到政策的嚴格限制。農村人多少還能保存屬於各自生產隊的墓地，有條件沿襲自古以來的土葬習俗。而在只有革命烈士陵園可保存下去的城市中，居民們根本找不到死後的葬身之地。特別是經過文革中那一場破「四舊」的掃蕩，傳統的喪葬習俗被指責為封建迷信，棺材鋪統統關門大吉，火葬從此被確定為處理城市居民屍體唯一可行的方式。

對傳統喪葬方式的排斥乃是中共階級鬥爭的目標之一，早在一九五四年毛澤東遊覽杭州之日，他的指令就開了挖墳暴屍的罪惡先例。他不喜歡西湖邊那些由名流陵墓和佳人香塚構成的景點，嫌他們的墳堆和碑碣大煞風景，有礙他坐穩的紅色江山之政治風水。他身邊的佞臣胡喬木舞墨弄文，更助長了毛澤東繼承歷代亂軍盜賊掘墓暴行的匪首思維。一九六四年，胡在他請求毛澤東修改的〈沁園春．杭州感事〉一詞中便挑唆毛說：「土偶欺山，妖骸禍水，西子羞汙半面妝。誰共我，舞倚天長劍，掃此荒唐！」毛澤東於是口含天憲，立刻在該詞原稿上大筆一揮，寫下惡毒的批語：「杭州及別處，行近郊原，處處與鬼為鄰，幾百年猶難掃盡。今日僅僅挖了幾堆朽骨，便以為問題解決，太輕敵了，且與事實不合，故不宜加上那個說明。至於廟，連一個也未動。」他指令地方領導除岳墳以外，將其他被指斥為「達官貴人」的墳墓全部遷出西湖寶地。主席的指令一出，《人民日報》隨即發文鼓動說：「國內至今廟墳如此之多，毒害群眾，亦覺須加撻伐……杭州一呼，全國響應的日子，想亦不遠。」緊接著文革破「四舊」的狂潮禍亂全國，華夏大地上除了毛所認可的民族英雄或革命烈士，其餘的死人都不配立碑修墓了。自從新中國建立伊始，毛澤東就有意把他的階級鬥爭戰線向陰間擴展，對那些亡魂死鬼，他也要做出敵我陣營對壘的劃分，妄圖通過破壞傳統的喪葬制度，徹底斷絕華夏文明的風水氣脈。

曾子曰：「慎終追遠，民德歸厚矣。」傳統喪葬制度的意義絕不僅限於如何處理親人屍體的問題，千百年來，「慎終追遠」的持久實踐在華夏大地上一直凝聚著家族的親和力，鞏固了鄉土社會在一定範圍內的自治，從而養育出淳厚的民風和守護家園的民氣。對群眾運動的危害性曾作過深刻剖析的美國理論家霍弗（Eric Hoffer）就曾指出，中國社會之所以較不容易出現群眾運動，是因為中國人的家庭觀念更為牢固。接著霍弗的論述，我們應進一步認清，在上世紀初的中國，正是隨著傳統家庭和宗族的沒落瓦解，中共的勢力才趁機興起和急速地壯大起來。基於其一貫靠武裝鬥爭和群眾運動得勢的本性，中共的革命路線對家庭和宗族自始即持有本能的敵意。一個人越是六親不認，便越是有條件作一個為黨賣命的戰士。要在新的政治形勢下做優秀的共產黨員，往往就難免面臨「忠孝不能兩全」那個舊框框中冒出的新問題了。

黃文廣《紅小兵家庭回憶錄》（*The Little Red Guard: A Family Memoir*, New York, Riverhead Books, 2012）一書中的故事便從這一古老而又惱人的衝突講起，並將此主線貫穿全書的整個敘事。二十多年來，在海外華人用英文撰寫的或從中文原著譯成英文的眾多回憶錄中，我們讀到的故事多為敘述者講述他／她本人及其家庭在中共暴政下遭受的迫害，但本書中黃家人的故事卻明顯有所不同。他們出身貧苦，屬於在新社會受益的群體，即使是這類緊跟著共產黨走的家庭，也別有他們一本難念的經。如果說其他書中所講的苦難故事是血淋淋的外傷，黃文廣一家人的窘況則更像是隱隱作痛的內憂，屬於城市中普通人家那種幾乎無事的悲劇。

文廣的父親黃志有自幼喪父，抗戰中隨守寡的母親從河南老家逃難到西安。母子倆靠幫傭艱難度日，新政權建立後，他們過上了較前優越的日子。志有從此有了穩定的工作，他娶妻生子，從單位上分得住房，後來更光榮入黨，多次獲得先進工作者的獎勵。如上所述，黨組織之所以在爭取黨員忠誠性的問題上傾向於削弱和分解家庭的親和力，就是因為人所固有的親情最易促使人離心非人性的黨性。黃志有是寡婦養大的孩子，不管共產黨對他和他們家的恩情有多大，都絕對大不過他們母子間的骨肉情深。他雖說出身貧苦，原先的情況卻與流氓無產者群體中那些痞子人物有所不同。他母親家和他們黃家原來都是殷實人家，是民國世代的戰亂和災害使他們從小康墮入了貧困。因此他母親人雖貧寒，卻屬於那類出身良家而很有志氣的女性。文革中，她拒絕接受抄家者分給他們家從她的前主人任老闆家查抄的大房子，也拒不參與批鬥任老闆的活動，而且不怕被指責為思想落後，敢於暗中照看任家的孩子。正是受到老母親這種被汙名為「封建意識」的正面影響，黃志有雖身為共產黨員，卻並未完全物化為黨的工具。他力求在母親身上多盡些孝心的做法常使他的人格和行為處於分裂狀態。在公開場合，他政治上總是表現積極，而退入個人和家庭的生活，便又恢復了非黨性的普通人之常態。黃文廣書中的敘事細膩而略顯幽默，從他那掃描式的街巷居民日常生活圖景中可以看出，這種分裂遍及中共意識形態專制下的大眾群體。比如，街巷的婦女們儘管都去「認真參加各種旨在肅清迷信活動的政治會議，但私下裡卻很少有人按黨的教導辦事。他們照樣去做那些受到批判的事情，並以奉行河南或西安的風俗為自己辯護。」（頁四十七）傳統和習俗的存活力是極其頑強的，即使在文革破「四舊」最瘋狂的日子，「四舊」也難以消除淨盡。紅衛兵盡可以暴力破壞「黑五類」家中那些物質上的四舊，卻無力清除普通大眾日常生活中被指責為「四舊」的習俗。諷刺的是，越是在黨所依靠的貧下中農和工人階級群體中，「四舊」的草根性反而越紮得深廣。

毛澤東很早就意識到，「嚴重的問題是教育農民」。靠農民打天下的中共集團本身就有十足的農民化成分，其內在的分裂並非來自資產階級思想的腐蝕，而是鄉土中國的傳統沒能夠向現代性健康轉化所導致的後果。毛本身就是個農民氣十足的人物，自然對此後果的嚴重性缺乏起碼的認識。他所擔憂的只是黨內的農民意識會削弱黨性建構的危險，所謂的「教育」，不過是用毛澤東思想的政治教條約束每一個人的言行罷了。黨員與群眾於是統統被導向人格分裂的狀態，他們只好陽奉陰違，假話連篇的紅色包裝遂逐漸成為新中國現實生活的常態。

一個民族的文化傳統乃是該民族的本質特徵，你不能把它簡單地視為可以從中隨意地取其精華和棄其糟粕的東西。這好比人體的營衛血氣，在民德歸厚的情況下，傳統會更多地發揮其健動的功能，而一旦民德衰落，遭受強權的壓制，傳統就會隨之而發生病變，顯現出更多低俗醜陋的現象。就傳統的喪葬制度來說，其物質層面的嚴格規定所要體現和維護的乃是「民德歸厚」的精神。明清以來，隨著人們過分拘泥形式和看重物質層面的東西，喪葬儀式所體現的精神本來已漸趨衰落，在一定的程度上流於浮誇和虛飾。一九四九後的新社會不但沒有為傳統精神的重振提供良好的社會條件，反而繼續摧殘，嚴厲壓制，使其在陰暗處鬼祟存活的情況下發生了嚴重的病變。就是在這種氛圍下，為了給老太太做棺材備壽衣，黃家人艱難而持久地籌劃起違反政策的土葬活動。

文廣的母親與她婆婆在日常生活中時有摩擦，儘管她並不支持婆婆執意土葬的要求，但作為女人，她還是能理解婆婆那一片樸素的心願。她對文廣說：「在我們農村，一個女人不管多麼窮，在婚禮和葬禮這兩種場合，她都會穿戴體面。」（頁八十二）對文廣的祖母來說，死後要穿上傳統的壽衣，入殮棺材，埋入河南老家的墓地，是對「慎終追遠」的祈求，不過想死得尊嚴一些而已。像她這樣被批評為迷信和封建的老人，固然無法改變自己活在這個新社會的現實，但通過喪葬的儀式，她畢竟還有一線希望選擇她死後的歸宿。不幸的是，她身為共產黨員的兒子因考慮到自己的政治身份，只得偷偷摸摸為她作這番籌劃，再加上他手頭拮据，居住空間狹窄，那一口藏在臥室角落的黑棺材後來竟成了籠罩黃家人日常起居的陰影。尤其是敘述者黃文廣本人，棺材的陰影在他的成長過程中陰氣逼人，常給他帶來古怪的夢魘。那一口棺材不只貫串全書，顯現為敘事的道具，它多少還釋放了某種象徵性的含義，讓我們看到了紅色壓抑下傳統事物的黑色病變，以及紅與黑猥瑣相交錯的荒謬現象。

一直為母親籌備葬禮的黃志有不幸早逝在他母親過世之前，而早就做好死亡準備的老太太卻拖著老年癡呆症的病體，在兒子死後苟延殘喘，竟多活了十來年之久。紅色壓抑下發生了病變的傳統顯然更具有頑強的存活力，紅色包裝的瘋狂卻僅能逞兇於一時，黨在毛時代強加給社會的很多紅色事物在後毛時代都黯然失色，急劇消亡。

敘述者黃文廣的個人經歷雖僅限於六十年代至今，但他串連了祖母和父母生平的敘事卻簡要地勾畫了百年來中國社會變遷的粗略脈絡。沒能夠向現代性健康轉化的傳統在當今的消費社會中繼續發生病變，變得更加低俗，更為滑稽，令久居西方的黃文廣遊子歸來後深感啼笑皆非，百般無奈。土葬的禁令早已解除，房地產開發的熱潮也助長了墓地經營的商業化趨勢，在今日的墓地市場上，給死人買一塊入土為安的長眠之處，已貴到了天價的地步。黨不再限制民眾從事任何迷信活動了，你只要不反黨，從前很多不准做的買賣現在都可放手去做。市場的炒作為傳統回歸中出現的需求製造出奇技淫巧的商品，為了賣出高價，貪婪的生意經把舊事物剛剛恢復的一點生氣弄得不倫不類，令人感到刺目而噁心。暴發的大款們一味炫富，很多人都捨得花大錢為死去的親屬修建陵墓，包括清明時節的祭奠，近年來讓很多上墳燒紙者搞得要多麼俗氣有多麼俗氣。普通的工薪階層不只為活著買不起住房發愁，如今，人死後買不起墓地也成了他們深重的擔憂。

文廣的祖母過世時，當局對土葬的限制業已鬆動，但她終究沒能夠葉落歸根，埋進老家的墓地，而是被下葬在西安郊外廢棄的某廠區所買的一塊臨時墓地。那只是一片亂葬崗子一樣的地方，在那近乎垃圾堆的環境中入土，還不如來一個火葬處理，把骨灰盒安置在寄存處靜穆的架格之上。河南老家的墓地已被圈入開發建築的工地，毛時代沒能破壞成的領域，如今在市場經濟瘋長的衝擊下都被一一攻陷。老太太的亡靈看來是再也難歸故里了。黃文廣看到，老家的親戚依然貧窮如昔，面對他們的現狀，他滿懷物是人非的感慨。他寫道：「戲臺還照樣搭在那裡，戲中原有的角色大都死去，但幕布尚未完全落下。」（頁二四五）紅與黑交錯在一起的陰影仍在困擾著他的記憶，影響到他現在的生活。他說：「在我的眼中，那棺材就是導致父親早逝的魔障。對父親的徒勞，我深感荒誕和氣憤，他籌劃祖母喪葬的經營不知剝奪了我們兄弟姐妹多少童年的樂趣。」（頁二一七）

已往的經驗，無論是作為紅小兵曾經被灌輸的教條和觀念，還是在祖母和父母身邊耳濡目染的事物，全都融入黃文廣的生命，構成了他生存現狀的部分因素。他可以走出中國，生活在別處，卻甩不掉那陰魂附體般沉積在記憶中的困擾。越是到後來，他越是覺得自己無可避免地傳承了父親身上的很多東西。已經在美國定居好多年了，他至今仍頻頻往返在西安和芝加哥之間，作為家中的長子，要去處理家人和親戚中不斷發生的很多事情。陰影在繼續拉長，從過去投射到現在，一個人只要還活在世上，就難免會承受那一直在他的生命中往下蔓延的重負。只是進入了書寫記憶的過程，通過敘事的重組，作一番頭腦和情感的清理，他才感受到一絲傾訴後的輕鬆，算是取得了些許祛除煢惑的功效。我想，這就是黃文廣寫出他的家庭回憶錄，給自己作點減壓治療的動機吧。

二〇一二年五月

情慾的力量

《紅杜鵑》（Anchee Min: *Red Azalea*, Pantheon Books, 1994）是一本用淺顯的英文寫成的自敘作品，喜歡此書的歐美讀者也許會像讀一個少女的日記一樣，欣賞其敘事的單純和語言的儉樸。而凡是在毛的中國經歷過那一場歷史謬誤的人，我相信，當他們在作者閔安琪講述的故事中一再讀到那些中文句式的文革用語，大概都會對其中的反諷意味有或多或少的領會。

六〇、七〇年代的中國大陸，整個地是由惡夢和鬧劇構成的世界。除了奧威爾在《一九八四》一書中預言的那個歹托邦社會，人類歷史上還沒有任何一個政權像無產階級專政那樣，把政治控制擴張到使所有人都不復有私人生活的程度。奧威爾筆下的恐怖僅為機器對人的全面監控，只要被監控的人群中一旦建立了私人之間的「人」的關係，極權強加給他們的孤立便無形中渙然消解。閔安琪的不幸在於，從她一懂事即步入的那個社會始終充滿了人對人的敵視，到處都是被挑唆起來的批判和揭發，背叛他人，切斷自己與他人之間的親密關係——從家庭關係直到朋友關係——於是就成了個人免受別人攻擊而不得不採取的生存方式。人們從此不敢再相信別人，同時也不敢再維持自己的獨特形象。為了把革命的火燒得更旺，所有的人都或被迫或自願地把自己的生命用做燃料，任其毫無價值地耗損下去。

勞動本來是勞動者為社會和自己創造物質財富的實踐活動，現在則由於革命的需要而被組織成一種生產鬥爭的形式，被從人們的經濟行為中分離出去，被編排成對勞動者的筋肉和精力進行殘忍折磨的宏大場面和狂熱表演。勞動於是有了苦役的性質，它最終成了接受改造的人們在身體上自虐的宗教活動。譬如在「紅火農場」那樣的鹽鹼地上墾荒，是否能種成莊稼或打多少糧食已經不是首先考慮的問題，該農場更像是被建制為軍營或勞改隊那樣的機構，主要是用來容納從城市中撤退出來的知識青年，讓他們在與人奮鬥之後，再與天地奮鬥。這確實是一極大的諷刺，曾經在學校裡大造其反的革命小將，如今面臨的竟是一場自我改造的考驗。就是在這樣一種非人化的環境中，敘述者以第一人稱的口吻向我們講述了她的情慾歷險。

創造性的勞動，或者說創造了勞動成果和使勞動者得到了自我實現的勞動，乃是人性的活動。而苦役性質的勞動則是純粹的體力消耗，它使人降格為工具，退化到牲口的層次。由於革命已經否定了文明的種種成果，貧窮、卑賤和粗礪的生活境況所帶給人的不文明狀態反而被拔高成革命化的象徵。閔安琪告訴我們，她和她的墾荒戰友不但被疲勞拖累得已經對骯髒和儀表上的不體面習以為常，而且他們中的積極份子還刻意把不講衛生和不講究修飾捧為思想純潔的表現。生活現在已經嚴酷到不准女人表現出過多的女性特徵，戰友中像小翠那樣依然要將自己固有的生活習慣維持下去的人——如喜歡在工餘之後口裡哼起小調，每天晚上把泥汙的手指洗得乾乾淨淨，再把換洗的繡花內衣晾在牀頭——便成了被批判的對象。愛美的追求，讓自己輕鬆一下的情趣，最終都與墮落和犯罪聯繫到一起。有天夜裡，小翠同農場的一名男工在野外幽會，探清了情況的顏隊長竟帶領一群人出動干涉，把他倆當場「捉姦」。男的被判強姦罪立即處死，小翠受刺激發了瘋，隨後淹死在河裡。

五〇、六〇年代成長起來的人，基本上都是在革命化的禁欲氛圍中形成自己的性觀念的。很多人都被革命的教育造就得十分無知，遂將人性中至為美好的東西視為邪惡。只是後來經歷了太多的失望和痛苦，得知中共高層中被暴露出來的一些事實，才逐漸認識到，共產黨人其實並沒有建立甚麼全新的道德理想。他們也曾效法蘇俄布爾什維克的「一杯水主義」，在性關係上十分混亂。說他們共產共妻，並不完全是誣衊。只是到後來為了政治的需要，才對革命隊伍內普通男女的男女關係有了嚴厲的管制。總的來說，他們始終把道德從屬於政治，並沒有為道德賦予獨立的價值。所以，整個社會對性的嚴格控制，可以說一直都是作為對人進行全面控制的手段及其組成部分。極權主義者深知，在人與人之間的所有關係中，性關係具有十分危險的消解力。把性犯罪定性為反革命固然荒謬之極，但就極權主義的邏輯而言，它也自有它的道理。

小翠只是一個晴雯型的犧牲品，她心雖好強，人實脆弱。《一九八四》一書中的朱利婭則是一個自覺地用性來顛覆專制的女人，她公然揚言要以她的淫蕩與那個社會的全面封閉對著幹，結果她把驚弓之鳥一般膽怯的溫斯頓從無比的孤立中拉入了自己的懷抱，與他一起跨越界線，打破隔膜，在專制強加給個人之間的鐵壁上戳了一個小洞。《紅杜鵑》一書的敘述者也頗有點朱利婭般的刁鑽古怪，正是在小翠悲劇的導演者顏隊長感情最脆弱的時候，她同這位長相和作風均像男人的女戰士掛上了情慾之鈎。

顏本人也是一個不幸被那個時代扭曲了人性的人物，一個被革命俘獲的狼孩，她身上的女性情懷被她扮演的非女性化角色死死地禁錮起來。只是在小翠受害而死之後，她才在若有所失的悵惘中發生動搖，人性的需求才趁機抬頭，邁出了越軌的腳步。她忽然有了暫時離開人群，去找個幽僻處清靜一下的衝動。怪不得極權的統治總是要在人與人的緊迫摩擦中製造每一個人的孤立，原來一個人一旦有了獨處的機會，他／她那被群體毒化的自我便會逐漸緩解其中毒，被磨損的人性從而將息過來，得到了復原。顏背著人拉起了二胡，她用音樂洗滌自己，同時也感召了暗中偷聽的閔安琪。閔說：

> 我通過二胡感受到了她的真實的自我。我也被她喚醒。在一塊陌生的土地上，我面對著一個我至今尚不認識，卻如此驚喜地發現了的自我。
>
> （頁八十七）

接下來的故事在今天看來也許有幾分荒唐和滑稽，但我們應該理解，是精神的極度貧乏把人對情愛和友誼的樸素渴求弄成了那麼不倫不類的樣子。顏在閔面前承認，她也像小翠那樣暗暗喜歡上其他生產隊中的一個男子。她向閔談論他，又讓閔代筆給他寫信，通過分享關於一個異性對象的秘密，兩個同性開始相好起來。真不知她倆是把談論一種異性戀的單相思當作引子，好在預演的過程中假戲真做，替換性地轉入同性戀的關係，還是受限於農場中男女大防的嚴密戒備，不得不在同性的懷抱裡尋求代償性的滿足。不管則麼說，小說的敘事讓我們看到，對一個所愛的對象的迫切需求，已迫使這兩個年輕女子飢不擇食，以致顧不上細究性別的選擇。由於人與人之間不准在身體和語言上公開發生親密的接觸，這一對突然陷入「同性戀情境」的女人便如脫韁之馬，冒險在集體工棚的牀鋪上幹起了互相親吻撫摸的事情，而遮掩著她們的只是稀薄的蚊帳。諷刺的是，那蚊帳上由於被顏隊長綴滿了毛主席像章，才較好地發揮了掩蔽的作用。後來發生的事情向我們證明，這一危險的關係之所以最終沒有敗露，完全是因為閔的情人身為生產隊的隊長和黨支書。閔簡直弄不清她所扮演的角色到底是顏所想像的男人，還是身為女人的她自己。趁機釋放的情慾把她們拖入了難以自拔的滿足，她們不敢正視，也完全不懂得她們所做的事情。當閔問顏她們到底在幹甚麼的時候，顏竟用一句毛主席語錄來回答她的問題，說她們是「在戰爭中學習打仗」。

從今日美國的lesbian視角讀解閔和顏的情慾歷險，恐怕是會導致誤讀和曲解的。她們並不是為了逃避男人才廝磨在一起，而是由於生活的全面政治化把人壓迫到一種不辨雌雄地宣泄情慾之極端形式中以求吐一口悶氣。在現代社會中，年輕人本來完全應打破禁欲性的男女界限，相互間友好交往，坦誠交談。不幸此完全正常的人際關係卻讓極權控制列為禁忌，把每個人都限制成一棵孤立在地面上的樹，人們只好樹一般在地下延伸各自的根鬚，曲里拐彎，糾結在一起。為了維護意識形態的純潔性，嚴密的防範反倒造成不良的感染，一直在其號稱純潔的核心弄出了病灶。閔在伸張她身上的人性之同時，也觸動了顏身上的人性。在那個青春過於荒涼的歲月裡，她們的結合畢竟爆發出情慾的力量，開出了一朵慘淡的小花。

自敘的後半部把我們引入了卡夫卡筆下那樣的荒誕世界，從某種程度上說，它比卡夫卡小說中的審判和城堡更讓人驚心動魄。因為無論是上海電影廠內一群女演員的政治競爭，還是和平公園內的窺淫癖社群，全都是真實發生的事情。想像出來的鬼並不可怕，真正可怕的是活鬼，是讓人像鬼一樣活著，把人置於非人狀態的極權社會。閔安琪幸運地被選中去演江青主持的革命樣板電影，卻不幸在後來的角逐中遭到淘汰。又是在從集體中游離出來的間隙之日，在她情緒最消沉的情況下，閔同另一個黨領導掛上了情慾之鉤。那是在暗淡的休息室內，在兩個人都吸菸的時候，兩個菸頭發出的暗紅使他們對上了火。這一次她找到的情人是個男人，有趣的對比是，這位由北京最高當局派來的總監卻一副十足的女性模樣。是身分和地位撐起了他的首長的架子，只是在同閔的相處中，他才露出他的病態和頹廢，甚至發表政治異議的言論。人與人的親密關係一旦建立起來，自然就會削弱他們對黨和領袖的忠誠。正是有鑒於此，最高統治者總是要在他的臣民間挑起是非和爭鬥。

極權已經使極權社會的全體成員見鬼中魔，連操縱政治控制的一群也對控制所產生的威力感到非常恐懼。總監不得不和閔溜到偏僻的公園內幽會。中國的城市儘管很大，城裡的情侶唯一可去的地方卻只有公園，公園因此成了人滿為患的地方。常常是配上對的男女在路旁樹下情意纏綿，沒有伴侶的孤男則遊魂般躲在樹叢後面，企圖從窺視別人的親暱中掠取一絲可憐的興奮。閔的記敘告訴我們，當她與總監在黑暗的樹影下依偎在一起之時，他們確實看到了在暗處窺視的身影，伴隨著他們的親熱，他們甚至聽得出背後的局外人發出了不可遏制的呻吟。那曾經是一個甚麼樣的世界啊，竟使天下的怨女曠夫孤苦伶仃至於斯極！連總監這樣的高幹黨員都不禁慨嘆：

> 他們奉獻給偉大舵手的熱情被出賣了。噢，多麼壯觀的場面！我希望我們最最偉大的領袖能目睹它。他會受到震動，只是他已經陽萎……
>
> （頁二六三）

偉大領袖此時確實已氣息奄奄，全中國人民在政治和性上所受的壓抑也到了忍無可忍的地步。隨著「四人幫」倒台，閔所參加的革命樣板電影製作組草草散去，她的自敘也到此終止。

中國的世事變化之快就像一盤不斷用來轉錄新曲的磁帶，社會的興奮點總是一齊趨向眼前的熱潮，而關於苦難和屈辱的記憶遂在新的陶醉中被連帶刷掉。在今日的中國，性不再是太少，而是太多太濫，對很多中國人來說，閔安琪所講的故事可能顯得古老而難以想像。但有一點必須指出，無產階級革命對人性的踐踏和對人與人之間一切美好東西的漠視所造成的惡果，至今都沒有得到徹底清算。就情慾本身而言，其實無所謂好壞，倒不如把它理解為生命的一種動力。在比較健全的社會中，在社會對人的全面發展和個人的自由表達提供了更好的條件和更多的機會之情況下，情慾的滿足同人的自我實現的之需求其實是一致的。相反，在人性遭到全面否定的情況下，人的基本欲求越被視為邪惡，它便越是被逼上危險的走向。人與人之間的關係越遭到扭曲，孤獨的個體便越容易使自己的欲求陷於生理和物質的層面。今日國內倍受譴責的「人欲橫流」現象固然有複雜的成因，但尋根究底，全都是幾十年來一直把人當靶子來加以打擊的結果。

在我曾插隊落戶的地方，村民有一句黑色幽默的話，叫「活鬼鬧世事」，這句話生動地描述了我在自己的國家走入人群時的感覺。

活出饑餓，歷盡死亡

——讀蔡楚詩文集《油油飯》

一

一代人有一代人獨特的記憶，經歷過大饑荒和文化大革命的蔡楚，最揪心的記憶就是他讀書求學時期長年挨餓和父母親友相繼慘死的情景。直至一九九七年揮別故土，舉家移居到美國，他已往的歲月大都在不堪回首的死等中苦熬而過。

蔡楚以「油油飯」題名他這集詩文稿，顯然有悼念慈母深恩的用意。那是他一九六〇年大饑荒在農村勞動的歲月，有一天母親給他送來一飯盒從她自己口糧中節省下來的油油飯，緩解了他在拉車路上的轆轆饑腸。母恩難忘，每想起母親的油油飯，蔡楚的淚水總是潸然而下。這油油飯本是成都人很普通的家常便飯，用少許豬油和醬油拌炒的糙米飯而已。對生活在天府之國的老百姓來說，油油飯在共產黨帶領全國人民一再詛咒的那個「舊社會」絕非什麼稀罕的食物。但在僅四川一省即餓死了一千二百萬人——據前四川省政協主席廖伯康著文所說——的大躍進年代，每看見鄰家孩子端出一碗油油飯細嚼慢嚥，都會讓年少的蔡楚眼饞得口水長流。讀至此情此景，我們不難想見當時普通市民多吃不飽肚子的窘境。至於在出產糧食的鄉村，饑餓蔓延的情況則慘絕人寰，遠比城市嚴重，任何可吃下去果腹的東西都被饑民搜求盡淨。只因各地的基層幹部畫地為牢，嚴堵出外逃荒，困守在家的村民只有坐以待斃。共產黨造孽的饑餓於是拉平了他們土改時制定的家庭成分，千村萬戶，不管是貧下中農還是地主富農，全都攤上了活活餓死的厄運。城裡人定量再低，好壞還有政府每月配給的主副食勉強度日。最可憐為黨國種地繳納公購糧的廣大社員，吃完了他們僅有的口糧，便一家挨一家無聲無息滅了門。毛澤東經常把他們毛共集團犯錯誤造成的損失輕描淡寫為交一筆學費，那餓死了幾千萬人的數字，就是黨國草民為偉大領袖縱容的浮誇冒進風所支付出的犧牲代價。

一九六一年春，蔡楚隨他就讀的成都工農師範學校下鄉幫農民耕作，他親眼看到卑賤的村民成批餓死，新墳累累日增的淒慘景象。在他們幫助春耕的那個生產小隊，家中沒人餓死的農戶，只剩下隊長、會計和「跳神」婆三戶人家。在回憶他二姨婆的文字中，蔡楚講述了他們家這位近親在「新社會」福轉為禍的故事。老人家是個土改中分得土地和房屋，受益共產黨政策的貧農，兒子參了軍，長年在外為黨國駐守邊防。誰料到饑荒無情，不論成分，即使是二姨婆這樣的光榮軍屬，也難免餓斃空屋後被草草埋掉。書中還寫了一個身為城市貧民的鄰居吳爺爺，老頭子那年月餓得發了瘋，有一天看見蔡楚家鍋裡正煮的稀飯，伸手便往鍋內抓吃。結果燙得那抓飯的手傷勢嚴重，慘不忍睹。餓瘋子吳爺爺沒能熬過饑荒，受傷後不久便增補為餓死鬼行列中的一員。

鄉間的見聞震驚蔡楚，他眼前的社會現實明顯地對照出報刊宣傳的虛假和誕妄。再加上蔡本人切身的饑餓感以及周圍的饑餓恐慌，中學生蔡楚開始對「解放後」所謂的「新社會」生出了種種疑慮。比如在〈二姨婆〉一文中他就發問：「像二姨婆像吳爺爺，以及千千萬萬的無產者和貧下中農，無論他們居住在城市或鄉村，在已經翻身解放當家作主十年以後，居然會活活地被餓死！這樣的死，究竟是重如泰山？還是輕如鴻毛呢？」

饑餓不只令蔡楚傷感恐慌，更造成他精神上極度的苦悶，他只有把這種不敢公開說出來的苦悶寫入他暗暗習作的詩行。收入詩文集的首篇詩作〈乞丐〉便創作於詩人身心俱感貧乏的處境之下。該詩全文如下：

為什麼他喉嚨裡伸出了手來？
是這樣一個可憐的乞丐，
徹夜裸露著、在街沿邊，
蜷伏著，他在等待？

襤褸的衣襟遮不住小小的過失，

人們罵他、揍他卻不知道他的悲哀，
自從田園荒蕪後……
這雙手原可以創造世界！

從此後他便乞討在市街，
不住顫抖的手，人們瞥見便躲開，
沒奈何，搶幾個小小的餅子……
到結果還是骨瘦如柴。

冬夜裡朔風怒吼，
可憐的乞丐下身掛著幾片遮羞布。
這雙手原可以創造世界……
長夜漫漫，他在等待！

按照李亞東的理解，這首後來惹上了政治麻煩的乞丐詠不只是寫實，「更是詩人自況」。李亞東的解讀可謂點出了蔡楚在該詩中的深層寄託，從這個切入點讀下去，詩中的乞丐就不單純是當時的街頭之所見，多少還可讀出幾分意在言外的象徵意味。從喉嚨裡伸出的手既凸現出饑民的疾苦，也流露了詩人自己的精神饑餓，以及他不甘沉默，硬是要說出社會真相的強烈訴求。那伸出喉嚨的手早被當局剝奪了選擇權和發言權，在黨國體制的重壓下，本可靠辛勤工作來發家致富的勞動者遂陷入乞討境地，乃至被活活餓死。更為可憎者，全國性的饑荒明明是錯誤路線造成的人禍，黨國政府卻硬要說是遭受了自然災害。喉嚨裡伸出的手要表達的就是那既被封口，又被束手的苦悶情境。而詩中首尾呼應的「等待」則是整部蔡詩的領唱詞，其深沉的呼喚可謂貫串始終，滲透全書。正如他的詩友鄧墾所說：「這土地，這人世，不平事太多。我們的最大不平，就是不慣於喉嚨被鎖著鏈子，我們的喉頭在痛苦地發癢。」因此他們便「以詩的形式說自己想說的話。」（〈勇敢是信念和智慧的果實〉）

古人論詩詞創作，常有「發憤抒情」和「物不得其平則鳴」之談。蔡楚及其「野草」詩友群創作的雖是新詩，其創作的動力源流仍來自「詩言志」和「詩可以怨」的古典傳統。由此更可以推想，在饑餓的六十年代初期到文革十年浩劫前後，全中國各地的文藝青年群體中，不知有多少地下文學和「潛在寫作」也都在類似的情境下自發萌生，在他們各自的小圈子內私下傳閱開來。這一類書寫和閱讀的活動到底有多少人參與，他們最終寫出了多少作品，至今已無從統計，也很少有人探討了。在他們之中，有包括蔡楚在內被告發的不少人都以言獲罪，受過輕重不同的懲罰；而其他的倖免於難者則默默無聞，他們的創作猶如冒煙悶燃的暗火，在煥發過一陣醉心吟詠的青春熱之後，便趨於沉寂，塵封廢紙，隨風飄散了。

二

大躍進的失敗不只造成嚴重的饑荒，更累及整個國民經濟，致使很多國營單位紛紛下馬。蔡楚就讀的師範學校也在此頹勢下宣佈關門，遣散了全部師生。失學的蔡楚回到父母家所在的街巷，成為一名受街道辦事處監督管理的社會青年。蔡楚的家庭成分不好，辦事處的幹部曾多次催逼他遷出成都，去農村落戶，做一名響應政府號召的知識青年。我在此要順便指出，迫使城鎮中無業青年到農村落戶，早在文革中的上山下鄉運動之前已有過幾波程度不同的動員。這是中共當局為解決城市失業問題，從五十年代即開始實施的一項政策，家庭出身不好的子弟多首當其衝，被發配到窮鄉僻壤。蔡楚那時候已吃過下鄉勞動的苦頭，他無意做積極分子，自然不願服從組織分配。於是他軟磨硬泡，尋找藉口，最終避過了幹部的催逼。後來他一邊打零工，一邊抽時間鑽到圖書館自修高中功課，決心要考大學，去走他個人奮鬥的正道。一九六三年的高考政審，據說是歷年來最寬鬆的一年，不少家庭出身有些問題的考生都以其優異的成績幸獲錄取。據蔡楚本人所訴，他自感高考成績還不錯，本有錄取的可能，可惜政審未能過關，最終還是遭到淘汰。蔡父係黃埔軍校出身，屬於政審條款中排斥尤甚的國民黨軍官，那一年審查儘管稍放寬鬆，卻照舊把蔡楚那類考生關到了門外。繼續失學的蔡楚情緒低落，哀怨滿懷，在一首題曰〈致某君〉的詩中，他寫出了新時代落榜者的失意和落魄：「而今你在燈下攻書，／我卻只能站在淒清的河邊，／眼望著滾滾東逝的流水，／歎息人生青春的蹉跎。」

好學的蔡楚斷了上學的門路，他沉吟著沮喪的詩句——「別上一朵憔悴的花」——走出家門，走向了社會底層。青春從此無奈地蹉跎下去，一直延續到他身世飄零的中年。在不同的工地上，他幹了整整十六年臨時工。如他自述所說，他幹過的體力活計有「石工、泥工、混凝土工、燒窯工、築路工、搬運工、裝卸工等，還推過雞公車，拉過架架車，蹬過三輪車。」（〈我——一個飄零者〉）

接二連三的政治運動如巨輪轟隆滾動，無情碾軋，軋到了哪戶人家，就軋得哪家覆巢下幾無完卵。大躍進造成的破壞尚未完全復原，文革大浩劫隨即接踵而來，剛活出饑餓的蔡楚一家人及其親屬被捲入橫掃一切牛鬼蛇神的風暴，經歷了比饑餓更恐怖的殘害。蔡楚的母親出身書香人家，她父親係前清舉人，民國時在成都任職多所名校，曾以學問和書法稱譽一時。一九四九年大陸變天，只因他家裡擁有祖上留下的二十多畝農田，蔡楚的外祖父土改中便被劃為「職員兼地主」。面對新政權暴力分田的行徑，老人家憤然上吊自殺，豁出他一條命抵制了橫加在頭上的凌辱。蔡楚的母親也稟賦了她父親的烈性，文革開始不久，即因抗拒紅衛兵粗暴的批鬥而投井自盡。紅色恐怖驅使越來越多的無辜者走上絕路，繼母親自殺後，蔡楚未來的岳母尚未當上他岳母，即因丈夫長期關押牛棚，鬱悶絕望中投江自盡，連屍首都付諸東流，餵了魚鱉。那年月除了死亡可由你自行選擇，其他任何出路均被堵死，據丁抒的粗略統計，僅在文革初期，全國的自殺人數即高達二十萬左右。

蔡楚清楚地記得，母親死後，他曾央告遠道趕回成都送葬的父親，求父親念及他們兄弟姐妹五人已失去母親，萬勿想不開也去自殺。自進入「新社會」，他父親一直都因曾任職國民黨軍官的歷史問題而備受壓抑，早先的教職一貶再貶，最初是在城裡教高中，後來竟被調離到遠在山西的鄉村小學教書。文革中運動初起，蔡父即成為挨批鬥的對象。面對兒子的擔憂，父親的回答很明確，他說他是個軍人，任何情況下都不會輕易去尋短見。可憐這位誓言絕不自經於溝瀆的漢子後來的結局實在淒慘，竟是被革命群眾活活打死在批鬥會上。蔡父遇難後，校方並未通知家屬，後因父親長期不通音信，蔡楚一再去信追問，校方才來信回覆，說他父親「係歷史反革命，又是現行反革命分子，已經服安眠藥自絕於人民。」父親的遺物被寄回家中，蔡楚發現收到的舊衣服上沾有大片血汙。聯想到父親死前最後一封來信中說「這次運動打得很凶」，再想到父親許諾他不會自殺的遺言，蔡楚對校方的答覆滿腹懷疑。他們一家人持續追問，卻再無回音，就這樣不明不白地等候了十四年，直等到平反冤假錯案的年代，再經過數十封信件的陳訴，山西方面才勉強說了實話。原來父親在批鬥會上被黨員積極分子踢破下身而致死，所謂的自殺現場，實係一群當事者的偽造。蔡父死後，屍首被草菅軟埋，埋後也未樹任何標誌，事隔多年，亂石荒草中早已無從辨認所葬何處。後來校方送交給家屬的僅空骨灰盒一個，內裝父親遺照一張。在一首短詩中，蔡楚抒發了他的哀傷和對父母的思念：

思念，屬於從前
每當清明時節
去野草叢生的墳頭
悄然無聲地
把晶瑩的淚珠點燃

思念，屬於明天
雖然明天難以預見
但每一朵自在的雲霓
每一頂蔥綠的樹冠
就能叫暴烈的天體逆轉

三

蔡楚是家中長子，父母雙亡後，留給他最沉重的擔子就是照料撫養四個年幼的弟妹。一九七〇年，在弟妹們最需要他這位大哥哥做頂樑柱的日子裡，蔡楚卻因參加地下文學活動，遭到拘留，被關押批鬥了一百多天。關押審訊中，他被迫寫了大量交代材料，那些自誣自辱的文字至今仍封存在成都市檔案館發黃的卷宗內。近年來成都學者李亞東有意勘探當年的「地下文學現場」，經他查閱檔案，作了一番深入發掘，寫成田野考察性質的長篇報告，始將蔡楚及其詩友群「在特殊環境、特別條件下」留下的「另類寫作」——也可以說是反寫作或反面寫作——披露於世，讓我們看到面對紅色刀筆吏嚴酷的拷問，稚嫩的文學青年們如何遭遇革命硫磺火炙烤，他們的靈魂曾如何苦澀煎熬。在蔡楚的專案材料中，〈乞丐〉、〈致某君〉和〈別上一朵憔悴的花〉等詩作都經他本人交代和他人揭發，被判定為「反動」詩作。蔡楚的書面交代滿篇自責，他在檢討語境中浸泡已久，鋪陳起那類公式概念化的自我批評話語，竟把關鍵字套用得十分嫻熟，在一連串屈辱招供的文辭中避重就輕，見機插入柔滑的開脫，配合著專案組敲打折騰人的程序，順勢承接了橫加給他的罪名。審訊到最後，算是以罪行較輕，不擬刑事處分的認定博得軍管會從輕發落，被缺席判決了「實施內控」的處分。

蔡楚獲釋後長期受到公安人員暗中監督和管制，在整個的七十年代，他的生活都處於擔驚受怕，顛沛流離的狀態。到外面，他常受警方規訓，不得亂說亂動。在家中，要負責照看弟妹，必須把更多的精力用於養家活口。寫詩，特別是雕琢唯美的文字，再調配上口的節奏韻腳，對那時候幹重體力活的蔡楚來說，實在是有點奢侈。但他始終不忘情抒情文字，偷空就要在音韻和節奏的沉吟中緩一口氣，好紓解日常勞碌中的精神麻痹。閱讀蔡楚那十年中保存下來的一些詩作，可以想見他持身的孤立和做人的卑微，更可以看出他如何把苦吟出的詩句當作寒夜中劃亮的一根根火柴，如何用甜美的聲韻溫暖他身心的落寞。由於他「想化身泥土回歸大地都不可得」（〈愛與願〉），於是便把詩意的嚮往投向知了、蜜蜂和蜻蜓的透明翅膀（〈透明的翅膀〉），有時則以流螢作喻，安慰自己說，「我有我的光亮」（〈遊螢〉）。他和他那群詩友的處境實在是太壓抑太封閉了，好比陳墨詩中所哀歎的蚯蚓：「誰能看得見你喲／黑暗深處的躬耕者？／誰能聽得見你喲，／沉默在愁苦之中的光棍？」（〈蚯蚓〉）對於這種死等活等的固守，這種絕望中突兀的執拗，在〈等待〉一詩中，蔡楚以其穩健沉痛的筆調做出了咬緊牙關挺下去，不管「人壽幾何」都堅持要「俟河之清」的表達。我多年前曾撰文漫談蔡楚的詩作，文中已對該詩作過點滴賞析。如今通論蔡楚詩文集，不能不重提這篇佳作，稍作點評。現將全詩抄錄如下，以饗讀者，並與其作者共誦。

從鮮紅的血泊中拾取，
從不死的靈魂裡採來。
在一間暗黑的屋內，
住著我的——等待。

它沈沈的，不說一句話，
不掉一滴淚，如同我的悲哀。
它緩緩地，不邁一個急步，
不煩每次彎曲，如同我的徘徊。

有時，它闖入我的夢境，
帶我飛越關山，飛越雲海，
到一個陌生又熟悉的地方，
那裡是光明的世界。

但它卻從不肯走到屋外

去眺望那飄忽的雲彩。
它是緘默而又固執的啊，
懂得自己的一生應當怎樣安排。

在那間暗黑的屋內，
它凝住我的恨、凝住我的愛，
凝住我力的爆發，
凝住我血的澎湃。

從鮮紅的血泊中拾取，
從不死的靈魂裡采來。
在一間暗黑的屋內，
住著我的——等待。

蔡楚的等待持續了很久很久，一九七九年，他終於等到世道突變，命運有了轉機的時刻。多年前的「反動詩」舊案經重新甄別，當局對蔡楚做出了「撤銷原判，宣告無罪」的終審裁決。蔡楚這才從臨時工轉正，處境較前寬鬆了許多。毛澤東一死，很多事情都陸續出現變化，毛要是多活上七八年，蔡楚的等待韌性真不知會磨損到何等田地。必須指出，讓人們感到可喜的寬鬆並非當局主動的恩賜，而是隨著共產黨意識形態的破產，極權勢力無形中已有所削弱。經歷了文革浩劫的國人開始覺醒，在國際大氣候催發的解凍形勢下，新時期的文學藝術一時間泛起小小的春潮。

蔡楚及其詩友群也聞風而動，他們以手抄小報的形式編輯《野草》和《詩友》等同仁刊物，發表詩作，互相擊賞，在已經不再年輕的詩友群中，熱心傳閱著各自仍帶有青春寫作特徵的作品。總的來說，「野草」詩友群的創作共用的風格和情調比較突出，個性鮮明的獨創特徵則稍顯薄弱。他們的詩作仍偏於直抒胸臆，對現代主義詩歌所迴避的感情，他們放縱的成分往往偏多，不無泛文泛情之嫌。他們重視詩歌的語言美和音樂性，講求節奏感，精心用語音語調的起伏變化烘托詩意，常喜歡排比鋪陳複沓的章節，有某種新詩格律化或詩章歌詞化的傾向。可以明顯地看出，過分重視韻腳的遣詞造句已在他們某些人的某些作品中造成障礙，束縛了行文的暢達，致使節奏聲韻構成空泛的外在形式，流於優美的單調。在他們早期的不少詩作中，這種缺點顯得尤為突出。

隨著思想解放大潮的湧起，「野草」詩友群的詩作在社會關懷和政治批判方面調子更加明朗，立場也更公開，發言則更大膽了。比如他們的詩壇主將陳墨就敢於大聲疾呼，明確提出他們的創作方向。他說：「我們這個社會發揚了人性中假、醜、惡的一面，被扭曲的人們之間的互鬥，精神生活的極度空虛，物質生活罕見的貧乏，是我們這一代所經歷的深刻的人間苦。我們不得不表現我們的苦悶（用文藝），也不得不表現我們的追求。」（轉引自〈勇敢是信念和智慧的果實〉）單就蔡楚一九七九年以降的詩作來看，從淒清哀傷向高昂抗爭的變調便十分突出，衝鋒在詩友群的前列。比如在寫於一九七九年十二月的〈廣場夜〉一詩中，他就敢公開悼念幾年前被鎮壓的「四五」運動，發出「歷史的長河被欺騙凝凍」的指責。在〈我的憂傷〉中，他放聲呼籲：「既然沒有一個新鮮的太陽，／就讓我到太空中去尋訪。」在〈人的權利〉中，他痛切歎息，「凡是真實的／善良的／美好的／都已經／或者必須死去」。面對成都某處仍未拆除的毛主席塑像，他直接申斥說：「你用你背藏的那隻手，握死帶往墳塋的權柄。」至於《野草》和《詩友》中所刊其他詩人的作品，類似的詩行自然更多，甚至更強烈，更加令人一唱三歎。但因已超出本文的論述範圍，實無法在此一一徵引。

這就是長期壓制後一放鬆即引發百花齊放效應的中國熱風景，也正是此類同仁刊物在八十年代初的文藝小春潮一度湧現後，隨即在各地普遍遭到取締，甚至某些編輯和撰稿人受到懲處的原因。在出版言論自由始終受到黨權政府控制的中國，政治氣候總是反復出現乍暖還寒的變化，每一次短暫的放鬆，緊跟而來的收緊常會延續很長的時間。等待依舊是持續的和壓抑的，整個的大政治環境仍是一間鬱悶的黑屋。蔡楚的詩作從一度的高昂呼喚又落入沉重的慨歎，他

懷念「野草」詩友群，哀悼他們被取締的刊物，痛恨「這塊黃土有過多的神廟，／容不下青青蔓延的野草。」（〈最初的啼叫〉）

四

一九九七年，蔡楚追隨出國留學後定居北美的妻子，再次漂泊，加入出國大潮的行列。出國後他斷斷續續仍在寫詩，寫詩懷念留在故土的朋友，寫詩勉勵仍在大陸堅守的異議作家，寫詩詠歎當年以文會友辦刊物的激情歲月。歲月如梭，業已編織成他埋頭書寫和繼續漂泊的命運，在辨認和承受自己這勞碌命之同時，蔡楚更勇猛精進，努力投入他完成其人生使命的工作。他賦詩寄贈詩友說：「此生既定作一棵野草，／豈能不高歌被桎梏的自由！」（〈再答明輝兄〉）

與出國前相比，蔡楚詩稿中現存的近作有所減少，詩情也稍顯退潮。十五年來，他把幾乎所有的時間和大多數的精力都奉獻給了編輯刊物、建立網站、聯繫國內異議作家和組織獨立中文筆會的工作。二〇〇一年，由他選編的《野草詩選》在海外期刊上發表。同年，他又與另一詩友建成「野草」網站。二〇〇五年底，他開始協助蘇曉康編輯《民主中國》網刊，蘇離職後，他挑起網刊工作的大頭，隨後劉曉波入獄，他任職該刊主編至今，同時還獨自主編《參與》網刊，多年為美國最大的新聞綜合網站「博訊」做義工服務，在「推特」網上張貼有關海內外民運動態的消息。至於多年來為獨立中文筆會做組織協調工作，蔡楚的辛勤服務更是不勝枚舉，其如牛負重的持久耐力簡直可與他從前十六年幹重體力勞動的勞碌有那麼一拚。所不同的只是，昔日的賣力是不自由的環境所壓迫，如今的盡職責則是自由環境中心甘情願的奉獻。

為「高歌被桎梏的自由」，蔡楚多年來在電腦螢幕前的操勞已造成他視力減退，損及他整個的身體健康。他一直說要準備退休，但至今仍樂此不疲，總是把編稿工作和為他人作品刊發的服務視為他另一創造性的書寫方式，甚至把他編輯出版的文字看得比出版發行自己的文字還重要，還心滿意足，以至對前者的書面印刷物更為珍愛，拿到手中，常有把玩不已的興頭。在他定居的大西洋海濱城市家中，蔡楚把全部《野草》、《詩友》的複印合訂本置諸案頭枕邊，時常翻閱，映襯著窗外的杜鵑花，靜觀北美景色，回想錦城四季，海內和天涯時空交織，故友新交，一瞬間詩心溝通。此時此刻，他許願他此生此身「被網捕去／製成一具乾屍／讓後人無意間提及／一個標本的偎依」（〈偎依〉）。

二〇一五年九月八日

反事實的多重歷史想像
——漫議陳冠中的解恨賦

一九四〇年，納粹德軍攻佔法國，美國和蘇聯尚未參戰，歐洲各國處於危急存亡關頭。身為德國猶太人的瓦爾特．本雅明亡命出逃，逃到法國和西班牙邊境上一小城時走投無路，因絕望而自殺在那裡。當時德軍的進犯所向披靡，整個歐洲似乎已面臨末日境地。本雅明在死前所寫的絕筆文字《論歷史觀念》（*On the Concept of History*）中說：「講述過去，未必要原原本本，全盤道出，關鍵在於抓住危險關頭所閃現的記憶。……能將過去的希望之火重新點燃的歷史書寫者深信，敵人若大獲全勝，連死者都難得安寧，此敵人一直在節節獲勝。」此敵人就是妄圖把勝仗打到底的法西斯勢力，他們在全球擴大戰線，接著把置身局外的美國和蘇聯也拖入戰火。戰局此後出現轉機，最終以軸心國全面潰敗而收場。

就西方非馬克思主義的歷史觀來看，盟軍的勝利並不意味著正義之師必然獲勝，邪惡勢力注定失敗。自古以來，野蠻征服文明，強暴蹂躪弱小的亡國滅族慘劇遍及寰宇，充斥了史冊。歷史自有其不確定的本性，一如自然那測不準的混沌。戰場上常會出現意外的變數，有時候某一微小的偶發事件即可導致意想不到的勝敗結局。美軍儘管打勝了二戰，美國作家寫二戰的作品卻絕非中共軍旅作家那樣愛唱炫耀戰績的高調，其中的某些作者反喜歡講那種令人敗興的故事，偏要編排其另類歷史的惡搞劇本。這種反事實的敘事文類特具西方啟示錄性（apocalyptic）的憂患意識，它們的作者總是不厭其煩地講述軸心國如何打敗蘇聯和美國，一時間稱霸世界，威脅到整個人類的存在。據一位美國學者統計，此類反事實的二戰故事書至今已出版上百種之多，其中尤以小說《高堡奇人》（*The Man in the High Castle* by Philip K. Dick）情節離奇，最為暢銷。書中的二戰結局是盟軍失敗，德軍佔領美國東部，日軍佔領美國西部，美國人臣服於法西斯暴政，兩個佔領國在北美大地上的對峙逐漸出現了摩擦。最近此書被改編成十集電視連續劇在亞馬遜網站上熱播，面對熒屏上觀眾眼熟的時報廣場，平日懸掛大型廣告的樓面令人驚恐地換上了納粹黑色黨徽的大旗。更有甚者，宣傳該電視劇的海報還把那黨徽畫上美國國旗，貼入紐約地鐵的車廂。

打了勝仗的美國人就是有魄力和奇想對眼前的現實開此類詭譎的玩笑，製片人於是想方設法，把那「危險關頭所閃現的記憶」音像化為感官消費，讓觀眾在此時此刻穿越歷史霧霾，去感受那刺激得人喘不過氣來的驚恐。但打了勝仗的中共集團及其「愛國賊」臣民卻缺乏從容面對歷史的氣度，中華民國在台灣已延續六十多年，面對媒體上公開亮出的青天白日旗，他們至今仍歇斯底里地神經過敏。最近一位十六歲的台灣女歌手到韓國演唱，僅在電視綜藝節目中亮了亮中華民國的國旗，此舉一經台籍五毛網上舉報，中共政府及其網上輿論立即對該女孩展開討伐，硬逼她上電視做了道歉。必須指出，中共今日的「青天白日旗過敏症」已不只過敏在兩個中國或台獨的問題上了，他們另有其深層的戒懼：那就是台灣朝野間經多年的抗爭與和解而一步步推進的民主制度對中共一黨專政的挑戰，是中華民國全體國民今日所享有的自由和人權在大陸民眾心中可能引起的反事實歷史想像，青天白日旗即此挑戰與想像顯靈性的體現。

假若五星紅旗從未升起，假若大陸上至今仍舊懸掛與台灣相同的國旗，這六十多年來會是怎樣？用假設的因果關係來重新審視歷史的「思想試驗」（thought experiment）不只是上述美國二戰演義小說慣用的敘事方式，同時也波及西方學院中的歷史研究。英國史學家弗格森（Niall Ferguson）認為，「要理解過去的真實面目，我們就需要瞭解那些並沒發生，但對當時的人來說則有可能發生的事件。」他撇開「歷史沒有如果」的成見，專門召集學院同仁，多年前即編輯出版了一部題曰《虛擬歷史》（*Virtual History: Alternatives and Counterfactuals*）的論文集。書中關於二戰的討論就有「假如希特勒在一九四〇年入侵英國會怎樣」，以及「假如納粹德國打敗了蘇聯會怎樣」等議題。在弗格森看來，分析歷史上某些有可能發生，最終卻未發生的事件，不只可理清已經成為現實的歷史為什麼會發生，而且可重新找出那些被遺忘的可能性，從反面詮釋和重塑歷史，從而對歷史決定論及其所謂的必然性做出必要的矯正。世界秩序並非由黑格爾的絕對理性或馬克思的階級鬥爭等其他任何決定論的「法則」所主宰，上帝擲下的骰子隨機翻滾，誰也決斷不了哪一面會最後落定。正如該文集中的另一作者所說：「歷史上任何一個特定時刻都的確存在著各種可能性……如果我們只看到已發生的事情而不考慮別的可能性，又怎麼解釋發生了什麼以及為什麼發生……只有將我們自己送回到過去，去面對那些選擇……只有當我們像當時的人們生活在不確定的環境且面對尚未解決的諸多問題時，只有當我們看到那麼多問題一起襲來時……我們才能從歷史中吸取真正的教訓。」歷史決定論的危害性在於，某些集團和階層以此為據，自稱掌握了歷史進程的規律，從而在政治上竊據合法權。為實現他們所預定的神聖目標，民眾的財產可強行剝奪，千百萬生命可無辜犧牲，明明是實行獨裁專制，卻天授神權般宣佈他們代表了社會發展進程中先進的力量。百年來禍及全球的共產主義運動之所以能蠱惑人心，特別是在貧窮落後的國家或地區得逞其暴虐，就是靠決定論支撐起他們的意識形態霸道。所以波普爾把決定論的倡導者——從柏拉圖到馬克思——都視為開放社會的敵人。

中共集團可謂開放社會的敵人陣營中最詭詐多變的一幫，屬於本雅明所驚恐的那種節節獲勝的敵人，事實現已證明，自他們大獲全勝，竊據大陸以來，果然「連死者都難得安寧」。他們寄生抗日統一戰線，在中華民族最危險的時候趁機壯大武力和擴大根據地，抗戰勝利後又利用國際和國內有利於他們的局勢挑起內戰，在打敗八年抗戰中已焦頭爛額的國軍之後，搖身一變，從大搞暴力分田的共匪一躍而升級為「人民解放軍」。他們說他們解放了受剝削被壓迫的全中國人民，老百姓也就以為自己獲得了解放。只是在「解放」後經歷了從土改、反右、大躍

高氏兄弟復國情懷照

進和大饑荒直到文化大革命以及六四大屠殺等災難，被告知獲得解放的國人才逐漸有所醒悟，由不滿現狀到開始質疑黨化教育灌輸的決定論史觀，至今已形成從黨內到民間以各種形式還原歷史真相的潮流。越來越多的民眾識破所謂「解放」的神話，發現此類被告知的「事實」實際上只是一種社會建構，它所反映的完全是掌控話語權的統治者用以描述社會現實的觀念，而非現實本身。你接受了馬克思主義的歷史決定論，也就是接受自古以來的成王敗寇論。你認同暴力奪權者的勝利，就難免陷入他們對你的奴役。本雅明早已尖銳地指出：「當前的統治者就是前此所有勝利者的繼承人，對勝利者持認同的態度自然有益於任何時代的統治者。……每一部文明史同時都雜有野蠻史，文明在其整個的傳接過程中從沒擺脫野蠻。」

認清了這個道理，自然也有助於我們明白，中共之所以打勝內戰，乃是當時的國內外局勢陰差陽錯所導致的偶然結果，並非他們的暴力革命符合中國歷史發展的規律，也非他們先贏得民心，然後才得了天下。不可否認，中共的獲勝自有其可言之成理的因果關係，但因果關係並不等於必然性，不同的起因造成相同結果的現象，才可稱其為必然。歷史事件極其複雜，任何微小的起因都可能引發差別極大的結果。反事實的思想試驗旨在探討不同起因可能產生的不同結果，這種探討縱改變不了既成的事實，至少可啟發我們一窺過去的真相，發掘出被掩埋的可能性。

你若有興趣上英文的「quora」網站（www.quora.com），即可發現上面有不少反事實思想實驗的提問皆針對中國的歷史及現狀而發，其中最有啟示性的問題就是：假如國民黨贏得內戰，今日的中國會怎樣？眾多的回答雖有爭論，但基本上都認為大陸的情況會類似今日的台灣。他們同時也就一些相關問題——如國民黨會不會為增加資源和財富以維持其統治而實行改革和建立民主制度／在這種情況下冷戰會怎樣終結／沒有毛澤東及其發動的大躍進和文化大革命，中國的情況會更壞，還是更好，抑或完全出乎我們的想像——展開討論，提出各自的看法。

與這類網上問答同聲相應，陳冠中不久前出版了中文版反事實思想實驗小說的首創之作——《建豐二年：新中國烏有史》（香港：牛津大學出版社，二〇一五年），該書的新中國敘事即從國民黨打勝內戰，中共的殘餘勢力逃往蘇聯拉開帷幕。陳書所呈現的圖景是：國軍自清黨分共以降，剿匪二十多年，終於在徹底清除赤禍之後全面執政，於四九年開始推行迥異於中共的土改政策。對這一體現民生主義精神的新政，書中有幾段寫得平實而中肯的文字，其追補性的反事實陳述正是當時極有可能實現的歷史虛線，不幸在中共暴力奪權後橫遭踐踏，完全磨滅。對比後來那一系列災難性的事實，重新思考這一可能性，至今仍顯得意義深遠。按照陳書的敘述，經過類似於國府在台灣實行的減租和土改，戰後的大陸社會走上了和平建國的道路：

農村的經濟基礎經過溫和均富的現代政策洗禮，士紳階層的積極性受到現代化與復興中華號角的鼓動，傳統文化裡與現代相應的資源被發掘激活，民間社會對現代文明的衝擊有了更深厚的緩衝適應力，避免了毀滅性的震盪。

在全國範圍，溫飽很快已不成問題。禮樂教化、傳統匠藝、民間的多元習俗與信仰也添補了生命力。固然，公權力對黑白兩道惡勢力一時半刻未能遏制；官商不法勾結，貪汙舞弊，地方惡霸當道，強取豪奪，皆為國人詬病；地域主義、公害汙染、性別歧視等社會陰暗面、國民劣根性也確實存在。不過，佔人口大多數的務農階層已經能夠在中國大地上棲居樂業、安身立命。

千百年來的精英流動生成模式也因而變相延續，民間讀書種籽學而優則從事現代士商專業。至於農耕吸收不了的剩餘勞動力，則到全國沿海新成立的外貿加工免稅特區裡中資外資合資工廠打工，個人賺錢，國家進外匯。

自四九年開始，中國農村人口就不受管制的向城鎮大量轉移，城區人口猛漲，城鎮大面積擴展，新舊建築混雜，中小型工廠林立，新移民棚戶貧民區見縫插針改變了所有城市景觀。二十年後，中國農村人口僅佔全國總人口百分之三十七，意味農村再沒有多少哪怕是隱性的剩餘勞動力。

中國能取得比別的發展中國家更出色的成就，是因為在四九年後發展的第一階段，中國做對了三件事：一、土地改革包括地租管制造成農村財富均衡分配；二、政府持續扶持農業，縮短城鄉差距；三、農村土地財富轉成工商業資產。

（頁八十五、九十、九十一）

陳冠中在他的小說敘事框架內插入這麼多論述性的文字，恐未必能引起一般小說讀者的興趣。我在此不惜篇幅，照抄這一大段原文，為的是對比性地強調，在沒有共產黨的新中國，正是由於私有制得以合理保存，民間社會未遭毀滅性摧殘，共產黨那種掠奪加計劃的經濟模式未能得逞，從傳統向現代漸進轉型的過程才有可能按哈耶克所謂自生自發的秩序平穩進行。我同時還要指出，陳冠中的反事實描述並沒有一味美化國民黨執政下的新中國。他特別羅列轉型過程中舊社會殘留的汙泥濁水，並指明那一切不盡如人意的現象尚難以在短時間內一掃而空，顯然是意在向讀者申辯，老舊的中國要向現代的文明社會轉型，既不可能一蹴而成，更不必將舊有的事物盡行破壞，在廢墟上新造烏托邦社會。傳統的民德民氣其實一直都是在那種黑白混雜，正與邪互相磨礪消長的拉鋸中延續下來的。所謂自生自發的秩序，乃是經「否定性正義標準」不斷矯正而逐漸形成的制度、規則和習俗。隨著不利於發展的劣性因素被淘汰或逐漸改善，良性的因素自然會得到優勢發展。中共所主導的階級鬥爭路線則與之相反，他們自始即劃分敵我，界限分明，為造成其掌控的趨同局面，中共向來都不分良莠地消滅任何異己的勢力。不可否認，中共政權在五十年代初期是做過一些革除陋習，打擊舊社會惡勢力的事情，但此類曾獲好評的行動完全從屬於樹立其極權專制的總體建制，是在土改、鎮反和三反、五反等清除敵對勢力的屠殺鎮壓過程中進行的，其結果鞏固了新政權，卻破壞了幾千年來形成的社會生態。近三十多年來，改革開放中之所以弊政多端，振興經濟的過程中鬧得社會沉渣大量泛起，反而激活了舊社會餘孽和資本主義的消極因素，就是因為民德民氣虧損已久，遭到嚴重破壞的社會生態成為滋生腐敗的溫床。

《建豐二年》是一部讀來令人甚爽的解恨之作。「恨」是人們對未能實現之事、未能成就之業所懷有的遺憾和失意，古代文人往往因自身的不幸境遇而對某些歷史人物的遭際懷抱同情，因而賦詩屬文，詠嘆他們「飲恨吞聲」的悲劇，江淹的〈恨賦〉即此類詩文的代表作。此類作品僅止於抒發作者的「恨人」情懷，從未超出弔古傷今的老調。陳冠中這部反事實歷史小說則另闢翻案圓場的新路，突破了傳統舊作的「恨人」情懷，他反事實所反出來的很多可能性可謂以虛諷「實」，以至寫出了虛中的真實，其中最為解恨的看點就是讓我們認識到，假若沒有共產黨，國人至今仍引以為恨的很多憾事不只不會發生，而且時局演變中自會優化出很多更符合國人期望的和更有益於國家民族的結果。

按照陳書的敘述，與中共的一邊倒向蘇聯相反，贏得全面執政的國民政府雖受惠於戰後豐厚的美援，率先發展了經濟，卻並未一味聽從美國指點，沒完全接受美國主導的世界貿易分工，而是以國家之全力扶持發展了大國應有的重工業和先進的國防工業，趕在日本經濟起飛前成為亞洲的龍頭老大。因而早在七十年代，中國的均貧富程度即創下了不次於英美等發達國家的優良記錄。由於少了共匪作亂的干擾，作為二戰的戰勝國，中國從美國手中獲得釣魚台列嶼和先島群島中離台灣最近的與那國島。此外，書中還另有專章，詳述了中國船王浩雲對這兩處島嶼的商業開發。

陳冠中對西藏問題及藏人處境關注已久，他繼小說《盛世》後發表的另一作品《裸命》講述的就是一位藏族青年在中共「漢族強勢政策」下的生存困境。《建豐二年》顯然延續演繹了作者更為深沉的西藏關懷，其反事實的西藏劇本中擯除了共產黨統治下的強權壓迫，讓我們看到了噶廈政府如何與南京政府周旋協商，爭取藏人治藏的事件掠影。在沒有共產黨的新中國，西藏不只沒有發生任何大規模的流血事件，也不會有流亡印度的西藏政府，更不會出現近年來接二連三藏人自焚抗議的慘劇。

沒有共產黨，當然不會有從反右到文革一連串迫害知識分子的政治運動。陳冠中身為作家，自然十分揪心當代中國作家耿耿於懷的諸多恨事，因此他的反實事敘事特闢一章，專門講述內戰結束後，中國作家的命運及其創作的繁榮景象。說是「民國初抵昇平世，意識形態領域由你死我活的敵對轉為眾聲喧嘩的爭艷，只要不替共黨張目，不直接衝擊國民黨的統治，文學自然繁花似錦……」（頁一六〇）老舍沒因遭紅衛兵批鬥而被迫自殺，一直活到獲諾貝爾文學獎之後，沈從文、施蟄存均無挨整受辱的經歷，張愛玲也未流亡國外，他們都有傑作陸續問世，享譽國內海外，也都煥發出有可能榮獲諾獎的創作勢頭。總的來說，陳書的敘事讓我們看到，中國人生活在沒有共產黨的新中國，各方面都比生活在今日的共產黨中國更幸福，享有更多的自由和尊嚴。

為避免在突破決定論的起點上陷入無限可能性的混亂世界，可以明顯地看出，陳冠中在謀篇構思上力求盡可能少地重寫歷史。他處處緊扣歷史脈絡，一心要取信讀者，因而書中所描述的反事實情節大量挪用中華民國在台灣執政的史實，器官移植般裝配到大陸背景的全新宏圖中。他稱蔣介石為「老總統」，讓蔣在南京政府連任五屆總統，直到一九七五年去世。而所謂的「建豐二年」，也就是一九七九年，是蔣經國（字建豐）接班其父，就任總統的第二年。通觀全書，其中的政治背景構架和登場人物的姓名身份，大都過分地拷貝了現實中台灣的既有格局和人事安排，包括該書序幕與結局中被稱為「叛亂滋事」的民運人士大聚會，都在時間上暗合了當年的美麗島事件。

需要強調的是，做反事實思想實驗的文章，即使是假設，也須遵循假設上的邏輯一致，最好能避免把複雜的問題簡單化。就國民政府遷台後的現實情況來看，蔣介石主政的條件及其面對的挑戰與留在大陸的情況已完全不同，他原有的政治對手有的滯留大陸和香港，有的流亡國外，隨他遷台的閻錫山、白崇禧等曾有實力的人物，也都失去各自原有的地盤和權勢，不再具備挑戰蔣介石的條件。再加上對岸的解放軍一定要解放台灣，正是在那種為堅守反共復興基地而長期實行戒嚴戡亂的危急形勢下，蔣介石才得以獨當一面，剛愎自用，一直連任到去世。但置身南京政府的政治格局中，蔣介石面臨的挑戰和繼續執政的條件就大不相同了。僅就一九四六年五月召開制憲國大確立的憲法條款、一九四八年三月行憲國大期間鬧出的競選糾紛，以及緊接著蔣在年底被迫下野，美國政要一直推動聯合政府的操作，促使國民黨儘快實行民主改革等一系列事實來看，假若國民黨獲勝後全面執政，蔣介石繼續獨裁的可能性都是很小的，更不要說連任到死，也根本談不到把總統的寶座傳給他兒子。陳書反事實敘事的因果關係立足於國軍打敗共軍，但卻簡化了建豐二年之前那三十年內更有寫頭的可能性劇情。美國作家的二戰反事實小說至今已寫了上百部，中國作家現在才僅有陳冠中這一部作品。期望中國作家有更多的高手介入國共鬥爭的反事實小說創作，最好能認真參照當時的人們對於未來的存世說法，從中推導出其他更富有前瞻性的劇情。

《高堡奇人》是一本大書內套小書的小說，書名所說的那個「奇人」名叫Hawthorne Abendsen，他寫了一本題曰《蚱蜢很重》（*The Grasshopper Lies Heavy*）的小說，與Dick的敘事主線相反，該書所插入的故事則講述美國如何打勝了二戰。也許是受到此書結構上的影響，陳書也特增添一偏離主線的插曲，安排了一個名叫（張）東蓀的人物。這位對國共兩黨均不買賬的老人在國民黨獲勝後避地香港，繼續發表批評一黨專政的言論。他孤高獨行，始終拒絕國民黨的拉攏，時時作折衷兩黨政見的設想。陳冠中特別提到老人撰有一部書稿，說他在書中主張建立多黨聯合的政府。就閱讀效果而言，這段插曲寫得生硬拼湊，幾無故事情節可言。但所扯出的另一條線頭卻頗有啟示，耐人尋味。陳冠中若有興趣繼續寫他的烏有史，拽住這條線頭，也許可牽引出更有趣的劇本。對兩黨各自的優劣之處及其一旦執政的利弊得失，東蓀老人一直在心中慎重對比，反復較量。他那些嚴加取捨的思考說明，在好與壞的歷史選擇之間，想劃出黑白分明的界線，似乎是令人舉筆躊躇的難事，而非要一刀切下去，就難免造成傷筋動骨的後果。只可惜東蓀老人的中道探求最終成為他徒託紙上的空言，陳書給他安排了在流寓中飲恨而歿的結局。

這樣看來，以誰戰勝誰的結局作為中國之命運走向的關鍵，就未必是反事實劇本構思的最佳起點了。回首往事，我們往往會發現，後來實際上發生的事件，在當時大多數的有識之士看來，並不是他們認為最有可能出現的動向，更不是他們願意看到的結果。他們曾期待和力促的可能性那時候眼看著曙光在望，結果卻在陰差陽錯中落花流水，旋即錯失。抗戰勝利後，急於

「摘桃子」的毛澤東既受迫於斯大林莫斯科來電的嚴厲指令，又面對美國方面的熱心建議，在不得已的情況下才赴重慶與蔣介石談判。會談前後，他從未放棄奪天下坐江山的陰暗謀算。雙十協定以及後來政治協商會議的協議之所以成為一紙空文，沒能阻止內戰爆發，毛澤東的存在及其主導的「摘桃子」行動便是一個主要的因素。

每一部另類歷史都有其發生的關鍵，都發生在歷史走向出現偏差的轉捩時刻，而這個關鍵的轉捩時刻常會涉及到一個關鍵人物是活著還是死去。《高堡奇人》設定的關鍵時刻是羅斯福總統在一九三三年二月十五日遭到暗殺。羅斯福死後，美國沒能走出大蕭條的經濟危機，直接導致了二戰的失敗。《蚱蜢很重》的劇本則與之相反，Abendsen筆下的羅斯福一直活到一九四五年病逝，在他的領導下，美軍終於贏得二戰。由此可見，一個關鍵人物的活下去還是活不下去，的確是一個重大問題，對他的暗殺是否成功，有時候就可能起到決定歷史走向的作用。

納粹德國製造的種族滅絕大屠殺在西方留下的歷史陰影如此深重，以致時至今日，針對希特勒的陰魂，人們仍一再口誅筆伐。去年十月，《紐約時報雜誌》在推特網上登出一則奇怪的詢問：「你能殺死小希特勒嗎？」（Could You Kill a Baby Hitler?）據網上的統計，百分之四十二的回答者都自稱他們能伺機殺死小希特勒。這個問題的提出以及能得到這麼多肯定性的回應，明顯地反映出美國公眾對納粹的恐懼心理和反戰爭恐怖的反事實想像：假使沒有希特勒，世界會怎樣？假使軸心國打勝二戰，世界又會怎樣？

中國的不幸在於人妖顛倒的革命運動誤導了大眾，似是而非的輿論迷惑了視聽。抗戰勝利後國共和談破裂，中共打勝內戰，中國的命運走向從此被導入歧途。舉國擔憂的噩夢居然成真，明明是野蠻的敵人，卻作為勝利者高舉起正義的五星紅旗，讓張東蓀等有識之士徒喚奈何，後來都落了死無葬身之地的下場。這一歷史走向轉變的關鍵人物首推毛澤東其人。他就是現代中國的希特勒，正是他直接造成了「慶父不死，魯難未已」的惡果。

在本文的結尾，我要向陳冠中或其他作者提出一大有寫頭的故事線索，他們若有意繼續撰寫國共鬥爭的反事實小說，不妨去推演這個特富有戲劇性和刺激味的懸念：那就是除掉中共的黨魁毛澤東，把如何消除他作梗歷史進程的歷險記作為改變中國命運走向的一個關鍵。

二〇一六年元月三十日

文緣書命度年華

——評廖志峰《書，記憶著時間》

世人與書籍的關係大都比較單一，此單一關係之成立，多由該人的性向與緣分各不相同而定。好學者讀書破萬卷，樂在閱讀之中，他們活到老讀到老，只為閱讀而閱讀。富有文才者則天降立言之任於斯人，他們或嘔心書寫，或快意揮毫，暢銷中名利雙收，終生為讀者大眾製作品味不同的讀物。編輯出版人於是居間牽引，他們張羅著接收稿件，忙碌地編審刊發，一沓沓手稿經他們專業處理，印成新書，送往書店，猶如生產線上的元件經工人裝配完備而上市銷售。對很多從事編輯的人士來說，這種文字處理工作基本上屬於職業性的操作。他們儘管嫻熟文字，在眾作者的稿件上刪改校訂起來都中規中矩，卻未必能從中享受到耽讀者讀書入迷的那種樂趣，更不意味著近朱者必赤，只因終日染指書稿，有一天他們也會技癢而寫起書來。但允晨總編廖志峰的情況卻與眾不同，閱讀他回顧職場經歷的這部新作，我發現上述的單一關係在他身上頗多重疊，三種情況冰糖葫蘆般串在一起，讓人讀起來有甘甜有酸澀，且對他那別有風味的出版人生涯有了增長見識的瞭解。

性向乃人的個性和資質之總和，一個人會做什麼選擇和能幹好哪種工作，多為其性向與所處環境相互作用的結果。在沒有電腦和智能手機以及互聯網的年代，娛樂場所遠不如現在豐富多彩，青少年能夠在課餘時間消耗多餘精力和滿足求知興趣的活動，也就是泛覽些課外書籍，特別是文藝書籍。那時候台北的大小書店和租書鋪門面很多，生意也好，性向好讀書的小廖不去街頭閒逛，偏愛到書店站讀。他一站到某個角落，就幾小時地貪讀下去，甚至從這店讀到那店。從此他步入文藝青年的行列，早在做學生的年歲即與文字結緣，踩定了他此生與書長相守的起點。如果說人的性向奠基了他／她身為一獨特個體的「命」，那「緣」就是其人的行為之傾向性與適合性在現實生活中碰到的運氣了。志峰初就業即在出版社謀得小編之職，他已有的閱讀素養與謀生的職業操作此後便如魚得水，從起步即二重奏一般調節著他「不是在出版社，就是在前往書店」的工作步伐。

他長年惦記著去書店觀望，並坦誠地告訴讀者：「書，是我工作的神主牌，得好生伺候。」因為「出版社和書店始終存在著緊張又互相依傍的供需關係。」做了出版人，就得把書店當聖地朝拜。志峰於是上下班途中常踅步到那裡，「既像視察敵情，又像職場充電」。他要去店內看他們允晨剛出版的書籍是否擺上平台，就像農夫每天去地頭看莊稼長勢如何。他最近在臉書上常寫些有關書事的短札，其中有段文字講到一次新書發佈會結束，他陪遠道而來的作者走進一家書店，因沒找到那本剛上市的新書便心裡一沉，甚感失望。但當轉眼看見該書的正面顯眼地擺在那一邊的主題陳列區，他立刻鬆口氣興奮起來。擺出來還是沒擺，這是一本書送進書店後生死攸關的問題，是身為主編和發行人的志峰長年去書店守望的既定目標。新書若統統下架退回出版社，很快就褪色為舊書，在倉庫的冷宮內名存實亡了。

管發行可不是個輕鬆活，讓志峰最揪心的事情就是長年累月，處理書籍進退貨的作業。他把自己在倉庫內樓上樓下搬運滯銷書的勞務比作薛西弗斯推石上山的苦役，閱讀他寫倉庫的那篇短文，字裡行間都讓人感覺到他踏上樓梯的沉重腳步。但志峰始終是敬業的，他敬惜他過手的所有字紙，因而常懷著守陵或掃墓的心情去庫房工作。進入此荒涼的遺忘書廢墟，聞到舊紙張發黴味與新紙張油墨味混雜的某種神聖氣息，他總是會使出陶侃搬磚的功夫，將時間沉積在其中的重量毅然扛起。

這便是志峰的書痴氣特有的酷勁。天下的文青千千萬，代不乏人，但能夠像志峰這樣一直常青到五十好幾，且「文」出了一定的文字業績，而又不失其「青」的真摯淳厚者，則少之又少。閱讀志峰筆下的氣質文字及其所講述的書與人、編輯與作者的故事，最能觸發我感懷的，即此一浪漫與理性兼容的老文青氣度。志峰為人性格謙讓，略含羞態，他本有的文才底蘊多年來都深藏不露，長期潛沉在厚積未發的心底。他甚至有意壓抑自己的寫作衝動，一任「心境在年輕時蒼老」。直到近年來他開始應邀寫稿，努力以恢宏的賦體筆法鋪陳書人書事的全息景觀，這才瓜熟蒂落，勃發出一派中年回春的書寫興致。在這本收有四十一篇短文的集子內，有他所寫的「書時間」專欄約稿，還有他評介本社出版物的系列文章。「積土成山，風雨興焉；

積水成淵，蛟龍生焉。」志峰編輯生涯二十多年來積累的論述能量已到了噴薄而出之日，包括他在臉書上即興貼出的不少短章在內，全都很有可讀性，都顯示出他揮灑自如的筆力，既不乏頗含哲思的雋語，更富有長篇詠懷詩的格調和韻味。

志峰有他自己的文化信念，面對書籍市場上一直在敗壞的行情，他堅守一位法國發行人昭示的價值原則，那就是努力做好他提供選擇的工作，力求「讓值得存在的創作有生存的機會」，而非一味去回應市場。因而他有耐心和信心讓時間去衡量他所出書籍的價值，長期以來，他都把自己經營的出版業務做成他「參與、介入時代的路徑。」在大陸官方對台灣的書刊出版業加緊出資收買和進行文化滲透的當前形勢下，島內的不少書商都打起生意經的小算盤，開始作自我審查，都不太願意出版會引起對岸忌諱的書籍了。但對志峰來說，越是他人不願做的事情，他越是要堅持去做。近十年來，他陸續出版了劉曉波、廖亦武、馬建、茉莉等大陸異議作家的一系列著作，感召得同類作者及其作品多投奔到允晨門下，尋求可靠的出路。志峰之所以敢冒被列入大陸官方黑名單的風險而矢志不渝，是因為他十分憂慮地看到，台灣民眾對中國的觀望至今還「停留在熊貓、九寨溝、萬里長城、西湖、周莊、就業天堂、台商極樂園的童話般」隔海嚮往，而對那些「發生在中國層出不窮的慘劇和毒食品汙染」，他們總覺得與己無關，轉身便忘。他是為讓更多的台灣人透過允晨的出版物，看到那裡「不是天堂，而是煉獄」，才不惜工本，出版此類未必賣得很好的書籍的。遺憾的是，讀者反應有時卻比較冷淡，有些書印了兩千冊，賣到底連一千冊都沒售出。

在這本記憶著時間的出版業白皮書中，志峰的論述特別強調了他對遺忘和庸俗的抵抗，他援引不少資深編輯的金玉良言，一再自勉自勵。但面對出版的險灘，他又不能不踮起腳如履薄冰。他縱做了作者的知音，測探出稿件中豐富的含金量，其奈讀者不買賬何！市場的無情常弄得他力不從心，生出戲夢人生的荒誕感，環顧四方，蹙蹙靡所騁，旋又沉入深思和反省，發出苦澀的自嘲。在書末的代跋中，他戲擬了一封告假信，向外界通知他神經衰弱，說是要來個全面的shut down。

這當然只是作者在該書結尾推出的搞笑謝幕，是後退幾步好往遠跳的一個助跑姿勢。我們期望，等到他伸完懶腰，打個哈欠，還是會再次振作起來。志峰現在肯定還是在勤奮閱讀各方來稿，繼續在與他心儀的作者多方聯繫，他心中尚有很多想出版的好書在依次排隊。天氣有陰晴冷暖，出書有賺有賠，有時候抓住了《在青春迷失的咖啡館》那樣的作者，誰又能不對志峰的運作感到神奇和驚異。志峰深信，現在的電子文本再怎麼滿天飛，也取代不了紙本書那種版面醒目，質感暖手的魅力。兩者的相持尚有時日，志峰的憂慮歸憂慮，他眼下的業務仍大有幹頭。而且他回春的書寫興致方興未艾，正呈其一發而不可收之勢。他現在不只耘人之田，更有他自己的園地可耕能產。閱讀、寫作和出版這三方面與書籍的關係如今已三位一體，就像三套馬車操控在志峰手中，眼前有的是廣闊的前途供他載馳載驅了。

二〇一五年九月十一日

一顆裹著糖衣的苦藥

自莫言獲諾貝爾文學獎以來，媒體上相關的爭論至今不絕。我也曾被電臺的節目主持人邀請發表評論。但我沒有接受，因為我並不熟悉莫言的作品，也沒有興趣為湊熱鬧而去補讀那些與我當前的寫作方向無關的文字，更不要說我向來就無意介入華人獲諾貝爾獎的是非爭端，我覺得自己沒有資格隨便去評說莫言是否值得拿到如此崇高的獎項。

我要說的是我讀了英譯頒獎辭的感覺。我發現諾貝爾獎的文學委員會並非如某些人指斥的那麼昏憒，即使他們有撫慰中共當局及其擁戴者的意向，那一種示好的做法也不是毫無原則的。從頒獎辭可以看出，他們仍然以西方的價值尺度來衡量莫言的作品，從中讀出了大量讓只愛受獎，不愛受批的當局一時間甚感尷尬的信息。這一切都巧妙而確切地寫在頒獎辭中，並被標明為莫言作品獲獎的原因。由此看來，瑞典文學院送給中共當局的這個大獎確帶有不少芒刺，它可謂一顆裹著糖衣的苦藥，一個當局的屁股下非坐進去不可的胡蘿蔔。

頒獎辭並沒有把政治排斥到文學殿堂之外，而是將二者作了水乳交融的攪拌。至於莫言本人，他又不通瑞典文或英文，接獎牌拿獎金那一刻，恐怕未必很清楚評委會評價其作品乃基於文學與政治二者並重的標準。等什麼時候莫言讀到了忠實的中譯全本，他會不會摸著頭頂的桂冠，腳底下忽有被穿了小鞋之感，那就純屬他個人的感受，與我輩無關了。

但無恥的是，我發現大陸版的中譯文竟然整段删節，到處亂改，妄圖以掩耳盜鈴的方式摘取這個對他們來說已變了味的桃子。反觀BBC中文網的中譯，雖然完整，卻也有不少可議之處，不足以尖銳地對比出大陸版的殘缺和欺瞞。故筆者不揣鄙陋，現將全文仔細譯出，英漢對照在下面。主要的用意是為廣大的讀者提供一個可資對比的文本，對比出大陸版本如此歪曲和掩蓋的卑鄙用心。讀者只要認真讀了這篇頒獎辭，仔細品味，就不難想像中共當局那種洋米湯灌下去，卻嗾了個蒼蠅的反胃感了。筆者並非翻譯行家，也沒必要在這方面逞能，之所以破費功夫，在網民前「貧道獻醜」，為的只是保全真相，打假揭偽。不妥之處，敬請各位方家指正。

諾貝爾獎頒獎典禮上，文學委員會主席帕・瓦斯特伯格介紹了莫言的作品，闡述了授予他諾貝爾文學獎的原因。瓦斯特伯格的頒獎辭全文如下：

筆者中譯文

莫言是一個撕下程式化宣傳海報，將凡夫俗子一個個推上台面的詩人。他以冷嘲熱諷的筆致抨擊歷史及其作偽，以及剝奪的行為和政治偽裝。他戲謔地、帶著半遮半掩的樂趣揭示出人生境遇中最隱晦的方方面面，幾乎是漫不經心地發現了極富象徵力的形象。

莫言筆下的高密縣東北鄉活現出中國的民間故事和歷史，那是一個你不閱讀此類故事和歷史便很難領會的世界，在那裡，驢吼豬叫淹沒了黨政領導的聲音，情愛和邪惡的呈現已達到匪夷所思的程度。

莫言的想像飛掠整個的人生境遇。他妙筆揮灑，工於描摹人的七情六欲；有關饑餓的方方面面，他幾乎全都熟知。中國在二十世紀中的殘暴也許還從未如此露骨地被他描寫在他那些英雄、戀人、施虐者、盜賊，特別是堅強無畏的母親的故事之中。他向我們呈現了一個沒有真理，蒙昧和冷漠無情的世界，其中的人群都顯得魯莽、無奈和荒謬。

中國歷代反復出現的人相食現象就是這一悲慘世界的證據。在莫言的筆下，它還呈現為鋪張浪費，荒誕無稽，淫佚放蕩，以及種種難以描述的欲望，唯獨莫言能夠衝破所有的禁忌限制，力圖將那一切和盤托出。

在他的小說《酒國》中，最精緻的美味是三歲孩童肉燒烤。男童肉成為高級食品，而女童則因不受重視而得以倖存。這一嘲諷直刺了中國的獨生子女政策，正是這一政策導致多不勝數的女胎被統統墮掉，連女童肉都被認為不太好吃。《蛙》這部小說從頭到尾所寫的就是這樣的事情。

莫言所講的故事以虛擬的和諷喻的誇飾見長，在他的筆下，所有的價值全被顛倒，毛時代的中國那類模範型的理想民眾也都蕩然無存，他書中的眾多人物全都顯得生氣勃勃，為實現他們的人生目標和打破那囚禁他們的命運及政治之牢籠，他們甚至採取非道德的手段。

莫言的小說取材傳說和民間故事，他以誇張和惡搞的筆法描寫了一個與共產主義宣傳畫上的幸福歷史截然不同的過去年代，對以往五十年的官方宣傳，他作了令人信服的和極其尖刻的修正。

《豐乳肥臀》是最引人注目的一部小說，該書貫串女性視角，以尖銳刺激的細節描述了大躍進和一九六〇年大饑荒的情景。莫言揶揄妄圖拿公兔給母綿羊配種的革命派偽科學試驗，而在當時，凡對此類事情表示懷疑的人都會被打成右派。小說以騙子們在九〇年代靠賣美容品發財和妄圖通過雜交方法養出鳳凰的新資本主義世態作結。

莫言大筆淋漓，勾繪出一個被遺忘的農民世界，其中的一切都讓他寫得活靈活現，連那烏煙瘴氣的氛圍都散發出肉慾的氣息，而驚人的殘忍也混雜著一絲歡快的無私；讀起來從不讓人感到枯燥乏味。各種手工藝，鐵匠活，蓋房，挖渠，養殖，土匪伎倆——所有這一切他無所不知，無所不寫，人世間的一切幾乎都被他羅列到筆下。

繼拉伯雷和斯威夫特以及當今的加西亞·馬爾克斯之後，還很少有人能像莫言這樣寫得驚世駭俗，鬧劇般搞笑。他的文筆尤以辛辣見長。他所勾繪的百年中國的歷史長卷中既無麒麟呈祥，也無少女歡躍。但那種豬圈一般的生活卻讓他描繪得令人恍若入住其中，已住得年深月久。各種思想觀念和改革運動有來有去，獨有人們的唯我意識和貪心與世長存。所以莫言要為保護渺小的個人而抗拒一切不公正的行為——從日本侵華直到毛時代的暴政和今日大搞生產的狂熱。

在莫言家鄉那個地區，寬宏大量的美德一直都在與最邪惡的殘忍交戰，對那些膽敢進入其中的人士來說，所面臨的將是一次驚險而富有奇遇的文學之旅。在中國和世界的其他地方，何曾經受過這一史詩般的春潮衝擊？在莫言的作品中，「世界文學」發出了讓大多數當代人傾倒折服的聲音。

瑞典學院祝賀你。我懇請你從國王陛下手中接受二〇一二年諾貝爾文學獎。

附錄一　頒獎辭英文原版

Mo Yan is a poet who tears down stereotypical propaganda posters, elevating the individual from an anonymous human mass. Using ridicule and sarcasm Mo Yan attacks history and its falsifications as well as deprivation and political hypocrisy. Playfully and with ill-disguised delight, he reveals the murkiest aspects of human existence, almost inadvertently finding images of strong symbolic weight.

North-eastern Gaomi County embodies China's folk tales and history. Few real journeys can surpass these to a realm where the clamor of donkeys and pigs drowns out the voices of the people's commissars and where both love and evil assume supernatural proportions.

Mo Yan's imagination soars across the entire human existence. He is a wonderful portrayer of nature; he knows virtually all there is to know about hunger, and the brutality of China's 20th century has probably never been described so nakedly, with heroes, lovers, torturers, bandits – and especially, strong, indomitable mothers. He shows us a world without truth, common sense or compassion, a world where people are reckless, helpless and absurd.

Proof of this misery is the cannibalism that recurs in China's history. In Mo Yan, it stands for unrestrained consumption, excess, rubbish, carnal pleasures and the indescribable desires that only he can attempt to elucidate beyond all tabooed limitations.

In his novel *Republic of Wine*, the most exquisite of delicacies is a roasted three-year-old. Boys have become exclusive foodstuff. The girls, neglected, survive. The irony is directed at China's family policy, because of which female fetuses are aborted on an astronomic scale: girls aren't even good enough to eat. Mo Yan has written an entire novel, *Frog*, about this.

Mo Yan's stories have mythical and allegorical pretensions and turn all values on their heads. We never meet that ideal citizen who was a standard feature in Mao's China. Mo Yan's characters bubble with vitality and take even the most amoral steps and measures to fulfill their lives and burst the cages they have been confined in by fate and politics.

Instead of communism's poster-happy history, Mo Yan describes a past that, with his exaggerations, parodies and derivations from myths and folk tales, is a convincing and scathing revision of fifty years of propaganda.

In his most remarkable novel, *Big Breasts and Wide Hips,* where a female perspective dominates, Mo Yan describes the Great Leap Forward and the Great Famine of 1960 in stinging detail. He mocks the revolutionary pseudo-science that tried to inseminate sheep with rabbit sperm, all the while dismissing doubters as right-wing elements. The novel ends with the new capitalism of the 『90s with fraudsters becoming rich on beauty products and trying to produce a Phoenix through cross-fertilization.

In Mo Yan, a forgotten peasant world arises, alive and well, before our eyes, sensually scented even in its most pungent vapours, startlingly merciless but tinged by joyful selflessness. Never a dull moment. The author knows everything and can describe everything – all kinds of handicraft, smithery, construction, ditch-digging, animal husbandry, the tricks of guerrilla bands. He seems to carry all human life on the tip of his pen.

He is more hilarious and more appalling than most in the wake of Rabelais and Swift — in our time, in the wake of García Marquez. His spice blend is a peppery one. On his broad tapestry of China's last hundred years, there are neither dancing unicorns nor skipping maidens. But he paints life in a pigsty in such a way that we feel we have been there far too long. Ideologies and reform movements may come and go but human egoism and greed remain. So Mo Yan defends small individuals against all injustices – from Japanese occupation to Maoist terror and today's production frenzy.

For those who venture to Mo Yan's home district, where bountiful virtue battles the vilest cruelty, a staggering literary adventure awaits. Has ever such an epic spring flood engulfed China and the rest of the world? In Mo Yan's work, world literature speaks with a voice that drowns out most contemporaries.

The Swedish Academy congratulates you. I call on you to accept the 2012 Nobel Prize for Literature from the hand of His Majesty the King.

附錄二　中國大陸官方版本的中譯

尊敬的國王和皇后陛下，尊敬的諾貝爾獎得主們，女士們先生們，

莫言是個詩人，他扯下程式化的宣傳畫，使個人從茫茫無名大眾中突出出來。他用嘲笑和諷刺的筆觸，攻擊歷史和謬誤以及貧乏和政治虛偽。他有技巧的揭露了人類最陰暗的一面，在不經意間給象徵賦予了形象。

高密東北鄉體現了中國的民間故事和歷史。在這些民間故事中，驢與豬的吵鬧淹沒了人的聲音，愛與邪惡被賦予了超自然的能量。

莫言有著無與倫比的想像力。他很好的描繪了自然；他基本知曉所有與饑餓相關的事情；中國二十世紀的疾苦從來都沒有被如此直白的描寫：英雄、情侶、虐待者、匪徒——特別是堅強的、不屈不撓的母親們。他向我們展示了一個沒有真理、常識或者同情的世界，這個世界中的人魯莽、無助且可笑。

中國歷史上重複出現的同類相殘的行為證明了這些苦難。對莫言來說，這代表著消費、無節制、廢物、肉體上的享受以及無法描述的欲望，只有他才能超越禁忌試圖描述。

莫言的故事有著神秘和寓意，讓所有的價值觀得到體現。莫言的人物充滿活力，他們甚至用不道德的辦法和手段實現他們生活目標，打破命運和政治的牢籠。

《豐乳肥臀》是莫言最著名的小說，以女性視角描述了一九六〇年的大躍進和大饑荒。他譏諷了革命偽科學，就是用兔子給羊受精，同時不理睬所有的懷疑者，將他們當成右翼。小說的結尾描述了九十年代的新資本主義，會忽悠的人靠賣化妝品富了起來，並想通過混種受精培育鳳凰。

莫言生動的向我們展示了一個被人遺忘的農民世界，雖然無情但又充滿了愉悅的無私。每一個瞬間都那麼精彩。作者知曉手工藝、冶煉技術、建築、挖溝開渠、放牧和游擊隊的技巧並且知道如何描述。他似乎用筆尖描述了整個人生。

他比拉伯雷、斯威夫特和瑪律克斯之後的多數作家都要滑稽和犀利。他的語言辛辣。他對於中國過去一百年的描述中，沒有跳舞的獨角獸和少女。但是他描述的豬圈生活讓我們覺得非常熟悉。意識形態和改革有來有去，但是人類的自我和貪婪卻一直存在。所以莫言為所有的小人物打抱不平——從日本佔領到毛澤東的錯誤到今天的瘋狂生產。

在莫言的小說世界裡，品德和殘酷交戰，對閱讀者來說這是一種文學探險。曾有如此的文學浪潮席捲了中國和世界麼？莫言作品中的文學力度壓過大多數當代作品。

瑞典文學院祝賀你。請你從國王手中接過二〇一二年諾貝爾文學獎。

二〇一二年十二月十四日

君子上達

在中國農村，不幸的家庭和個人遭遇雖各有各的不幸，但那不幸的性質基本上全都相同，其總根源就是農村社會普遍的貧窮。而更加不幸的則是，自一九四九年以降，中共當局推行的一系列三農政策——特別是城鄉分割戶籍制和土改後進一步公社化——更加劇了此自古以來未能消除的貧窮。越是貧窮的地方，包辦買賣婚姻的情況就越是嚴重，而婦女的個人命運就越是依賴婚姻的好壞。像趙美萍的母親這樣遇人不淑的農婦，即使離婚後得以逃脫前夫的虐待，也得為活下去而從速改嫁。一個離了婚的農婦無業無產，無家可歸，戶口也無處可落，再嫁——不管是嫁雞隨雞還是嫁狗隨狗——於是便成為她要倖存下去唯一可走的出路。而作為她的女兒，《誰的奮鬥不帶傷》（安徽文藝出版社，二〇一三年）這本回憶錄的作者趙美萍所遭遇的種種磨難也都緣由母親的此一惡姻緣接踵而來，如影隨身，直到她去國遠行，移居美國為止。

美萍的母親若生活在城市，好壞有個工作可自謀生路，她的婚姻選擇就不至於那樣淒慘，美萍和她妹妹也就未必會遭受那麼多的屈辱。與城市居民相比，完全被排斥在體制外的農村人不只經濟上享受不到任何社會主義優越性的好處，連人身安全都更少受到法律的保護。美萍的故事是從她父親去世之後，她母親帶著她姊妹倆孤苦無援，再次受到其前夫欺辱，乃至被霸佔的慘境講起的。設若她們住在城裡，她母親多少有個單位的歸屬，就絕不至於被無賴的前夫逼迫到帶上女兒逃往他鄉的地步。美萍及其家人的遭遇固然不屬於直接的政治迫害，但就其本質而言，仍是毛澤東時代荒謬的三農政策給千百萬農戶留下的惡果。所以說美萍這本回憶錄講述的雖是她一己的受難故事，卻也讓讀者從中瞭解到一九四九年之後中國農村婦女受苦受難的社會根源。

為什麼說中共推行的三農政策更加劇了此自古以來未能消除的貧窮呢？孔子有言：「君子上達，小人下達。」常言道：「人往高處走，水向低處流。」就個人修養來說，上達者做人，總是力求上進，自我提升，用高標準要求自己，他們絕不會為一時的利益而同流合汙，去自甘沉淪。下達者的作為卻正好相反：他們落入貧窮狀況時不思辛勤勞作，去脫貧致富，卻一味抱怨富有者為富不仁，認定是富人剝奪了窮人，進而煽動更多的貧窮者仇恨富有者，去用暴力平分他人的財產。為贏得廣大低層的擁護，並激發出他們破壞既有秩序的力量，下達者還給貧賤的生活環境下長期形成的粗俗和暴戾加冕革命的光環，把中華文明傳統中值得繼承發揚的東西統統貶斥為「封建的」，把剛剛傳入的西方文明中應予吸收的東西判決為「資產階級的」……經過這一番是非顛倒，下達的勢力在中國全面得勢，曾經的上達者多被拉下馬，踏到惡俗庸眾的腳下，人群中行之已久的優勝競爭機制竟日漸為劣勝競爭的逆流所替代。這就是毛時代搞了三十年階級鬥爭的基本狀況。越是窮困的地方，人與人之間的衝突和仇恨越是厲害，人所固有的人性受到的磨損和戕害也越為慘重。美萍的大伯對美萍的無情，美萍她媽寄養她的那個家庭對她的苛待，還有她的繼父的粗暴，以及她在他們那個地方受到的排斥和欺辱，總而言之，所有那一切讓她受盡傷害的現象，都與當時中國社會的貧困化和人的劣質化趨勢有關。他們並不都是惡人，是由於中國社會整體上坎陷到下達的泥坑內，結果把身處底層的人群都害成了那種人不人鬼不鬼的模樣。美萍的遭遇可以說完全是為她的家世出身所累，她簡直是平白無故，與天下千百萬農民子女同樣遭受了中共黨國體制的禍害。這體制把城鄉分割為兩個完全不同的世界，體制內的城裡人好比黨國豢養的家畜，體制外的農村人則形同自生自滅的野獸。比較地來看，在中共血腥奪權的過程中及其獲勝後的年代，受害最深的就是廣大的農村人口。據統計，中國是世界上自殺率最高的國家之一，其自殺人口中農村人居多，而在自殺的農村人中女性又遠多於男性。美萍在書中記錄了她那裡村民自殺的悲劇，也寫了她多次企圖自殺的細節。為什麼像她那樣幼小年紀的女孩竟會動輕生的念頭？因為她「恨死了農村，恨死了貧窮而愚昧的農村，恨死了那些因為貧窮和愚昧而麻木了的靈魂！」她在她的日記裡說，她「死也要死到外面去！」美萍這一絕望的呼喚其實也是千百萬農村男女的呼喚，通過這本回憶錄的書寫，她可謂替他們喊出了內心深處的慘痛。

儘管她那麼年輕和單純，從她自身所處的困境中她已多少看出了農民的苦難根源。中國農村之所以普遍貧窮，固然與人多地少有一定的關係，但要走出此困境，並非平分了地富的土地就能一勞永逸地解決問題，更不是實行公社化就可帶領農民走上金光大道。問題的關鍵在於如何為農村過多的剩餘勞力提供出路。政府本應發動剩餘勞力流向城市，去繁榮工商業市場，但公社化的政策卻把全體農民死綁在生產隊有限的土地上，並進一步通過高壓的統購統銷政策，為發展城市的工商業而片面榨取農業的資源。在近代中國，城鄉的差異主要表現為自然形成的地域區劃，其間存在的差異儘管很大，但城鄉間人口的自由流動並未受到任何特定的限制。只是在一九四九年以後，城鄉分割的戶籍制才在城鄉間製造了制度化的分隔與對立。美萍的日記中所記那逃一條活命的念頭的確說出了千百萬農村男女的心願，這心願就是，突破此將農民降為二等公民的分界線，到城裡去闖蕩世界，去靠個人的奮鬥過上更好的日子。時至今日，戶籍制仍未正式廢除，但在打工潮一波波的衝擊下，它殘存的約束力已很有限了。由此可見，很多好政策都不是當局自願和主動去籌畫和推行的，而是追求上進的老百姓率先行動，迫使政府應允後才予以正式頒佈。

在毛澤東時代，農村人口中凡能得機會和有能力者，均力求進入黨國體制，好到城裡去過吃商品糧的日子。在城鄉分割戶籍制嚴格執行的年代，農家兒女要謀取這樣的好事情一般只有三條路可走，一是考上大學，二是去參軍當兵，三是碰上稀有的招工機會，當了工人。這就是那個年代「上達」的狹窄管道，可惜這三條路均與美萍無緣。但在此幾乎無路可走的情況下，美萍從小便表現出她「君子上達」的獨特追求：在被迫輟學後去石料場砸石頭的艱苦歲月中，她小小年紀，竟有毅力抽空讀書，堅持書寫日記達十四本之多。讀著她書中有關寫日記的片段，我不由聯想到我學生時代寫日記的情景。我寫日記的環境當然要比她優越多了，她是處在下沉的重力沼澤地一般拖她後腿的窘境下，對她來說，寫日記就不僅僅是一般的文學青少年喜歡寫作，練練文筆的事情，而更有她精神上自救的意義，成為她一天勞累後內心祈禱的晚課。她在寫作中自我療傷，揮筆滌除白日的煩擾和屈辱，進而做她自愛自勵的修煉，在極其貧瘠的物質環境中一點點蓄積精神的營養。這十四本日記不只為她後來寫作回憶錄貯存了記憶，保留了素材，更重要的是，通過那即時即興的書寫行動，她緩解了身體上的勞瘁和精神上的壓力，在文字的訴說中得到了某種救贖／補救。就書寫本身而言，它只是一種文字操作，但若所書寫的東西是傾訴的，召喚的，省思的，則書寫的過程就有了大於和高於所寫文本的趨勢，從而生發出救助一個人解脫和促使其提升自己的效力。美萍不管經歷了多少磨難，她始終沒讓貧困壓斷腰桿，沒淹沒於身外那彌漫著愚昧和仇恨的總氛圍，而是在堅韌的承受中煉成她「涅而不緇，磨而不磷」的人格。她的堅韌讓人聯想到疾風中的竹子，風力儘管可將它吹彎，卻難以將它吹折。

在改革開放後的中國，可以稱之為社會進步的一大變革就是，廢除了公社化政策，打開了農民走出農村去自謀生路的通道。美萍正是打工妹中最先飛出的一隻早鳥。她這本書另一具有社會意義的看點是，通過記敘她打工路上的諸多坎坷，反映了城鄉分割戶籍制至今仍梗阻在農民工腳下的障礙。表面上看，農民工進城後的遭遇只是一個城裡人歧視農村人的問題，但從本質上說，那歧視的態度則應視其為黨國體制中長期形成的既得利益階層在社會轉型過程中所表現出的惰性。如上所述，城裡人自以為高鄉下人一等的姿態並非基於他們自身的品格和才能，而是他們的城市戶口使他們所享有的特權撐硬了腰桿。這些好處不但使很多人養成依賴黨國體制的惰性，更滋長了他們把持那個體制的獨裁和專橫。雖說體制內的群體也有他們自己所受的不公平待遇和種種不滿情緒，但對待體制外的人群，他們多持一致排斥的態度。美萍從她最低下的起點上忍辱負重，就這樣艱難地開始她「君子上達」的追求。她先是進入服裝廠，後來跳到雜誌社，她那始終如一的敬業作為正好形成了對城市及其體制內惰性的挑戰。這一表現在她個人奮鬥中的挑戰雖發自她的個體，卻也體現了被長期壓抑的群體性優勝競爭衝動對劣勝競爭勢力的挑戰。體制內劣勝競爭的勢力正在腐敗下去，受到體制外新生的優勝競爭能量之衝擊，體制內已出現分裂，致使這衰朽的體制不得不稍作調整，以圖苟延殘喘。這一調整過程中產生的斷裂和縫隙就是美萍及其他打工妹得以抓住的機遇。她的勤勞和業績由被忽視被抵制到逐漸被承認的過程，正是她這個打工妹／外地人在轉型的中國社會終於被接納的現世善緣。

然而那善緣形成的過程並非奇跡突現那麼明快簡捷，其間一直佈滿明暗的交織，美萍初嘗的甘甜中更有其深度的苦澀。她上了電視，得了嘉獎，這當然都可喜可賀，特別是被市政當局獎給她武漢市的居民戶口。然而從另一個角度來看，那獎勵的榮耀對於她這個鄉下人多少還是有些諷刺的意味。憲法明明規定，中華人民共和國的公民均享有居住和遷徙的自由。美萍在武漢本已有稱職的工作和可觀的收入，且有了挺不錯的住房。一個外來者既然有能力在這個城市住下去，應該說，她/他就有住在此地的合法權利。為什麼對美萍來說，這權利的獲得還要得到官方恩准，並通過公開的表彰，演示出一個黨恩浩蕩的追認？不過是把一個人被剝奪已久的東西還給了該人罷了，就這麼點可憐的權利終於獲得贖取，現在反倒以賞賜的儀式來宣告它的完成。從美萍回憶錄中的記敘可以看出，她流過很多淚，各種各樣的淚，特別是她獲獎時喜極而泣的淚水，其五味俱全之滋味實在難以在此言傳。

趙美萍的自述文字顯然是有意迴避政治的，身為打工妹，能得到官方媒體的承認和嘉獎，她已感到很滿足了。但從美國女性主義批評的立場出發，很多個人的問題，特別是女性、少數族裔和弱勢群體的個人問題，均可提升到政治正確性的高度予以討論。一九四九年以後所謂的婦女解放，更多的是階級鬥爭和無產階級革命意義上的解放，而非真正的女性主義意義上的解放。所謂「男人能做的事婦女也能做」，「婦女能頂半邊天」，按照此類豪邁的政治口號去行事，只會把農村婦女與男人的平等導向婦女的非女性化實踐，讓婦女都成為與男人差不多同等勞力的生產隊社員。她們去地裡出工，增多了「解放前」很少承擔的勞累；下工後回到家中，卻並沒有擺脫傳統的做妻子和母親的勞務。美萍母親一代人以及她這一代人中依然留在農村的婦女，所承受的就是此雙重的重負。這重負使她們更多地擔負了人群中雌性的角色，僅憑著其身體的生物性資源進入買賣婚姻的交易。而在日常生活中，她們又不得不分擔本來多為男人去幹的勞務。所謂的「解放」，對她們來說實屬一言難盡的諷刺。這就是在美萍的眼中，她母親，還有村中的其他婦女都顯得那麼醜陋、粗暴，嚴重地缺乏女人氣質，以致她恨不得遠遠離開那個環境，絕不願步她們後塵的原因。

現在的世道又從前三十年的河東一下子改道到不知何時才會終止的河西。經濟的繁榮，風氣的開放，固然帶來了不少可喜的變化，但由於鄧小平最初只偏重讓一部分人先富起來，而城鄉分割的戶籍制依然惡果深遠，農村婦女在致富的起跑線上絕對地處於劣勢。湧入城市的打工妹因而在職場上常被導入女人性感化（sexualization of the woman）的泥坑，即要求女人在職業上向男人突出她們的性魅力，出賣她們的性資源，特別是向有錢有勢的男人出賣。眾所周知，在今日中國，從事色情業的婦女人數領先全世界，而靠賣笑賣身為生的婦女，絕大多數都來自農村。正在富裕起來的中國社會權與錢相勾結，合力從起點太低的農村婦女身上貪婪地榨取著她們的身體資源。即使像美萍這樣不甘墮落，力求「君子上達」的打工妹，在雇主控制雇員的局勢下，也多次被強加了男人控制女人的手段。多虧她素來潔身自好，不甘下賤，面對來自老鬪或上司的利誘和威逼，她始終不屈不撓，奮力抵抗，多次付出丟飯碗的代價，而每一次都擊退了她絕不容忍的性騷擾行為。

《誰的奮鬥不帶傷》這書名叫得很貼題，趙美萍那華麗的轉身的確受了太多的明傷暗傷。就她的故事結尾處來看，體制內「小人下達」的勢力依然餘焰未消，仍在揮發其劣勝競爭的能量。美萍縱然以自己優秀的表現贏得了《知音》雜誌社的編輯工作，工作中也幹出了不少成績，但最終還是因眾多小人一再排斥，紛紛嫉妒，弄得她疲於糾纏，怏怏地辭去了她本來想幹得更好的工作。從美萍奮鬥的故事中可以看出，她苦苦奮鬥了這麼多年，基本上仍是這混世上勤於自強自救的一個苦力，她那些訴說個人苦難的故事頂多在政治的底線下打了幾個擦邊球，尚未觸及更多應予揭示的社會問題。「夫戴盆何以望天」？作為體制內雜誌社的區區一名編輯，趙美萍實在也無力揮起淋漓的大筆，去做抗拒現實的異議鬥士。

就在此舉步艱難的駐足處，美萍再次跳躍，毅然放下難以料理的一切，幸運地移居到美國。孟子說過：「為淵驅魚者，獺也；為叢驅雀者，鸇也；為湯武驅民者，桀與紂也。」同理，為世界驅華人移民者，霸佔華夏大地的中共集團也。中國現存的體制仍然是既得利益群體盤踞的堡壘，是優肉劣食的變態叢林。在那裡，每天都在發生像美萍這樣自強自救的苦力再怎樣努力也無能為力的事情。

我在休士頓的筆會上與趙美萍相逢相識，她贈我此書，並想得到我讀後的反應。我的反應已如上述，在本文的結尾，再說兩句勉勵她的話：祝願她拿出更多的勇氣站穩她腳下的沃土，過好她移居的新生活，繼續堅持「君子上達」的方向，寫出更多能讓人眼睛一亮的新作。

二〇一三年七月

港人的自由與中共對它的利用和侵蝕

談到香港這個城市，我首先聯想到兩種人物：多重間諜和公共情婦。前者向不同的老闆出賣情報，後者給不同的恩主供應愛情。我為什麼要如此比擬香港這個城市呢？眾所周知，這塊土地早在一八四〇年鴉片戰爭後就割讓給英國。對老舊的中國來說，這是個恥辱。但就這塊土地本身而言，它卻獲得了被放棄和出賣後的自由。從此以後，英國人在那裡建立起公司、銀行、教會、報社、法院、警察局等一大批舊中國沒有的機構，形成了這塊土地上特有的社會文化生態。在這一中西雜處的城市群落中，中國傳統的民間社會逐漸與西方的「公民社會」有機地攪拌在一起。

回歸前的香港人並非真正的英國公民，回歸後的香港人也算不上標準的中華人民共和國公民。香港人曾被殖民的身份反讓他們獲得了對一黨專政的豁免，而曾受大英帝國強暴的經歷也補償給他們足以使自己區別於內地人的身價。香港人缺乏「國家認同」的這一畸形境況使他們的社會和地盤特別具有吸附力和包容性。那是一個既藏垢納汙，也臥虎藏龍的地方。三教九流，在那裡各得其所，左右中間各派，在其中都有足夠的空間發言爭鳴。比如有親共的《大公報》、《文匯報》，反共的《蘋果日報》，以及持中立立場的其他報紙，其中尤以《明報》為知名。明報除了在大躍進、文革、鄧小平重出政壇和六四事件期間在中國擁有最好的記者網路，還利用月刊和出版社為知識份子提供了一個重要的平臺，我那本回憶錄《我的反動自述》即該出版社出版。

我們現在要談論香港的媒體自由，首先應該看到這個自由賴以建立的基礎，那就是英國人曾經建立的制度和留下的遺產，如司法獨立，港人治港，自由貿易，特別是香港人真正擁有言論、出版以及遊行集會等自由的權利。由於香港特殊的地理位置及其缺乏「國家認同」的中性特徵，這諸多自由從一開始就潛在著被利用和濫用的危機。它不只被跨國公司、投機商人、文化掮客以及黑社會所利用，也一直為共產黨所充分利用。對共產黨來說，在不同的時期，香港的吸附力和包容性及其諸多自由有著很不相同的意義。在一九四九以前，香港是中共逃犯的避難所，地下黨潛伏的基地，是為支援中共的武裝鬥爭而募集款項和偷運武器等物資的中轉站。最近爆出醜聞的華潤公司，就是中共地下黨一九四九前在香港搞起來的。總的來說，中共在武力奪取政權的整個過程中，都極大地利用了香港這個貿易和傳媒均相對自由的陣地，搞了很多只有在那裡才有可能搞下去的顛覆活動，而且很早就埋伏下紅色勢力的黨羽，種下了侵蝕港人自由的禍根。我們甚至可以說，若沒有香港這塊地盤曾提供的方便，中共的核心軍力早在蔣介石江西發動圍剿時就被徹底消滅了。

一九四九到一九九七又是一個特殊的階段。與其說中共在奪權後沒能力收回這塊割讓的土地，不如說中共暫時還不想收回。對中共來說，鞏固和擴張他們的黨權向來都比維護國家的主權重要得多。特別是在冷戰時期，保存住香港這個通往自由世界的跳板，最便於中共的勢力滲透到台灣和西方，去勾結可收買到的各種勢力。為了謀取多方面的利益，中共寧可把這塊領土暫時抵押在港英當局手中。比如，地處跑馬地投注大堂旁邊的新華通訊社香港分社，好多年來都在新聞自由的掩護下建立起中共反西方、反臺灣的前哨陣地，使香港成為中共向海外進行宣傳的最佳視窗。香港傳媒的境遇在一九四九之前與之後的不同之處在於，一九四九後的中共不但利用香港的傳媒自由對香港實施「摻沙子」和「挖牆腳」的活動，而且開始使用他們已經建立的專政機器殘害香港媒體的從業人員。早在五〇年代初，就有六名香港報業的編輯和記者在廣州被捕，隨即以所謂「文化特務」的罪名遭到槍殺。從一九四九後到一九九七前，中共對港人自由的威脅主要是煽動港人的愛國情緒，制造反西方、反民主社會價值的動亂。利用勞工階層的不滿，推銷中共的意識形態。文革期間，紅色風暴也一度掃蕩香港，紅衛兵曾囂張到要解放香港的地步。有一位商業電臺節目主持人名叫林彬，就因批評極左土共的暴行，在上班途中被土共的黑惡暴徒縱火燒死。當時《明報》的總編輯查良鏞在暗殺名單上便名列第二，因為他寫社論批評了北京當局。左派與右派的鬥爭從此加劇，港人與港英當局的鬥爭受到中共勢力的滲透和偏導，這一切都給中共勢力的寄生和侵蝕造成了渾水摸魚的便利。

如果說九七前港人的「愛港愛國」還迴旋著親和大陸的情調，那麼在九七後，「愛港」與

「愛國」便出現了分裂。從前對祖國的親和來自對港英當局的拒斥，回歸之後，港人卻感到他們的自由和福利日益受到中共黨國的威脅。中聯辦現在就是北京伸進香港的黑手，它分化香港社會，操縱特區政府，從黑幫一直收買到立法會，用生意優惠、政協之類的政治榮耀、權力分享等各種利益拉攏本地的親共勢力，而且放縱太子黨、紅二代進入香港佔領經濟要津，為中國特色的全球化戰略鋪墊平臺。與此同時，中共以十面埋伏之勢對香港的自由傳媒展開封殺。中共現在最大的本錢是擁有收買整個世界的資金，對香港媒體，他們首先採取名利收買的手段，軟化媒體老闆，讓他們自動封口。如果收買不動，就加以恐嚇，乃至暴力對待，最近劉進圖遇刺案，就是一個典型的案例。據香港媒體的觀察，中共還會進一步派入更多的地下黨移民，對香港實行人口換血，就像對內蒙、新疆以及西藏推行漢化，這是中共的人海戰術在中國崛起後向海外發動的新型攻勢。

香港的媒體自由真正到了最危險的時候！港人該何去何從呢？當然絕不能相信中共的任何許諾，更不要對中共抱有任何幻想。臺灣學生最近發動的太陽花運動就是港人最好的榜樣。自由媒體的力量畢竟是有限的，香港民眾應該利用媒體進行鼓動，發起全民的抗議活動，把類似佔領中環的街頭鬥爭與立法會內的鬥爭結合起來，進一步壯大香港的民主聲勢，最終把北京操縱的特區政府改造成真正由港人普選的政府。

二〇一四年四月二十四日

不是有希望才抗爭，而是抗爭中求希望

今日的港人不必對中共的恩賜抱任何希望，而應通過抗爭把自己的希望變成現實。因為中共當局的圖謀與港人的希望向來都背道而馳，早在香港回歸之前，中南海那夥人就對這個城市及其居民沒安好心。二戰之後，迫於當時的形勢，英國政府不得不放棄對很多英屬殖民地國家或地區的殖民統治，有些國家爭得獨立，有些地區實行自治，港英當局那時也著手改革，準備落實港人治港。然而中共當局從一開始就擔心將來回歸大陸的香港擁有民選的政府，唯恐到頭來抓回一個燙手的山芋。因而早在一九五七年，周恩來就告誡英國政府說：「中國希望香港今日的殖民地地位不會有絲毫的改變。」一九六〇年，北京聽說美國建議港英當局建立「自治政府」，時任「華僑事務委員會」主任的廖承志當即嚴詞表態，以武力解放香港威脅英國，阻撓香港社會的政治改革。直到一九八四年北京與英國簽署《中英聯合聲明》，隨後又由人大頒佈《香港基本法》，為順利收回香港，中方向港人和國際社會誠懇許諾，「香港的社會、經濟制度和新聞、言論自由等五十年不變」，除了外交與國防，「港人治港，高度自治」，中央不干涉香港內政。正是在此一前提下，末代港督彭定康在香港回歸前加快香港的政治改革，推動香港民主化，香港人才獲得了更多的政治權利。彭定康卻因此舉而被中共官員魯平痛斥為「千古罪人」。從以上的史實可明顯看出，中共的治港謀劃實際上是一種「新殖民主義」的統治策略，不過是先張開「回歸祖國」的親熱懷抱，然後把港人一步步拖入一黨專政的牢籠。

彭定康的改革方案都做了些什麼事情？首先是將行政與立法兩個部門分開，讓行政部門成為一個非政黨型的機構，推動精英治港。而立法局的選舉中設立了九個新的功能界別，也就是所謂「新九組」：漁農、礦產、能源及建造界，紡織及製衣界，製造界，進出口界，批發及零售界，酒店及飲食界，運輸及通訊界，金融保險地產及商務服務界，公共、社會及個人服務界。代表新九組的議員均由各行業的在職人士一人一票直接選出。一九九五年的立法局成為香港有史以來第一屆完全由選舉產生的立法機構，其代表涵蓋各行各業，基本上包舉了不同階層的利益。

但中共方面對這個立法機構的建立極為不滿，於是指使其親北京的建制派另起爐灶，成立臨時立法會。回歸之後，臨時立法會變成正式的立法機構，在回歸當天的凌晨即開會議定，恢復一批已廢除的法律，其中包括限制公民自由的《公安條例》和《社團條例》；同時取消一批已通過的法律，其中包括《香港人權法案條例》和《工會集體談判權》，致使香港的政治改革進程剛一回歸大陸，即呈現倒退的勢頭。針對最近港人的「公民抗命」運動，國內的官方媒體和受主流話語影響的民眾紛紛指責港人，質問他們當初港英當局實行殖民統治，並未搞普選，何以港人從未抗命？而如今回歸了祖國，為何對人大的普選方案反倒做出非法抗議的舉動？根據上述史實，我們不難看出他們的質疑是多麼罔顧事實而又強詞奪理！因此我還是要在此強調指出，正是經過泛民主人士不怕坐牢，進行了「愛國愛港」的抗爭，民主派占大多數的立法局才大幅度取消了當年的「公安惡法」；可惜在九七回歸後，親北京的建制派又在他們占多數的立法會中大幅度恢復了「公安惡法」。立法會到底是在誰的主使下將殖民主義的統治變本加厲，香港的民眾都看得清清楚楚。十七年來，親北京和懼中共的媒體日益壯大，敢於批評中共的報刊倍受圍剿，至今已處於很難再維持下去的境地。

中共當局之所以願意對香港實行「一國兩制」的政策，所看重的只是香港的經濟繁榮及其在當今世界上金融中心的地位。香港回歸後，大陸的國營財團在香港大量投資，中共權貴隨之大舉進入香港。紅二代和官二代搶佔香港最優質的地盤，致使香港的房地產急劇上漲，普通港人最基本的生存空間被擠壓到幾無立錐之地的地步，短短的十七年中，香港的裙帶資本主義已在全球升至首位。為貪圖資本主義的豐厚利潤，中共權貴大搞官商勾結和權錢交易，結果破壞了發展資本主義經濟的先決條件——公平競爭的市場環境，把今日的香港搞成了中共財團和本地財閥利益獨佔的天下。從現有的立法會到新組建的提委會，代表的名額大都由金融工商界等親北京勢力所把持。比如，只有四千個工作人員的漁農界在提委會一千兩百名代表中即有六十名代表，而人數龐大的教育界卻僅有可憐的三十名代表。由此即可看出，北京一手操控的假普選把他們不放心不相信的香港知識界群體排斥到何等地步。正如青年學生在九月十二日發佈的〈大專學界罷課誓言〉中所說：「本地財閥與紅色資金壟斷的提委會未來將可要求特首繼續否定一切香港人於各議題上的呼喚！不合中方與財閥旨意者，無一可留！……未來的民主運動必須立足本土，繼續推進，將反資反殖的精神貫徹於社會各個層面，重奪公民社會每個陣地，展開位置之爭，長遠介入中國議題……」

這就是香港學生發動「公民抗命」行動的原因和目標，是他們要通過抗爭去實現的希望。不管怎麼說，香港社會畢竟還有幸保留著港英政府留下的司法獨立和非政黨型的行政機構，正是還存在著這一法律至上和多數人都懷有正義感的社會環境，公民抗命在香港才成為一種合理的和有效的抗議方式。不管中共官方媒體如何指責學生的「占中」示威屬於非法，以及有哪些外國勢力介入，由原計劃一萬人的佔領發展到二十萬人佔領的抗議，最終還是迫使梁振英及相關官員最近與學生代表進行了互相尊重，同時也尊重法律和程式的平等對話。九月二十八日香港警方的粗暴鎮壓並未激起示威學生的暴力反抗，他們堅持了馬丁·路德所宣導的「非暴力抵抗」原則，自始至終以雨傘抵擋催淚瓦斯和胡椒噴霧，闖出了舉世矚目的「雨傘革命」，至今也沒做出任何足以導致北京派大軍開槍鎮壓的非理性舉動。儘管至今「占中」行動仍僵持在街頭，北京方面也毫無妥協的表示，港人的「公民抗命」在現階段事實上已獲得初步的勝利。這說明香港的公民社會已趨於成熟，也反映出港人在司法獨立和比大陸民眾民主自由得多的社會環境下所表現的文明素質。

一九九七年十月江澤民訪美，有記者問及「中國為何依然沒有實現普選」的問題，江回答說：「中國人素質低，民主要慢慢來。」香港今日的現實正好是對江澤民這一無恥遁詞的有力回擊。

從媒體的報導和網上的跟帖可以看出，不少大陸民眾，特別是某些青年學生，對香港的公民抗命運動不但不表態支援，而且多發出不滿和批評的言論。一位北大的研究生說：「如果有必要，就應該武力驅散示威者。」更有些在香港讀書的大陸學生冷嘲「占中」的港人，說「他們的抗議根本沒有成功的可能」，並以恩主的態度指責香港人不知感恩政府的呵護和內地的支援，說當前的佔領行動都是少數人在製造麻煩。這些黨化教育培養出來的大學生與天安門一代的年輕人相比，素質真是一落千丈。顯而易見，中國人的素質並非如江澤民所說的那樣本來就很低，而是一黨專政的社會及其政教洗腦敗壞了相當一部分大陸民眾的素質，把他們的素質弄得降低到黨國「臣民」的地步。他們自己甘當臣民，還要拿臣民的心態要求已具有公民素質的港人，活現出一副魯迅所謂做穩了奴隸的模樣。這是今日中國社會一個很複雜的社會現象，不是這篇短文能說得清的。

二〇一四年十月二十四日

突破「一中」的困境

一

按照美國學者的描述，台灣是一個「不滿現狀安排的非現狀國家」（non-status quo state），這句話道出了台灣當前最大的困境。中華民國得不到世界上絕大多數國家的承認，一直被排斥在眾多的國際組織之外，甚至無法以本國國號的名義躋身某些國際場所。然而它事實上有領土，有人民，有政府，有軍隊，明明是一個主權獨立、政治民主和經濟繁榮的國家。長期以來，台灣人民及其政府都很不滿所陷入的這一乖謬現狀，它限制了台灣作為一個主權國家在國際上的活動，同時也引起本應和平發展的兩岸關係風波時起，不斷激蕩出兇險的危機。

其實兩岸關係從來就不單純是海峽兩岸之間的關係，它一直都被裹挾在冷戰與冷戰終結的國際體系結構內，尤其受到美國西太平洋戰略的牽制。大陸方面總是指責美國霸權的介入干預了中國的內政，而就中華民國在台灣存亡繼絕的歷史境遇來說，多虧有這股勢力六十多年來一直在扼制中共強權過於猖獗的趨勢，才確保了台灣的主權和安全，並促成台灣社會從威權向民主的轉型。

中共一直推行的「一中原則」從未在兩岸之間達成真正的共識，若說曾有過什麼「共識」，也只能說是毛澤東和蔣中正兩個獨裁者之間的共識：毛高喊「一定要解放台灣」，蔣時刻準備著反攻大陸，兩個強人均堅持以一方消滅另一方的戰爭來成全他們各自的「一中」偏執。無奈天意人難測，太平洋上風雲突變，正當國共在台海間劍拔弩張之際，韓戰意外爆發，美國的第七艦隊隨之開進這條不算多寬的海峽。退守台灣的國民黨政府當時已被華盛頓放棄，只因那座極具戰略價值的孤島上控日本列島，下接南洋各國，美國才眷顧到它作為反共基地的存在，於是與台灣當局簽下條約，共同防禦起就要來犯的共軍。並無海戰實力的解放軍只得東向而望洋興嘆，從此駕駛上他們那些來自蘇聯援助的小艦艇在沿海一帶來回打轉，再也沒越得過金門和馬祖的近海防線。而這邊的反攻大陸計劃也在美方的一再阻撓下最終擱淺，致使「毋忘在莒」的老總統滿懷遺恨，沒能夠改變他終老台灣的人生結局。兩岸就這樣熬過漫長的冷戰年代，在砲轟金門的象徵性戲打中對峙到大陸與美國建交的七〇年代之末。

應該清醒地認識到，中共強權一直都把徹底消滅中華民國視為其革命功業的終極目標，更把兩岸統一奉為振興中華的民族大義。在武力奪島難以得逞的形勢下，中共又從排除中華民國的中國代表權入手，以達成其獨佔「一中」的強權攻勢。中華民國乃聯合國創始國之一，並擁有常任理事席位。退守到台灣，雖說已喪失對大陸的治權，但受到美國及其盟國的支持，仍得以留任聯合國，長期代表中國。

美國與台灣的結盟關係始終都有它的兩面性：既有其呵護國民黨政府抗拒共產極權的一面，也有利用台灣島的戰略優勢來維護其制衡西太平洋局面之核心利益的一面。基於前者的理想主義價值，美國一直多方阻撓中共入聯，致使相關的提案表決長達二十年過不了的門檻。但隨著國際局勢發生變化，美國的現實主義算盤撥來撥去，後來竟盤算到與中方尿到一個壺裡的地步。華盛頓一向標榜的理想主義價值於是被置諸腦後，接著就有意無意地促成了《二七五八號決議文》在聯大的通過。一九七一年，中華人民共和國入聯一舉成功，從此撈到代表「一個中國」的法理依據。決議文最後還特別宣佈，「立即把蔣介石的代表从他在聯合國組織及其所屬一切機構中所非法佔據的席位上驅逐出去。」國民黨政府從此成為國際棄兒，蔣所堅持的「漢賊不兩立」從此一蹶不振，反弄得自己跌到胡平所謂「賊立漢不立」的可悲境地。

撫今追昔，我們該如何看待美國促成的這個變局，又應如何理解中共由此而得勢的運作呢？那時候深陷越戰泥坑的美國急於撤軍，中蘇交惡的局勢更讓尼克松看出了制衡東亞軍事局勢的一個突破口，那就是拉攏中共去抗拒蘇聯。先是基辛格來華秘訪，緊接著尼克松與毛澤東會面，這些前期行動實際上已對中共入聯傳出默許的信號，儘管美國後來在會議上仍做樣子投了反對票。大勢所趨下，美國只好順水推舟，對中共放了一馬。眾所周知，中共能奪取政權，除了打勝內戰，成功地統戰民主黨派和激進的知識分子也是其得逞所欲的重要因素。為爭取入聯，中共在他們的外交戰線上靈活地施用起統戰手段。為贏得那些第三世界中小國、窮國的支持，中共不惜大把撒錢，以重價進行廣泛的收買。聯繫到阿爾巴尼亞、坦桑尼亞等國為中華人民共和國入聯而熱心搞提案和踴躍投票的事實，就不難想見中共一直給他們花錢如流水的原因，及其收買手段之厲害了。此類收買行徑在後來運用得更加廣泛和有效，自兩岸接觸以來，包括島內的政黨、群體和某些個人在內，都在雙邊關係的推進中受到不同程度的收買。

和平發展兩岸關係的主線之得以起步，是武力犯台的進程一再受挫，中共不得已而作出的別項選擇，也是一九七九年一月與美國正式建交，屢經磋商和妥協，最後才鄭重簽署的對美承諾。美國一面支持中共和平解決兩岸問題，一面又在與中華民國斷交的同時立下《與台灣關係法》，答應繼續「向台灣提供防禦性武器」，並明確表示，對於中方「以非和平方式來決定台灣的任何努力」，美國持「嚴重的關切」的態度。至於對中共強調的一中原則，美方僅以模糊的「認知」一詞搪塞。也就是說，美方只表示他們知道中方有這個說法，但並未明文承認台灣是中華人民共和國的一個省份。《上海公報》和《與台灣關係法》於是互為表裡，交相牽制，前者把和平發展確定為兩岸關係的主線，後者則針對中共仍未放棄武力犯台的圖謀，預設了有可能干預的立法。華盛頓左手拉扯中南海，合力制衡蘇聯，右手依舊緊握住台北，力求保持台海的安全和穩定。美中台三方從此在它們的三角戰略結構中進退周旋，因各自的策略選擇而互動出或緊張或緩和的兩岸關係。

大陸方面一再援引《開羅宣言》和《波茨坦公告》之類的新聞報導，宣稱台灣是日本投降後歸還給中國的領土，因此認定台灣是中華人民共和國不可分割的部分。事實是否如中共強調的那麼有理和簡單呢？讓我們就針對中共慣用的「歷史主權」論——所謂某地某島自古以來就屬於中國的那些說法——來回顧一下六十多年前的歷史。直到一九五一年九月八日，美國操縱的《舊金山和約》由四十八個國家簽訂而生效，其中對台灣和澎湖兩處領土的處理，僅要求日本放棄所擁有的主權，並無明文確定將此主權交何方掌握。可以隱約地看出，對台灣這樣的戰略要地，美國的含糊其詞似乎給自己的有所謀求留了一手。還可以再往前回顧，日本投降之後，美軍要到不同的戰區實施接管，因人手不足，便由赴台受降的國軍全面佔領台灣。當是時也，利益攸關的英國和澳大利亞均在台灣的主權歸屬問題上插嘴干擾，直接質疑美國，明顯流露出對台灣實行盟軍託管的意圖。這也是後來舊金山會議召開，中華民國和中華人民共和國均缺席會議的一個背景。幸虧已經退守台灣的國民政府反應敏捷，在《舊金山合約》正式生效前的七小時急速與日本在台北單方面簽署《中日和約》，率先通過法律手續收回台灣和澎湖的主權，從此打消了國際上所謂「台灣地位未定論」的無稽之談。

這樣看來，中共盡可以按成王敗寇的邏輯宣示其統治大陸的主權，但若要尊從國際法上有關領土變更規定中「先占」（Prescription）和「時效」（Passage of time）的原則，中共不管把手伸得多長，也斷斷夠不著中華民國早已擁有其領土主權的台灣和澎湖。正是基於此不容否認的法理事實，國民黨始終堅持「一中各表」，蔡英文至今都閉口不提「九二共識」。聯合國既然已剝奪了中華民國重疊在中華人民共和國大陸領土上的那個代表權，其結果不也就等於把中華民國擱置在中華人民共和國從未佔領和統治的地方，以否認的方式默認了前者在台灣和澎湖六十多年來擁有的主權嗎！

任何一個國家的領土歸屬都有可能發生變化，或因戰爭的佔領或被佔領而導致領土擴大或縮小，或因條約的簽訂而獲得或失去領土。從古至今，中國的領土及其主權也經歷過很多此類已成事實而無從追訴的變化。台灣曾屬於大清王朝，但一經割讓給日本，其領土主權即與中國曾擁有過它的歷史一刀兩斷。日本戰敗後按條約規定放棄了台灣，所放棄的主權首先是由盟軍主導的條約來處理其歸屬手續。國軍屬於盟軍成員，又是抗日主力，理所當然先赴台佔領，然後再通過簽署條約，合法重獲其領土主權。挑起內戰的共軍當時正按毛澤東的命令發起軍事行動，在大陸範圍內四處搶摘抗戰勝利的桃子，並沒參與台、澎主權移交的過程。台灣的領土主權經這麼一轉手，其法理上的歸屬問題就變得比較複雜，不再是中共的「歷史主權」論所爭辯的那樣唾手可得了。再退一步來說，中共盡可以否認「先佔」和「時效」的國際法原則，「台灣地位未定論」者甚至可就民意歸屬的問題質疑國民黨政府在威權年代的主權資格，但在台灣民主化的今日，民選的總統和議員已歷任多屆，這一全民直選的程序本身即以間接的公投方式確立了中華民國在台灣作為獨立主權國的合法地位。這個合法的地位正是不滿現狀的台灣多年來被中共強權橫加貶抑的國格。由此也可以想見，中共為什麼特別忌諱「中華民國」這個國名，為什麼見不得青天白日旗在任何公共場合出現了。

二

中共的「一中原則」造成台灣在國際上的困境，國民黨為維繫其威權統治而固守的「法統」更造成他們自己在島內的困境。加劇此困境的動力來自黨外人士的衝擊及其台灣意識的覺醒。在狹小的台灣島內，中央與地方近在咫尺，國家與它唯一的一個省彼此重疊，地方選舉不管鬧得多麼熱鬧，競選者都難以憑獲勝的選票取代萬年「國代」內那一批老朽。正因這個代表大陸各省的投票機構讓台灣人感到完全外在於他們，所以台灣人總是視其為「外來政權」。為促成國民黨接上地氣向本土化發展，黨國的執政方針不得不調和各階層的利益，讓黨組織面向各階層開放，以便黨的勢力通過介入地方選舉來主導地方自治。此即通常所謂收編地方精英，而由建立侍從網絡的做法。這種操作既會引起派系競爭，又可在黨的監控下保護派系的利益，而由此產生的權力追逐正好對黨外人士的參選形成了阻礙。黨外的反對運動就在此一爭奪資源的拉鋸中展開，踉撞出挑戰威權的社會力量。所謂民主化運動，確切地說，就是黨外的不同利益群體奮起爭取各自權利的政治訴求。黨外力量以突出個人或群體的弱勢受壓來贏得民眾的支持，這種鬥爭方式為此後的「暴力邊緣路線」蘊釀了牽動民意的情感基礎。

所謂「暴力邊緣」，其具體的運作就是挑逗威權越過暴力的邊緣，騷擾得警察行兇打人，刺激得國家機器一時間露出猙獰。應該看到，蔣經國時代的威權政府受到美國方面促進民主化改革的影響，已開始重視其國際輿論關注下的民主櫥窗形象，時代的進步也遠遠走出那種隨意給反對者加上「匪諜」罪名的白色恐怖。當黨外人士以其挨打受壓的慘狀暴露出威權的野蠻落後，而在國內外輿論的同情和支持一律倒向弱者——中共當年也是在類似的情況下贏得了國內外左傾勢力的支持——的情況下，政府這一邊就陷入尷尬的被動。威權發現一味強行鎮壓，付出的成本過高，這才逐漸由強硬轉為緩和，以便降低轉型過程中不測的風險。學者們普遍認為，「台灣的民主化是社會壓力和統治精英互動的結果。作為政治領袖而言，蔣經國在民主改革的局勢中能夠扮演開啟與佈局者的角色，是計算了容忍成本與鎮壓成本後的結果。」

另一方面，身為黨國第二代領導人的蔣經國也是為擺脫黨內老一代權勢的掣肘，才主動轉向本土，培養基層的新生力量。黨外的反對運動於是緊抓上層鬆動的有利形勢聚集力量，自下崛起，加速了台灣的民主轉型。但轉型的過程仍舉步艱難，直至蔣經國死到臨頭，他才迫不得已宣佈解嚴，接著開放黨禁和報禁，包括他一直堅持的「三不」政策，也相應地有所鬆動。面對大陸方面釋放出和平發展兩岸關係的意向，台灣這邊才出於撫慰外省人鬱積多年的親情和鄉親，開放了大陸探親之行。

李登輝繼蔣經國之後接任總統，他一上臺就終止了對中共的動員戡亂條款，承認中華人民共和國為有效統治中國大陸的政治實體。由各執其「一中原則」的互不承認到台灣這邊單方面承認對岸的主權，畢竟算是在國家認同問題上作出了務實的轉變。李登輝此舉看似向對岸妥協，實質上頗具挑戰意味和進取策略，可謂促使國民黨政府自己給自己順勢解套。他緊接著成立「國統會」，與鄧小平「和平統一，一國兩制」的招降幡針鋒相對，新成立的「國統會」通過訂立《國家統一綱領》，向對岸發出讓中共怯場的喊話。該綱領提出的近程互惠交流建議是：「兩岸應摒除敵對狀態，並在一個中國的原則下，以和平方式解決一切爭端，在國際間相互尊重，互不排斥，以利進入互信合作階段。」遠程的願景則是：「成立兩岸統一協商機構，依據兩岸人民意願，秉持政治民主、經濟自由、社會公平及軍隊國家化的原則，共商統一大業，研訂憲政體制，以建立民主、自由、均富的中國。」這是一個明知中共不會接球而有意作出投擲姿態的戰略性綱領，也是要敦促國民黨內很多頑固派面對新的形勢，換一下腦子，從兩岸互不承認的緊張對峙中緩解出來，盡可能找一條最佳的出路。

中共在國際上四處孤立中華民國的做法並沒擋得住台灣在東亞經濟起飛階段的和平發展，威權政府縱有不少壓制民主訴求的罪責，在基礎建設、發展經濟和提高人民生活水準方面還是成績顯著，有其值得肯定之處的。早在鄧小平啟動改革開放之前，台灣已躍居亞洲「四小龍」之列。面對台灣經濟繁榮的走勢，中共當局為吸引台商來大陸投資，並引進台灣的科技設備和經營管理方式，也只有暫且以模糊的態度接受兩岸分治的現狀。那時候雙方政府的代表仍不便出面，於是安排號稱為民間團體的海協會和海基會到香港會面，好比跳一場戴上假面的交際舞會。雙方代表從一九九二年直至其後多年，反復就「一中」原則的議題扯皮討論，最終還是在各說各話的敷衍中才達成言不由衷的共識。針對大陸方面強硬以中華人民共和國為主體的「一中原則」，台灣方面一再強調雙方在相關的政治內涵上認知不同，始終都沒放棄「一個中國，各自以口頭表述」的立場。直至二〇一五年新加坡習馬相會，台灣方面能夠在口頭上接受的所謂「共識」，應該說只是為繼續推動雙方會談而做出的最低妥協，是為了在國際間塑造出兩岸對等的地位而維持的體面姿態。

最可惜的是，被外界譽為「一國良制」的《國家統一綱領》終成一紙空文。中共集團始終死抱其一黨之私利，至今對該綱領中的良策無一字誠意的回應。中共不但不敢回應該綱領，還反過來對李登輝有關兩岸是「特殊的國與國的關係」之表述大肆批判，汙名其為「台獨」言論，進而向台灣島近海發射導彈，一時間造成震驚中外的台海危機。美國不得不派出航母戰鬥群，進入海峽維穩。中共的文攻武嚇總是造成適得其反的後果，導彈威脅在很大的程度上反成全了台灣的民主進程，逼出了台灣民眾的台灣主體意識。一九九六年，導彈落海後濺起民主高漲的雪浪花，結果李登輝以高票當選中華民國首屆全民直選的總統。此後的連戰落選，陳水扁上臺，以及陳的終止「國統綱領」和「一邊一國」論，直至他為了競選而高調提出防衛性公投和台灣制憲時間表，這一路直下的「台獨」操作都是中共強硬套給台灣當局的「一中」金箍圈和「九二共識」緊箍咒逼出來的。歸根結底，中共的頻頻碰壁和台灣難以突破的困境，全都是中方拒不回應台方「民主統一」的願景而造成的惡果。

由此可見，兩岸在國家認同上的根本衝突乃由於制度不同，而非擁戴「一中」或贊成「兩國」的分歧。統與獨的爭論只是一個症狀性的現象，專制極權與民主制度的絕對對立才是病根，是兩岸關係和平發展的障礙。近幾十年來，中國境內的居民大舉移民國外，至今已滙為一股去此危邦，適彼樂土的大潮。可見專制極權為淵驅魚的禍害之深。台灣民眾已享有民主自由，過上了小康生活，他們怎會棄明投暗，自願往火坑裡跳呢！

陳水扁的台獨作勢立刻遭到美中雙方的夾攻反應。大陸方面祭出《反分裂國家法》，宣稱對台獨走勢會以武力制裁。針對台方單邊改變現狀的做法，美國總統小布什也配合中方，提出強烈的批評。面對中美雙方的壓力，阿扁再次當選後發表講話，立即嘴軟而改口，被迫退回中間路線。這說明隨著台灣民主化大潮的壯大，每當中方對台灣增強其「一中原則」的壓力，就會逼出「本土台灣意識」的高漲，反而起到助選綠營選情的作用。而一旦台灣意識高漲到影響台灣安全的地步，其趨於失控的局面又會受到美中台三角關係結構的約束而有所回落。按照楊永明的描述，「基於中產階級和都會階級價值觀」的「現狀台灣意識」往往就會群起抗爭，力主維持美國和對岸可接受的局面。他們「對於現狀和平的重視程度，高於主權議題的訴求，因此特別強調兩岸關係維持現狀的平衡政策。」在這種情況下，選情又會向支持藍營傾斜。馬英九即在此形勢下當選總統，連任了兩屆。藍營一旦得勢，像連戰、宋楚瑜等好往大陸趕場的人士便及時扮演起親善大使，紛紛到北京會見中共高層，熱心參與博鰲論壇，發起促進兩岸經濟交流的計劃。

三

尼克松為了聯華反蘇，坐視中國入聯，結果鑄成台灣至今仍無法突破的國際困境。克林頓沒能守緊WTO的大門，輕率地接引中國躋身世貿，直接促成了中國的崛起，導致其肆意收買的範圍從全球市場擴及普世人權。美國政府只看到發展美中經濟可緩和美中關係，有助於建立雙方的互信。華盛頓的智庫炮製錯誤的理論，說什麼中國人的收入提高到一定的程度，自然就會促成中國社會的民主化。按照他們的說法，只要大財團、跨國公司與中國廣泛做好生意，就可以透過經濟全球化把中國導入世界秩序，進而促使中國大踏步政治改革，對外開放，還可以避免美中因戰略分歧而發生武裝衝突。

事實與西方的預期完全相反。崛起的中國早已度過「六四」屠城後遭遇歐美制裁的難關，中共現在轉守為攻，開始拿歐美的投槍反刺歐美了。如今孔子學院遍佈世界各國，CCTV國際頻道以各種語言播放中國華麗轉身的俗艷圖景，中共財團對海外華文媒體大量投資，施展起毛澤東「摻沙子、甩石頭和挖牆腳」的故技，意識形態的喬裝和文化綏靖話語在浸淫海外華人受眾，其封口噤聲的效力已危及歐美院校的言論自由，其大肆並購的操作在台灣書報業初露頭角，已引起各界對「文化共諜」紛然入侵的擔憂。兩岸在文化產品上至今仍呈單向交流，大陸書刊可在台暢銷，毛像和五星紅旗可在台露面，台版書刊卻被大陸拒之門外，更別提中華民國政府和台灣人民有關民主和人權的言論了。隨著兩岸的生意越來越熱絡，台灣的經濟越來越依賴大陸，執政當局和在野群體對人權的關注難免被所謂的「雙贏」和中華民族復興的願景所收買，一步步淌入「九二共識」的深水，到頭來恐怕只會是中共的單贏。

馬政府致力建構「一中市場」，無形中配合了中國「以經促統」的策略，其走勢難免屈從中國的「經濟一體化」方針。與中國簽署ＥＣＦＡ及後續的十八項協議一旦全面執行，兩岸間商品、人員、資金、服務與資訊全面自由化，台灣恐將淪為中國經濟的附庸。對中國政府來說，兩岸的經濟交流向來都不是純粹的經濟議題，而是自始即包裹著政治期待。北京希望從低階議題逐次提升至高階議題，直升到「終極統一」的條件水到渠成。中共操控兩岸關係的和平發展，嘴上甜言蜜語「兩岸一家親」，乃至「心靈契合」云云，實質上是在對台灣進行和平演變。正是意識到這種經濟交流走勢的危機，台灣的年輕一代發起了反服貿的太陽花運動。「本土台灣意識」於是再次強烈地衝擊到「現狀台灣意識」，從早先的反威權升級到反國民黨，至今已發展到反「中國霸權」。民進黨的選情隨之高漲，苦心維持現狀的馬英九政府最終栽倒在美國與中共合夥所玩的遊戲規則上。

從蔡英文總統的就職演講可以看出，她顯然吸取陳水扁的教訓，在談及兩岸關係的問題上能夠綜合平衡「本土台灣意識」和「現狀台灣意識」，更以不冷不熱的語調來撫慰選民和敷衍中美，在藍綠對立的政治光譜上，含蓄地顯示出她那更偏向中位靠攏的綠色。不管媒體如何譏彈蔡英文借殼上市，她一再懇切地強調說，新政府會依據中華民國憲法、兩岸人民關係條例及其他相關法律，處理兩岸事務，並以維持現狀作為她對選民的承諾。她在去年還說過，「民進黨不等於台灣，國民黨也不等於中華民國。」儼然以超越黨爭的口氣，在她賴以登基的中華民國舊殿堂之內營造一派新台灣的精神氣息。面對中共在「九二共識」問題上一再發出的強硬逼問，蔡英文的回應不卑不亢，她明確向媒體表示，她「不對抗也不屈服壓力」。她仍舊承諾和平發展兩岸關係，但她有言在先地宣示，「不得傷害台灣的主權與安全，必須能確保台灣自由、民主、開放的生活方式，應該積極凝聚台灣內部的共識，作為兩岸對話的基礎。」

古希臘史學家修昔底德有言：「強者做他們所能做的，弱者忍受他們必須忍受的。」台灣有一家親共媒體便援引此話教訓蔡英文，告誡新政府最好學乖就範，趁早給對岸交出有關「九二共識」的完整答卷。對以上所引的名言，我要在此作一補充：強者所能做的畢竟有其極限，而弱者的忍受也有忍不下去的時候。中共的「一中原則」之所以咄咄逼人，說到底也就是有武力威脅做後盾而已。在本文的結尾，我還是要重複開頭所點明的話，兩岸關係不單純是兩岸之間的關係，它始終都受到美國西太平洋戰略的牽制。中共的武力犯台之戰一旦打響，不但會在民怨沸騰的大陸內部觸發難以預估的大動蕩，更會牽動美、日關注，在亞太地區燃起範圍更大的戰火，其玩火的結局必然是引火燒身的自焚。我們完全可以設想，六十多年來，連毛澤東和鄧小平都未能做到的事情，豈是沉溺「中國夢」狂想的習近平能做到的？

川普最近與蔡英文的直接通話引起各方面的關注和反應，特別激起了中方強烈的不滿。川普這一敢冒中共之大不韙的做法會不會意味著他不再延續自克林頓以來美國政府對中共一味示弱的政策，而有可能回歸美國對台政策本源，特別是恢復到里根時期的對台政策，尚有待進一步觀察。一九八二年，里根政府在簽署「八一七公報」之前，曾向台灣當局做出「六項保證」，即不設定對台軍售終止期，不修改《與台灣關係法》，不事先與大陸磋商對台軍售，不在兩岸之間扮演調解人，不迫使台灣與大陸談判，不正式承認大陸對台灣的主權。總結此「六不」的保證，一言以蔽之，就是一再強調，對於中共的「一中」立場，美國僅表示「認知」，但從未全盤接受。美國政府的這一立場顯然為川普的對台政策保留了可以演變的空間。但我們不能不清醒地認識到，川普質疑「一中政策」的言談是針對中美貿易對美國不公平的問題而發的，明顯流露出以此來作為貿易談判籌碼的語氣。這樣看來，川普執政後能否為台灣突破當前的「一中」困境闖一條可行的出路，希望依然是很渺茫的。川普的政策是美國第一，台灣問題自然是排到很靠後了。蔡英文既然已表態新政府不屈服壓力的立場，最好還是認清形勢，丟掉對任何友邦的幻想，在中華民國的大旗下凝聚島內共識，為突破「一中」困境，走一條台灣人自己腳踏實地的可行之路。

二〇一六年十二月

讀歷史68　史地傳記類　PC0679

毛澤東與歹托邦

作　　者／康正果
責任編輯／鄭伊庭
圖文排版／楊家齊
封面設計／葉力安

發 行 人／宋政坤
法律顧問／毛國樑　律師
出版發行／秀威資訊科技股份有限公司
114台北市內湖區瑞光路76巷65號1樓
電話：+886-2-2796-3638　傳真：+886-2-2796-1377
http://www.showwe.com.tw
劃撥帳號／19563868　戶名：秀威資訊科技股份有限公司
讀者服務信箱：service@showwe.com.tw
展售門市／國家書店（松江門市）
104台北市中山區松江路209號1樓
電話：+886-2-2518-0207　傳真：+886-2-2518-0778
網路訂購／秀威網路書店：http://store.showwe.tw
國家網路書店：http://www.govbooks.com.tw

2017年10月　BOD一版
定價：450元
版權所有　翻印必究
本書如有缺頁、破損或裝訂錯誤，請寄回更換

Copyright©2017 by Showwe Information Co., Ltd.
Printed in Taiwan
All Rights Reserved

國家圖書館出版品預行編目

毛澤東與歹托邦 / 康正果著. -- 一版. -- 臺北市 : 秀威資
訊科技, 2007.10
面； 公分. -- (史地傳記類)
BOD版
ISBN 978-986-326-456-9(平裝)

1. 中國大陸研究 2. 文集

574.107 106012664

讀者回函卡

感謝您購買本書，為提升服務品質，請填妥以下資料，將讀者回函卡直接寄回或傳真本公司，收到您的寶貴意見後，我們會收藏記錄及檢討，謝謝！
如您需要了解本公司最新出版書目、購書優惠或企劃活動，歡迎您上網查詢或下載相關資料：http:// www.showwe.com.tw

您購買的書名：______________________________

出生日期：________年________月________日

學歷：□高中（含）以下　□大專　□研究所（含）以上

職業：□製造業　□金融業　□資訊業　□軍警　□傳播業　□自由業
□服務業　□公務員　□教職　□學生　□家管　□其它_____

購書地點：□網路書店　□實體書店　□書展　□郵購　□贈閱　□其他

您從何得知本書的消息？

□網路書店　□實體書店　□網路搜尋　□電子報　□書訊　□雜誌
□傳播媒體　□親友推薦　□網站推薦　□部落格　□其他__________

您對本書的評價：（請填代號　1.非常滿意　2.滿意　3.尚可　4.再改進）

封面設計____　版面編排____　內容____　文／譯筆____　價格____

讀完書後您覺得：

□很有收穫　□有收穫　□收穫不多　□沒收穫

對我們的建議：______________________________

____

____

____

請貼
郵票

11466
台北市內湖區瑞光路 76 巷 65 號 1 樓
秀威資訊科技股份有限公司 收
BOD 數位出版事業部

（請沿線對折寄回，謝謝！）

姓　名：＿＿＿＿＿＿＿　年齡：＿＿＿＿　性別：□女　□男

郵遞區號：□□□□□

地　址：＿＿＿＿＿＿＿＿＿＿＿＿＿＿＿＿＿

聯絡電話：（日）＿＿＿＿＿＿＿＿（夜）＿＿＿＿＿＿＿＿

E-mail：＿＿＿＿＿＿＿＿＿＿＿＿＿＿＿＿＿